本书为天津市宣传文化
"五个一批"人才项目成果

传统与现代的交融
近代天津社会文化变迁

CHUANTONG YU XIANDAI DE JIAORONG

JINDAI TIANJIN SHEHUI WENHUA BIANQIAN

第2版

刘佐亮 著

天津社会科学院出版社

图书在版编目（ＣＩＰ）数据

传统与现代的交融：近代天津社会文化变迁 / 刘佐
亮著. -- 2 版. -- 天津：天津社会科学院出版社，
2022.6

ISBN 978-7-5563-0778-4

Ⅰ. ①传… Ⅱ. ①刘… Ⅲ. ①社会变迁－研究－天津
－近代 Ⅳ. ①K292.1

中国版本图书馆 CIP 数据核字(2021)第 202778 号

传统与现代的交融：近代天津社会文化变迁
CHUANTONG YU XIANDAI DE JIAORONG :
JINDAI TIANJIN SHEHUI WENHUA BIANQIAN

出版发行：天津社会科学院出版社
地　　址：天津市南开区迎水道 7 号
邮　　编：300191
电话/传真：（022）23360165（总编室）
　　　　　　（022）23075303（发行科）
网　　址：www.tass-tj.org.cn
印　　刷：高教社（天津）印务有限公司

开　　本：787×1092 毫米　　1/16
印　　张：23
字　　数：268 千字
版　　次：2022 年 6 月第 2 版　2022 年 6 月第 1 次印刷
定　　价：78.00 元

内容简介

　　全书由 17 篇文章构成，分为传统文化、社会表征和社会意识三编。作者以社会文化史和现代化理论为指导，以天津重要物质文化载体或历史事件及精英人物为切入点，运用考证和综合分析的方法，以新的视野和角度，重点对大沽炮台和天津机器局的历史文化进行了深入的挖掘，揭示二者的近代化进程及其对天津城市社会文化转型的影响。通过对精英人物的思想观念、社会心理的剖析，以及不同的社会群体对同一事件不同的看法、不同的行为方式，以具体、细微的个案研究，透视近代天津的社会生活方式、价值取向、思想观念由传统向现代转型的历史过程。对天津历史上一些存有争议的问题，如"天津"的得名问题、严复在天津水师学堂的任职问题，庚子大沽口之战谁先开炮问题，阐述了个人看法；并对以往的一些史学论断，如罗荣光的死亡原因、天津最早使用电灯的情况，提出了新观点。相信这样的细微考察，对于我们更深入地研究近代天津社会文化的变迁会有所帮助。

序

　　天津作为历史文化名城，其深厚的历史文化底蕴有待进一步深入挖掘。近代天津风云变幻，移风易俗，社会文化千姿百态，内涵丰富。本书即是对近代天津社会文化转型的初步探索。全书以传统文化、社会表征和社会意识三编立题，分别阐述了以皇权、宗族为代表的传统农耕文明在天津的重要体现，以及近代天津的社会思想意识、文化由传统向现代转型的外在特征。作者以社会文化史和现代化理论为指导，以天津重要物质文化、人文史迹为载体，或以历史事件及精英人物为切入点，运用考证和综合分析的方法，以新的视野和新角度撰写而成。

　　书中内容涉及多个方面，这是作者到原天津历史博物馆工作后，在完成领导交办任务之余，对天津城市历史研究孜孜不倦，"不待扬鞭自奋蹄"的结果。作者又曾是天津市河东区政协文史委员，责任驱使，选题中有关河东区历史文化内容的有多篇。其写作方法，一方面从易得、常见的历史资料入手，综合、提炼文章主题写就；另一方面，先确定重点课题，穷搜细寻，收集史料，再进行拟写，如此反复，积以时日，短篇、长篇文章成果丰硕。其中，关于柳墅行宫、天津比利时租界、天津机器局及李鸿章时期的大沽炮台等研究性文章，是迄今见到的史料丰富、从微观以窥全貌的典型之作。其中，关于天津机器局和大沽炮台的文章，揭示了洋务运动期间天津军事工业、海防工程的近代化进程，以及在引进、借鉴、传播西方先进科学技术方面起到的推动作用。这些细致入微的探索对于近代天津城市社会文化转型的研究都是很有意义的尝试。

正是作者在掌握诸多史料、了解天津历史研究现状的前提下，才有对天津历史上存在的一些争议问题，如天津的得名、严复在天津水师学堂初期任职情况、庚子大沽之战双方谁先开炮、罗荣光的死亡原因以及电灯在天津最早使用等问题，运用新史料，阐述了个人看法，提出了新观点。相信这样的细微考察，对于我们更准确、深入地研究近代天津社会文化的变迁会有所帮助。

以上唠叨数语，见仁见智，聊作引言推介罢了。

林开明

2013 年 6 月

目　录

传统文化编

社会表征编

社会意识编

传统文化编

编 前 语

　　河、海交汇的自然地理环境和京都门户的政治地理位置的双重优势，共同铸就了天津这座多元的历史文化名城。

　　传统意义上的天津城，位于九河下梢，诸河尾闾，白河海口，尽享鱼盐之利和水上交通之便。渤海沿岸的鱼盐资源决定了天津早期人类的集聚地相对集中在沿海一带。因受黄河改道海陆变迁的影响，现在虽有遗迹可寻，但已寥寥无几，从中很难发掘早期渤海先民与天津城市发展之间的文化联系。河、海交汇的交通枢纽地位，也就成为早期天津成长的重要因素。自金以来，北京都城政治地位的确立以及大运河的南北贯通，强化了天津沿海河一带水陆联运的枢纽地位。金设直沽寨，元置海津镇，明设天津卫、修筑天津城，驻兵戍守，除了保护漕粮之外，均为确保这一交通枢纽安全。天津城虽为军事而修，但是，并不能说军事因素就是天津城发展的主因。而"一日粮船到直沽，吴罂越布满街衢"的元时诗句，恰恰说明漕运对天津海河一带集市繁荣的重要影响。尽管明代设卫筑城，重兵驻守，对天津城区发展的地理空间起到了决定性的影响。但是，天津卫城并没有真正左右人们的生存空间，除了守城兵将、衙署外，并没有多少人在城内居住。到明代晚期，"城中地势洼下，民居鲜少",①"屋瓦萧条,半为蒿莱"。② 天津三卫及天津海防水陆营兵除了参加修筑蓟州长城之外,日常更多时间是从事农田、造船等经济活动,已经很少有其他军事活动了,"每营上班三月,在于蓟门修工,下班之日则散归乡里,各力本业"。③ 明天启年间(1621—1627)的天津巡抚毕自严就曾经感叹,"天津之为卫,久已名存实亡矣"。④ 天津城的军事城堡职能及天津三卫兵士的军事性质早已发生了变化。

　　天津城外则是另外一番景象。天津三岔河口一带丰富的鱼盐资源和沿河而居早期人类共有的生存习惯,成就了海河水系五大支流沿岸最早的民居。"侯家后一带开辟较早,当元设海津镇以前,已有沿卫河之涘结邻而居者矣"。⑤ 元代国家海漕、河漕的兴盛,使得大、小直沽沿河区域成为天津早期城市发展的基石,"先有大直沽,后有天津卫"之说流传至今。明永乐元年(1403)定北平为北京之后,天津卫城的修筑,也没有影响城外区域商业的发展。建城之初,天津城内鼓楼及四门里开设有宝泉集、仁厚集、货泉集、富有集和大道集5处集市,售卖漕船"运军"带来的南方特产及用品,供附近居民之需。到明弘治六年(1493)在卫城外又添设通济集

　　① (明)毕自严:《抚津疏草》卷一,转引自刘海岩:《空间与社会——近代天津城市的演变》,天津社会科学院出版社,2003,第50页。

　　② (明)李邦华:《文水李忠肃先生集》卷三《抚津荛言》之《修造城垣疏》,转引自高艳林:《天津人口研究(1404—1949)》,天津人民出版社,2002,第41页。

　　③ (明)毕自严:《抚津疏草》卷一《防海方新列款开陈疏》,转引自高艳林:《天津人口研究(1404—1949)》,天津人民出版社,2002,第39页。

　　④ (明)毕自严:《抚津疏草》卷三《河军向隅彼此聚讼疏》,转引自高艳林:《天津人口研究(1404—1949)》,天津人民出版社,2002,第41页。

　　⑤ 高凌雯:《志余随笔》卷四。天津市地方志编修委员会编著《天津通志·旧志点校卷》下,南开大学出版社,2001,第717页。

(东门外)、丰乐集(北门外)、恒足集(北门外西)、永乐集(张官屯)、宫前集(天后宫前)和安西市(西门外)6处。各集每10天轮流开放一次,遂有"天津卫天天赶大集"的说法。到明代中期,以天津城东门外的天后宫为中心,逐渐形成了宫南、宫北等早期商业区。"万灶沿河而居",天津卫城之外人烟繁富。至明天启年间"津门商民,多居东北二关",①卫城之外,"商贾辐辏,骈阗逼侧"。②"当南北往来之冲,南运数万之漕悉道经于此,舟楫之所式临,商贾之所萃集,五方之民之所杂处,皇华使者之所衔命以出,贤士大夫之所报命而还者,亦必由于是。名虽为卫,实则即一大都会所莫能过也"③。清初,随着政府统治的确立和天津商业的繁荣,天津被废卫为州,后又改州为府、设县,确立了天津城地方行政中心的政治职能,彻底改变了先前军事城堡的城市功能。管辖区域舍弃了143个下辖屯庄并入武清、静海、青县、南皮和沧州,同时扩大收容到原属武清、静海、沧州的附近267个村庄,改变了以往天津卫人居沿运河南北向狭长带状分布的局面。尽管随着外来人员的聚集和城市职能的变化,天津城内居民成为人口主流,但城外人居店铺也依然繁盛。至清中期,河东沿海河一带,"海河亘其中,米舶、盐艘往来聚焉,故河东多粮店,盐坨亦鳞次其间";④因为河运的畅通,天津北门外地区,如河北大街、估衣街、针市街、锅店街、侯家后一带,"商

---

① (明)毕自严:《抚津疏草》卷一,转引自刘海岩:《空间与社会——近代天津城市的演变》,第50页。

② (明)李邦华:《文水李忠肃先生集》卷三《抚津荼言》之《修造城垣疏》,转引自高艳林:《天津人口研究(1404—1949)》,第41页。

③ (清)薛柱斗:《天津卫志·序》,《天津通志·旧志点校卷》下,第6页。

④ (清)《津门保甲图说》,《天津通志·旧志点校卷》下,第436页。

旅辐辏,屋瓦鳞次,津门外第一繁华区也"。① 与东门外的宫南、宫北大街一起成为天津最主要商业区。依据相关研究,到1860年天津开埠前夕,"天津从事商业活动的人户达到27628户,占天津人户总数的比例高达65.7%"。② 海河已是"轮蹄辐辏,舳舻扬帆,往来交错,尽昼夜而无止,天庾之挽运,蒸民之懋迁,道取诸此"。③ 南、北方各种货物汇集津门,"商民以之而集者日益增,车马络绎如织矣。又运河绕津而上,四方舟楫至若鳞次。此诚水陆通衢,畿南之大都会也"。④ 天津成为真正意义上的南、北通商中心。天津由金代的直沽寨、元代的海津镇、明代的天津卫的军事城堡逐渐发展成为北方最为重要的商业城市,完成了从军事城堡到传统商业城市的转变。天津城市的性质和功能从此发生根本性变化。

可以看出,天津早期城市的发展历程,与中国传统城市由政治行政中心或军事城堡转变而来的发展历程多少有所区别,而与西方因商起市的城市发展历程更为接近。这也决定了早期天津城市社会文化具有明显的商业性特征。

"自然的、经济的、社会的诸生态层面主要不是各自单线影响文化生成,而是通过组成生态综合体,共同提供文化发展的基础,

---

① (清)《津门保甲图说》,《天津通志·旧志点校卷》下,第439页。

② 高艳林:《天津人口研究(1404—1949)》,第83页。

③ (清)吴慧元总修,蒋玉虹、俞樾编辑:《续天津县志》卷二,形胜疆域。天津市地方志编修委员会编著《天津通志·旧志点校卷》中,南开大学出版社,2001,第285页。

④ (清)《续天津县志》卷二,形胜疆域。《天津通志·旧志点校卷》中,第285页。

决定文化的大略格局和走向。"①河、海交汇的地理位置和自然资源优势以及京畿门户的政治地位,加之因国家政治而起的南、北漕运经济的繁盛,确立了开埠以前的天津为南、北漕运枢纽和漕粮屯集之地的地位,促进了海河三岔河口一带商业的繁盛,进而带动了天津早期城市的发展,也决定了其多元的社会文化格局。

元、明、清三代天津城市的居民,大多是因为军事、漕运、商业等原因从安徽、山西、山东、河南、辽东、浙江、福建等全国各地迁移而来,"天津近东海,故荒石芦荻处,永乐初始辟而居之,杂以闽、广、吴、楚、齐、梁之民,风俗不甚统一,心性少淳朴,官不读书,皆武流,且万灶沿河而居,日以戈矛弓矢为事","土著之民,凋零殆尽。其比闾而居者,率多流寓之人"②。主要从事与海洋经济有关的商业、船舶制造、运输业、盐业等经济活动。正如梁启超分析的那样:"彼航海者,其所求固在利也。然求之之始,却不可不先置利害于度外,以性命财产为孤注,冒险而一掷之。故久于海上者,能使其精神日以勇猛,日以高尚。此古来濒海之民,所以比于陆居者活气较胜,进取较锐……"③海洋经济冒险逐利的特质,决定了早期天津移民勇敢、活跃的文化心理。从不同地域移居而来的人们,分别生活在隶属武清、静海两县管理的海河两岸,远离各自的行政管理中心,"天津所管屯庄,俱在各州县,远有三四百里不等;津城附近反无统属,西门南门以外即为静海县地方,北门东门以外仅隔一河,

① 冯天瑜、何晓明、周积明:《中华文化史》上,上海人民出版社,2005,第211页。

② (清)薛柱斗纂修:《天津卫志》卷二,天津市地方志编修委员会编著《天津通志·旧志点校卷》上,南开大学出版社,1999,第78页、第27页。

③ 梁启超:《地理与文明之关系》,见《饮冰室合集》文集之十。

又系武清县地方……一有缓急,虽咫尺之民,呼应不灵";还有天津三卫的部分士兵和亲属散居其中,"三军屯田,分布各州、各县,自天津直至山东德州卫交界四百余里,津卫屯田皆与民庄错杂"。① 这些导致明代天津卫城及海河两岸的社会管理交错、混乱,居民之间只得互相帮助,彼此援应。尽管在清初,废卫为州,建立了统一的行政管理机构,但是,互帮互助、争强好胜的文化心理早已成型。天津之"民五方杂处,逐末者多,俗习于奢,颇重文学,然市井游手好利而争强,往往一语相干,辄生忿恨,彼此互斗,各以类从,或一哄而聚数十百人,横陈刀械,至死不畏,其风气然也"。② 正是早期从全国各地聚集而来的天津人的军旅生涯以及在惊涛骇浪中的生存经历以及早期城市社会管理的缺失,造就了他们活泼开朗的性格、开拓进取的创业精神以及尚信重义、争强好胜的民风,也决定了早期天津卫城附近以及海河两岸民间信仰的多元性、民族性和社会生活的多样性。

松散的城市社会管理系统,迫使这些来自不同区域的天津居民,在原籍封建正统思想和政治管理体系的影响下,为逐利谋生。他们或以家族形式绵延香火,"管摄天下人心,收宗族,厚风俗",③如以经商著称的天津茶叶李氏、天津华氏等家族,都有很大的社会影响;或以地缘、业缘关系建立会馆、会所,形成互利性商业团体,互帮互助,如乾隆四年(1739)广州、潮州和福建在津同乡在西北角成立的闽粤会馆,乾隆十八年(1753)江西商人成立的江西会馆,浙

---

① (清)《续天津县志》卷十六,艺文。《天津通志·旧志点校卷》中,第418页。

② (清)《津门保甲图说》,《天津通志·旧志点校卷》下,第432页。

③ (宋)张载:《张子全书》卷四《宗法》。

江商人也曾在北门里户部街建有浙江乡贤祠。又如道光七年（1827）成立的估衣街中街山西会馆，则是在津山西籍商人经营的盐、布、票、铁、铜、锡、茶、皮货、账、颜料、当铺、银号、杂货等 13 帮 48 家联合组成。[①] 像粤闽潮帮、宁波帮、江西帮、山西帮等这些外来旅津商人，他们在坚守各自原有信仰和生活习俗的同时，也不得不接纳、吸收其他的文化和风俗，共生共存。各处会馆既是联谊之地，也是拜祭神灵之所，报神恩、联乡情、诚义举的载体。如山西商人将关帝君作为他们的正神，每年农历四月初八在会馆内设供献戏，聚集拜祝。又如福建、广东商人极其笃信海神妈祖，他们有每年农历三月二十三日在闽粤会馆内举行皇会的习俗，祭拜妈祖神像，祈求平安。伴随着岁月的流逝，妈祖崇拜也悄悄地发生了变化，妈祖也派生出很多与庇佑海洋风险毫无关系的功能，如独特的祈求子嗣的拴娃娃之风，又如掌管疾病的"耳光娘娘""眼光娘娘"的出现。妈祖逐渐被世俗化，演变为有求必应、无所不能的神灵。而作为佛、道、回等不同宗教信仰符号的各类寺院、道观，如观音庙、关帝庙、五圣庙、药王庙、太虚观、清真寺等等，遍布天津卫城内、外，则意味着早期天津城市居民民间信仰的多样性。根据清道光年间著《津门保甲图说》记载，当时天津城内、外的寺观有 488 座。[②] 光绪年间张焘所撰《津门杂记》记载，1885 年天津县回民人口约有 6 千余户。[③] 海洋文化和内陆农耕文明，甚至草原风俗同聚津门，宗教信仰、社会生活的多样性可见一斑。

　　河、海交汇的地理位置和漕运的兴盛，决定了早期天津城市文

---

① 杨柳枝：《简论近代天津的会馆》，《天津史研究》1987 年第 1 期。

② 高艳林：《天津人口研究（1404—1949）》，第 267 页。

③ （清）张焘撰：《津门杂记》标点本卷上，天津古籍出版社，1986，第 19 页。

化以妈祖崇拜和海洋经济为主要内容的海洋文化长盛不衰。东、西天妃宫内旺盛的香火彰显着妈祖在人们心中的显赫地位，望海寺、海光寺等寺院则表明人们思想上对海洋的敬畏；文人集聚的水西庄、一亩园等私家园林，展示了天津盐商奢华的物质生活和对传统文化近乎痴迷的精神追求；雕梁画栋、水榭亭台的柳墅行宫，留下了清朝两代皇帝出巡来津时的点滴记录，述说着天津盐商与皇族、皇权之间的恩怨情仇。建筑风格迥异的商业会馆、各式各样的寺院庙宇以及庄重肃穆的宗族家庙，分布在津门的街头巷尾，则反映了因为不同原因、来自不同地区的人们集聚津门，在中央集权的封建政治统治和传统儒家正统思想的笼罩下，他们以"尊祖敬宗"的宗法制度维系家族，同时又以同乡、同业关系组成的会所、帮会，以血缘、地缘、业缘为纽带，共同维系着来自不同区域的各自生活习俗和信仰观念，并在相互交往中，彼此相互影响，不断交流、融合，共同创造了天津早期城市多元交融的传统社会文化。

关于"天津"得名时间的探讨

2004 年,天津市进行了大规模的设卫、筑城 600 周年的纪念活动。可是,笔者仔细考察史料,发现"天津"的得名、设卫、筑城并非一件事,也不是同年,2004 年仅仅是"天津卫"设立 600 周年,而不是"天津"得名 600 年。

一、"天津"由来诸说

"天津"一词的文化内涵有多种说法,并且都有文献资料作为记载依据。一种说法认为"天津"是古代天文学上一个星宿的名称,或为"天河",或为"天河中的津梁"。① 这种说法,到明朝天津设卫时依然沿用,这在《明实录》中有许多的记载。如《明太宗实录》卷二十八记载,"夜有星如盏大,亦黄色迹,有光,出天津,东行至近浊。"卷三十七记载,"夜有星如盏大,青白色尾迹有光,出天市东垣内,北行入天津。"也就是在这颗流星划过夜空的几天前,明政府才刚刚宣布正式设立"天津左卫"。卷四十三"夜有星如鸡子大,赤色有光,出天津西北行入织女"。② 等等。第二种说法,"天津"

---

① 详见刘鉴、唐焦玮主编《津门谈古》一,百花文艺出版社,1991,第 169~170 页。

② 《明太宗实录》卷二十八"永乐二年二月戊子"条;卷三十七"永乐二年十二月丁酉"条;卷四十三"永乐三年六月戊子"条。中央研究院历史语言研究所校印,1962,第 509、637、686~687 页。以下该书简称《明太宗实录》。

是隋炀帝在洛水上所建桥梁的名称。① 第三种说法是指《金史》中所记载的"天津河",指金政权时期"直沽到通州的潞水漕渠"。②另外,还有根据清乾隆年间编修的《天津县志》记载:"天津本近口关名,在良乡北。自永乐置卫,天津之名遂移直沽。据《畿辅通志》天津关在宛平县西二百一十五里。据《方舆纪要》关在良乡县北百余里,至易州出大龙门凡十五关口,中间差大者曰天门关,或云天津口。"③认为"天津"是北京良乡一处关口的名称。上述各文献的记载说明,在明代设卫之前已经出现了"天津"一词,只是含义各异。还有一种就是明成祖朱棣赐名说,这也是史学界普遍公认的说法。笔者认为,尽管历朝文献中"天津"一词的含义有上述不同的解释,但是,作为现今地名称谓的"天津"的得名,与"星宿名""天津桥""天津河""天津关"并没有直接联系,明成祖朱棣赐名"天津"说更为可信。

明代多种文献记载证明,作为地名称谓的"天津"一词,是明成祖朱棣所赐,且与天津卫的设置、天津城的修筑联系紧密。明弘治年间户部尚书兼大学士李东阳撰《修造卫城旧记》载:"天津及左右三卫,其地曰直沽。……我朝太宗文皇帝兵下沧州,始立兹卫,命工部尚书黄公福、平江伯陈瑄筑城浚池。立为今名,则象车驾所渡处也。"④康熙十四年编修的《天津卫志》收录有明代程敏政所撰《天津重修涌泉寺记》,内有"我文庙入靖内难,自小直沽渡跸而南,

---

① 维刚:《天津之名自谁始》,《天津日报》1988 年 6 月 16 日。
② 韩嘉谷:《天津古史寻绎》,天津古籍出版社,2006,第 243 页。
③ 乾隆《天津县志》卷三"地舆",载天津市地方志编修委员会编著:《天津通志·旧志点校卷》中,南开大学出版社,1999,第 46 页。
④ 康熙《天津卫志》卷四"艺文",《天津通志·旧志点校卷》上,第 72 页。

名其地曰天津。置三卫以守,则永乐甲申也"的记载。① 李东阳(1447—1516)和程敏政(1446—1499)二人同朝为官,且交情深厚,经常在一起探讨学问,两人的观点实为同一说法。天津博物馆藏有一通明嘉靖二十九年(1550)"重修三官庙"碑,碑文曰:"我祖文皇帝入靖内难,圣驾曾由此济渡沧州,因赐名曰天津。筑城凿池,而三卫所立焉。"这一碑记基本沿袭了李东阳和程敏政的提法。1398年,明洪武皇帝朱元璋驾崩后,长孙朱允炆继位,年号建文。1399年,能够"节制沿边士马"的燕王朱棣为争夺皇位,以"除奸臣、清君侧"为名,从北京起兵南下,最终夺得皇权,史称"靖难之役"。在南下"靖难"途中,朱棣曾经从天津(当时名为"直沽")三岔河口一带渡过南运河,攻占了沧州,于是赐名"天津",设卫筑城。明以后基本沿袭了这一说法,如清康熙《天津卫志》载,"文皇渡此,赐名曰'天津'。"②这也是至今关于"天津"地名缘起的普遍公认的说法。

二、赐名"天津"时间的争议

尽管明成祖朱棣赐名"天津"之说有许多历史文献的支持,但是关于赐名的确切时间,上述各文献的记载却是比较模糊,以致众说不一。南开大学来新夏教授撰文称:"他率兵由直沽'济渡沧州'南攻。征战数年,终于在1402年攻入南京,即帝位,是为成祖,年号永乐。明成祖在喜悦之余,为了纪念始发兵的'龙兴之地',把直沽

---

① 康熙《天津卫志》卷四"艺文",《天津通志·旧志点校卷》上,第74页。
② 乾隆《天津卫志》卷一"沿革",《天津通志·旧志点校卷》上,第19页。

这个曾是'天子渡河之地'赐名为天津(天是天子之义,津是渡口之义)。"①提出了明成祖即位后(即永乐元年以后)赐名说,但并没有明确具体年代。天津地方志网则有如下叙述:"(永乐二年)十一月二十一日,明成祖朱棣认为直沽是海运、商船往来冲要之地,兼以海口田土肥沃,宜于屯守,于是日决定在直沽设卫,赐名'天津',意谓天子车驾渡河之处,即为纪念建文二年(1400)十月二十七日朱棣率兵从直沽渡河偷袭沧州的胜利。"认为"天津"得名与设置"天津卫"为同时,即永乐二年(1404)十一月。据《明太宗实录》卷三十六载:"永乐二年十一月己未,设天津卫。上以直沽海运商舶往来之冲,宜设军卫,且海口田土膏腴命调缘海诸卫军士屯守。"②卷三十七载,永乐二年十二月丙子"设天津左卫。"③卷六十一载,"改青州右卫为天津右卫"。④ 天津地方志网的观点实则是综合《明太宗实录》中记载天津设卫的情况和李东阳《修造卫城旧记》而来。已故卢绳教授曾撰文称:"明朝建文二年(1400),燕王朱棣兵下沧州,渡直沽时赐名为'天津',这是天津得名之始。永乐二年(1404),设'天津卫',命工部尚书黄福和平江伯陈瑄、都指挥陈达筑城浚池。"⑤主张朱棣渡河时赐名说,即1400年。韩嘉谷先生也持相同观点。⑥《天津古代城市发展史》一书根据《明史·惠帝本纪》"建文二年(1400)九月……冬十月,燕王袭沧州,徐凯被执"的记载,提

① 来新夏:《解读天津六百年》,《天津日报》2004年12月27日。
② 《明太宗实录》卷三十六"永乐二年十一月己未"条,第628页。
③ 《明太宗实录》卷三十七"永乐二年十二月丙子"条,第632页。
④ 《明太宗实录》卷六十一"永乐四年十一月甲子"条,第882页。
⑤ 卢绳:《天津近代城市建筑简史》,《天津文史资料选辑》第24辑,天津人民出版社,1983。
⑥ 韩嘉谷:《天津古史寻绎》,天津古籍出版社,2006,第286页。

出天津的得名"至迟不会晚于1400年10月"。① 可见,史学界对于"天津"之名为明成祖朱棣所赐没有异议,但对于赐名的时间则有不同的认识。

上述关于"天津"得名时间的不同看法,主要是因为明代文献中关于明成祖赐名"天津"的时间的记载并不明确所致。明正德十四年(1519)山东按察司副使吕盛在《天津三卫志》的书跋中写道:"仰窥天津之名起于北都定鼎之后,前此未有也。北近京师,东连海岱,天下粮艘商舶,鱼贯而进,殆无虚日。首建天津及左右三卫以防御之,次及城池,则滨海之险有其蔽矣……"②上述史料中所谓"北都定鼎",是指明成祖朱棣在永乐元年正月定北平为国都,并改名"北平"为"北京"。③ 也就是说吕盛认为"天津"的称谓最早始于永乐元年(1403),"前此未有也"。而依据前引程敏政撰《天津重修涌泉寺记》的记载,"天津"的得名时间至少有两种理解:一种是朱棣赐名天津与设置天津卫为同时,即朱棣登基以后,正式设置天津卫时,即永乐二年(1404),也就是来新夏教授和天津地方志网的观点;另外一种是朱棣渡河后当即赐名"天津",即1400年,也就是卢绳教授、韩嘉谷先生的观点。

三、赐名"天津"时间的考辨

笔者认为朱棣渡河时当即赐名的可能性更大些。首先,让我

① 郭蕴静、涂宗涛等编《天津古代城市发展史》,天津古籍出版社,1989,第73页。

② 康熙《天津卫志·旧跋》,《天津通志·旧志点校卷》上,第15页。

③ 《明太宗实录》卷十六"永乐元年春正月辛卯"条,第294页。

们看一看最早提出赐名说的两个文献。前引明代李东阳撰《修造卫城旧记》"立为今名，则象车驾所渡处也"，只是表明了赐名原因，而没有明确赐名时间。程敏政撰《天津重修涌泉寺记》中明确提到了"永乐甲申"年(1404)，尽管明显存在着前述两种不同的理解，但是文中的一个"则"字，为我们提供了重要的语言断句依据。假若将"南"字以前的内容断为一句话，即"我文庙入靖内难，自小直沽渡跸而南。名其地曰天津，置三卫以守，则永乐甲申也"。也就是说前半句讲明成祖朱棣从直沽渡河这一史实，而后半句说在1404年赐名、设卫。这样的断句，上下两句话为并列关系，前后逻辑关系不紧凑，像这样明显的文字缺陷，对于身处文字考究的社会环境的文化大家而言是不易出现的。反之，若将"津"字以前的内容断为一句，即"我文庙入靖内难，自小直沽渡跸而南，名其地曰天津。置三卫以守，则永乐甲申也"。也就是说，朱棣渡河后当即赐名，建卫则在1404年。因为"则"字的存在，前后为转折关系，语言逻辑关系更紧凑、通顺，更符合文法常理。文字逻辑推理如此，其他文献上也有佐证。

南开大学明史专家南炳文教授，根据雷礼的著作《国朝列卿记》卷六十八《北京刑部尚书侍郎行实》的记载，张思恭"永乐元年，坐事谪督天津卫城，以勤敏称旨"。与王世贞撰《弇山堂别集》卷五十九《卿贰表·工部左右侍郎》的记载，张思恭"永乐元年谪"，相互佐证，曾经发表文章提出在1403年，明工部右侍郎张思恭因犯罪被充军发配到天津，监督修建卫城。① 关于张思恭督修天津卫城这件

① 南炳文：《天津建城之初事》，《天津日报》2004年12月20日；《天津史上不应忘却的一个人物——张思恭和永乐初天津城墙的修筑》，《今晚报》2004年12月23日。

事情,《明太宗实录》中也有记载,"改工部左侍郎张思恭为北京刑部左侍郎。初思恭坐事督修天津卫城,至是还奏称旨,遂改官刑部,仍令督修天津卫城。"①另外,乾隆年间编著的《大清一统志》也有天津城"明永乐元年筑"的记载。② 这就证明在永乐元年明朝就已经开始筹划天津设卫、修城事宜,甚至已经开始着手修城,进而证明最晚在 1403 年已经出现了天津卫、天津卫城的称呼,也为在 1404 年正式设置天津卫以前已经出现了"天津"的称谓提供了佐证。

另外,《明太宗实录》记载,永乐元年二月:"以燕山左、燕山右、燕山前、大兴左、济州、济阳、真定、遵化、通州、蓟州、密云中、密云后、永平、山海、万全左、万全右、宣府前、怀安、开平、开平中、兴州左屯、兴州右屯、兴州中屯、兴州前屯、兴州后屯、隆庆、东胜左、东胜右、镇朔、涿鹿、定边、玉林、云川、高山、义勇左、(义勇)右、(义勇)中、(义勇)前、(义勇)后、神武左、(神武)右、(神武)中、(神武)前、(神武)后、武成左、(武成)右、(武成)中、(武成)前、(武成)后、忠义左、(忠义)右、(忠义)中、(忠义)前、(忠义)后、武功中、卢龙、镇房、武清、抚宁、天津右、宁山六十一卫,梁成、兴和、常山三守御千户所,俱隶北京留守行后军都督府。"③其中也明确记载了"天津右"卫的称谓。南炳文教授撰文指出:"这六十一个军卫和三个守御千户所,有的早已建立,有的当时并不存在,而只是拟议在将来建立起来。"认为"虽然记有天津右卫,但并不表明这时天津右卫一定已经建立。它既可能业已建立,也可能只是拟议在将来

---

① 《明太宗实录》卷四十四"永乐三年七月庚申"条,第 701 页。
② 乾隆《大清一统志》卷十七"天津府·城池"。
③ 《明太宗实录》卷十七"永乐元年二月辛亥"条,第 302 页。

建立"①。而在另外一篇文章中他明确指出:"天津右卫正是属于当时实际并未创建而只是拟议在不久的将来加以创建者的那一部分。"②南炳文教授认为"天津右"卫属新增设的卫所之列是有道理的。在布置这些军事卫所一个月前,明成祖朱棣刚刚将其发迹之地"北平"改称"北京",立为京都。随之设立北京留守行后军都督府、北京行部、北京国子监等,改北平府为顺天府,仿效南京官制配置北京地方官职,并从各地挑选官员到北京任职。为了增加北京地区的军事力量,或调周边地区的卫所来北京驻守,或新添增设卫所,巩固北方边防。③ 如上述六十一个卫中,"东胜左"和"东胜右"就是从山西调来北京驻守的,"复设山西孤店儿关。盖其地山西行都司城北十八里,旧尝设关以防虏,后设东胜等卫,而关在其内,遂废。至是,东胜等卫俱调北京,故复之"。④ "武清"卫则属增设,"置北京武清卫经历司经历一员","命兵部以有罪当谪戍者实新设武清卫;犯死罪及逃军令戍开平"。⑤ 这明确说明"武清卫"为"新设",直到永乐四年(1406),"武清"卫和"开平"卫依然没有招满兵员额数,仍在不断地充实兵额。前引《明太宗实录》记载,天津右卫则是在永乐四年十一月由青州右卫改派而成。无论是像南炳文教授所称"天津右"卫是计划将来建立的卫所,还是当时已经建成,这条史料证明最晚到永乐元年(1403)二月就已经出现了"天津右"卫

---

① 南炳文:《解释关于天津设卫建城纪念日的一个疑点》,《今晚报》2004 年
11 月 16 日。

② 南炳文:《天津建城之初事》,《天津日报》2004 年 12 月 20 日。

③ 《明太宗实录》卷十七"永乐元年二月庚戌"条,第 301～302 页。

④ 《明太宗实录》卷三十"永乐二年夏四月丁丑"条,第 543 页。

⑤ 《明太宗实录》卷四十七"永乐三年冬十月戊子",第 727 页;卷五十一
"永乐四年二月乙酉"条,第 768 页。

的称呼则是不争的事实。

综上,永乐元年,明政府已经开始筹划设置天津卫,着手修建天津卫城,正史文献中也已经出现了"天津右"卫的记载。这就可以确定,最晚到永乐元年二月明政府内部已经出现了"天津"三卫的称谓,并已经开始着手筹建工作。这样看来,"天津"之名也应该最晚在永乐元年二月时就已经产生。结合前引明代程敏政等人的文献记载,笔者认为"天津"的得名时间应在1400年朱棣渡河之时。

那么,为什么明代各类文献关于朱棣赐名"天津"的记载竟然会如此模棱两可呢?让我们仔细考察一下朱棣当年渡河时的情景。"天津"的表面字义为"天子津渡"。在古代封建等级社会中,只有皇帝一人才能被称为天子。而在南下"靖难"从直沽渡河时,朱棣的职位乃是燕王,尚不是当朝天子。他发兵南下,对外也是打着"除奸臣、清君侧"的旗号,而不是以争夺皇位统治天下为名。《明实录》中就有多处记载朱棣在属下面前强调:自己发兵并不是要夺取皇位,而是顺应天意,铲除皇帝身边的奸臣贼子,避免自己同其他藩王一样被"削藩"的政治命运,稳定明朝的政治统治。毫无疑问,以《明实录》为主的明朝正史多是为皇帝歌功颂德,如书中《奉天靖难事迹》详细记载了朱棣南下的每一次战争经过,其中也包括从直沽渡河的情况。从具体内容来看,主要是宣传两个方面,一是燕王朱棣发动战争是顺应天意,是"天"的安排,而不是以下犯上,谋反篡位,这从"奉天靖难"名称上也可以体味到。二是宣扬朱棣是体贴天下生灵的仁义之人。例如其中记载:朱棣每次战场得胜后,都是以恩报怨,以德服人,善待降将,释放战俘,明令禁止抢劫和杀戮,而将两军交战时战场上那些滥杀行径完全归于朱棣属下的私自妄为,将一场充满血腥的皇位争夺战描绘成是朱棣顺应上天旨意、替天行道的正义行为。如《明太宗实录》卷七"建文三年二月己酉"条载:"驻师保定。上会诸将,议所向。……上所御素红绒袍忽见白花如雪色,疑为龙纹鳞鬣,皆具美如刺绣。诸将见者骇异,皆叩头曰'龙君象,天命嘉兆,必获大捷。'上叹曰,'我与若等不得已御难求生耳,敢有一毫非分之望哉!但荷天地宗庙之灵,得去谗奸,清朝廷,安宗社,退守藩封,传于子孙,吾志愿毕矣。况今生死未保乎,且水花偶然所凝,岂可据云嘉应。果若嘉应,亦非吾德可当尔,曹慎勿妄言。'"①这条文献透露出,燕王朱棣率兵南下时,他的属下已经把他当作真龙天子来看,并不能排除在发兵南下时,已经在将领内部明确了夺取皇位的出兵目的。熟读史书的燕王朱棣赐名"天津",是否想仿效宋赵匡胤黄袍加身一样,以此来鼓舞士气呢?笔者存疑。朱棣登基后,改北平为北京,将北平府改为顺天府,也是顺应上天旨意之义。出于粉饰皇权的记史目的,明代史官是根本不可能把朱棣以燕王身份"越级"天子赐名"天津"的行为载入史册的。这也是正史档案中缺少关于朱棣赐名"天津"史实记载的主要原因。而明初正史没有记载这一史实的现象,反而增大了燕王朱棣渡河后即赐名的可能性。永乐几十年之后,在朝为官的李东阳、程敏政,也极可能是为了回避燕王赐名"天津"的事实,而不得不以模糊记事的方法含糊叙事。而后人则多沿用了李东阳和程敏政的记载,导致众说不一。

历史是过去的事实,又是过去事实的记载,"事实"是客观的,而"记载"则是主观的。朱棣渡河时即赐名"天津"之说,是事实还是记载,有待更确切的证据证实。

---

① 《明太宗实录》卷七"建文三年二月己酉"条,第80~81页。

盐商与皇权的对话

——柳墅行宫历史文化探源

天津地处渤海西岸,渔、盐之利吸引了天津的早期居民。尤其到了清代,长芦盐场规模不断扩大,海河东岸一带盐坨密集,"盐包累累如山,呼曰盐码,地占数里,一望无际"。① 尽管明、清政府都实行盐铁官营,垄断食盐生产和销售。但是,与其他沿海地区一样,在海盐的产销过程中,天津地区也产生了一个庞大的社会群体——盐商。他们凭借在经营盐业中赚取的巨额财富,建造豪华的私人园林,过着奢华的生活。他们或与政府官员联系紧密,或捐资买爵以提高社会等级身份,或召集文人雅士说文泼墨,对天津社会文化的发展起到了很大的推动作用。天津柳墅行宫,就是长芦盐商为了博取皇权的青睐进而获取政治、社会地位而捐资修建的,是体现盐商文化和皇族宫殿建筑艺术重要的物质文化载体。

一、柳墅行宫的修建

行宫,是指古代专供在外出巡的帝王居住的房舍。柳墅行宫,又称天津府行宫,是清乾隆三十年(1765),天津府的官员专门为出巡来津的乾隆皇帝在海河之滨修建的居所。因行宫内外遍植柳树,垂柳成荫,乾隆帝特意为其题名为"柳墅"。说到它的建造,还

---

① (清)张焘:《津门杂记》标点本,卷上,天津古籍出版社,1986,第13页。

得从清朝皇帝巡阅地方的现象谈起。

1644年,清军入关后,很快统一全国,建立了中央政权。清朝的前几任皇帝都曾亲自巡视各地,调查民情,了解民风,处理各种案件,整治地方官吏,并以减免苛捐杂税的方式体恤民苦,以此来加强对地方的统治。考虑到皇帝每次巡视地方都能给巡幸的地方带来种种好处,或升官长级,或减免租税,以及对皇帝的自然崇拜之感,地方官员和黎民百姓都希望皇帝能够经常巡视各自所在地区。天津府临近北京,为京师门户,又濒临渤海,为北方重要的出海口,尤其是由南、北运河交汇而成的三岔河口地区,是南方漕粮船只必经之地,关乎京师用粮,国运民生;且地处九河下梢,地势低洼,水灾频发,因此,康熙、乾隆等皇帝无论是专程巡察河道,了解民情,还是因南下巡视江南,都曾多次亲临天津。最初,由于考虑到修建、照料行宫劳民伤财,康熙、乾隆帝都曾禁止地方特意为此大兴土木,所以,天津一直没有专门修建行宫。如康熙皇帝曾经四次巡视天津地区,康熙八年(1669)十一月,他驻营稍直口;①康熙二十四年(1685)二月、三十三年(1694)五月两次来津时,都是居住在乾清宫总督五厂王之俊的家中;②乾隆皇帝在乾隆十三年(1748)、二十七年(1762)两次来津,也没有专供休息的居所。后来,随着清政府国内统治的日益稳定和康乾盛世的出现,尽管乾隆皇帝三令五申禁止各地为自己巡阅地方而建造行宫,但各地方官员还是为讨好皇帝,以各种理由建造行宫,到乾隆三十年(1765)乾隆皇帝南下江浙之时,从北京至山东的直隶境内就已经建有黄新庄、红杏

① 康熙《天津卫志》卷一,《天津通志·旧志点校卷》上,第24页。
② 乾隆《天津府志》卷一,《天津通志·旧志点校卷》上,第116页;乾隆《天津县志》卷一,《天津通志·旧志点校卷》中,第36页。

园、泽河等十余处行宫,天津府的柳墅行宫也就是在这时开始修
建的。

　　嘉庆十年(1805)三月编修的《新修长芦盐法志》记载,柳墅行
宫"乾隆三十年,长芦通纲商人呈请购材恭建,豫备巡幸驻跸之所,
由巡盐御史高诚奏准,众商公捐公办"。① 同治九年(1870)编修的
《续天津县志》也记载,"柳墅行宫……乾隆三十年,芦商呈请巡盐
御史高公奏准捐建"。② 事情的大致情况是这样的,乾隆三十年正
月十六日,乾隆皇帝与皇太后一起自北京起程,南下巡阅江浙地
区,并降旨宣布将沿途经过的直隶、山东等地方当年应征的地丁钱
粮数量减免十分之三。在此以前,乾隆帝为此次南下江浙,已经多
次要求巡游途经的各地官员,只要把休息住所安排妥当,打扫干净
就可以了,不许进行豪华装饰,更不能特意添建行宫。但是,直隶、
山东两省总督还是以普通庐舍不如殿宇舒适为由,增修了多处庭
院,供皇族休息。乾隆帝到达景州红杏园行宫后,感觉新建行宫的
布置颇为安适,遂降旨称,"地方大吏以慈驾临驻,旆庐究不若屋宇
之安善,尚有葺治行馆以供憩息者,因其义适温清,且成事不说,是
以不复禁止"。③ 不仅没有追究各地官员的抗旨罪责,而且,考虑到
各地修建行宫需用银两较多,朝廷专为出巡而拨的款项不敷应用,
为了表示自己体恤民情的心情,他还命令直隶和山东从应上缴朝
廷的银两内分别拨款两万两,赏给两省主持修建行宫的人员,以便
各地行宫日常应用。乾隆皇帝此次巡游江南,虽然没有从天津经

---

　　① 嘉庆《新修长芦盐法志》卷十九,营建,第 1 页。嘉庆十年三月编修。
　　② 同治《续天津县志》卷三,《天津通志·旧志点校卷》中,第 288 页。
　　③ 《清实录·高宗纯皇帝实录》卷 727,乾隆三十年正月"己巳"条,中华书
局,1985 年影印本。

过,但天津富有盐商考虑到皇帝曾经多次来过天津,而天津仍没有专门供奉皇帝休息的处所,早就计划在津修建行宫,也曾请求巡盐御史高诚代为奏请皇帝允许。但因皇帝多次降旨不许修建,所以一直未能添建。此时,在景州行宫陪驾的长芦巡盐御史高诚,乘机向乾隆皇帝请求在天津修建行宫,得到乾隆帝的允许。

当年春天,长芦巡盐御史高诚组织长芦通纲盐商踊跃捐资,购买物料,选勘基址。当时,天津地区素有"七十二沽古水乡"之称,临城附近地区地势低洼,不宜建造大面积的宫殿建筑。三岔河口一带虽然地势稍高,水运发达,但商旅众多,帆樯云集,人员混杂,繁乱异常;海河东岸地势较高,但靠近东门沿河一带遍布盐坨,没有大面积的空地可用,最终选址在田庄与唐口之间的一大块荒地上,平芜建造。这里不仅地势相对较高,土质也为黏土,最适合建屋构房;且遍布杨柳,古木苍翠,风景优雅;临近海河,水运便利,便于出行;河岸对过不远即是皇家船坞,可以存放多艘大型船只,船只管理、修理、使用便捷;距天津城的繁华区域距离适中,既远离市井喧嚣,又利于出行参观,是居住静养的最佳地方。现在看来,当时的官吏和盐商在行宫选址上也是煞费苦心。选定基址和由清宫内著名建筑大师"样式雷"完成行宫整体布局及建筑式样的设计之后,众盐商迅速从各地招募工匠,集资购料,平整荒地,迅速开工。经过数百人的艰辛劳作,行宫于一年后建造完毕。经过之人纷纷停船、驻足观望,"观者不禁如堵墙"。①

关于柳墅行宫的修建时间,据《新修长芦盐法志》记载,"肇建

---

① 嘉庆《新修长芦盐法志》卷十八,文艺,第63页。

于乾隆三十年",①但具体完工时间却没有详细的记载。当时的文人李善和看着刚刚完工的柳墅行宫,随即写下《行宫初竣恭赋》诗,描写行宫盛况。"七十二沽古水乡,东连巨浸波涛长。间有池馆开道旁,参天古柳秋苍苍。潞河日下遥相望,舳舻千里衔帆樯。轻波一棹随风扬,濯缨令我思沧浪。天子重念薄海疆,诏疏禹绩倾仓箱。视民所在如有伤,翠华亲驻临康庄。百工子来畚锸忙,平芜不日起画梁。温宫窈窕达洞房,曲院掩映通修廊。阑干镂玉楼鸳鸯,殿阁错金蹲凤凰。其西绿竹交琳琅,青飔习习水榭凉。万丝烟雨垂弱柳,俯瞰十亩方池塘。松涛过耳同笙簧,飞楼仰视云中翔。中卧古柳山之阳,痈肿何止千岁强。海棠一染天藻香,春风特地骄红装。遥忆来年时省方,水搜三月鱼龙藏。河伯不敢恣狂猖,御舸中流飞盖黄。羽林云屯鹰隼扬,森立豹尾辉旗常。比来经始杂士商,观者不禁如堵墙。徘徊徙倚等望洋,神飞色动空彷徨。扁舟归去兴未央,霜天新月烟苍茫。"②这首诗作说明了柳墅行宫的修建原因,描写了行宫的建筑风格、规模,字里行间也透漏出柳墅行宫修建完毕的大概时间。从诗中的"参天古柳秋苍苍""青飔习习水榭凉""万丝烟雨垂弱柳""轻波一棹随风扬""霜天新月烟苍茫",可以推测柳墅行宫的完工时间应该在河水冰凉、凉风习习、霜天新月的深秋季节。据《清实录》记载,乾隆三十一年(1766)四月,乾隆皇帝就已经决定于次年(即乾隆三十二年,1767)春天巡幸天津,命令长芦巡盐御史高诚准备巡行所需用的船只、水手等事宜,③而从"遥

---

① 嘉庆《新修长芦盐法志》卷二十,图识,第5页。
② 嘉庆《新修长芦盐法志》卷十八,文艺,第63~64页。
③ 《清实录·高宗纯皇帝实录》卷758,乾隆三十一年四月"丁未"条。

忆来年时省方,水搜三月鱼龙"两句诗中的"来年",即明年,也就是乾隆三十二年,可以确定柳墅行宫是在乾隆三十一年秋间彻底完工,即1766年10、11月。此外,《新修长芦盐法志》还有这样的记载:"自丙戌至甲寅,所有宸翰诗笺、额联墨宝、琅函石刻,一一恭贮于内。"①乾隆丙戌年,即乾隆三十一年,这说明乾隆皇帝为柳墅行宫取名,并题写"瀛津"和"柳墅""海棠厅"等匾额,是在1766年,而并非在1765年。

从李善和所写的诗句来看,柳墅行宫的规模很大,宫殿楼阁,雕梁画栋,甬道走廊、水榭亭台、池鱼桥梁,苍竹翠柳,样样俱全。历史文献中也有类似的记载,《新修长芦盐法志》载,"宫墙甬道,内外朝房,殿阁亭台,溪桥山石,以及林木花卉,鹤鹿禽鱼,靡不具备。""周围大墙共二百四十丈"。②成书较晚的《天津县新志》说柳墅行宫"周二百四十丈,有房五百间",③应是来源于长芦盐法志的记载。

关于行宫的确切位置,根据《新修长芦盐法志》收录的柳墅行宫图和文字记载可知,行宫位于天津城南门外海河东岸,距河边不远。正对宫门的海河岸边设有码头,后来被称为"行宫渡",又称"宝船口渡"。④道光年间刊印的《津门保甲图说》一书,明确标示出柳墅行宫的确切位置在河东唐家口(西)与田家庄(东)之间的海河边,大体位于两村的中间位置;行宫的海河正对岸是靳庄子。当时的海河尚未裁弯取直,在大直沽附近有一个大弯,向南流去。行

---

① 嘉庆《长芦盐法志》卷二十,图识,第5页。
② 嘉庆《新修长芦盐法志》卷十九,营建,第1页。
③ 民国《天津县新志》卷二十五,《天津通志·旧志点校卷》中,第1052页。
④ 同治《续天津县志》卷三,《天津通志·旧志点校卷》中,第290页。

宫东南与田家庄隔河相对的海河西岸的小王庄、梁家庄隔河相望。行宫西面的唐家口是个大村,它的西北方向还有一个叫小唐家口的小村庄。东面的田家庄与大直沽相邻,也是人烟密集。① 同治年间编修的《续天津县志》中记载海河东岸的"行宫渡"与西岸的"田庄渡"隔河相对,这也说明柳墅行宫应与田庄相近。

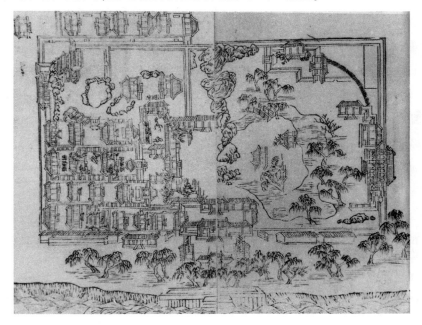

柳墅行宫图

结合文献记载和现存平面图可知,柳墅行宫的主体院落大体呈长方形,南北长,东西短,分为外宫门、正殿、内宫、东苑和南苑五大部分。柳墅行宫的建筑有一个显著的特点,就是坐北朝南的正殿建筑与外面两道大宫门朝向不一,这是因为临河而居的缘故。

---

① 道光《津门保甲图说》,《天津通志·旧志点校卷》下,第523页。

在临近海河一面的南北向围墙的正中地方,建有内外两道大宫门,坐东朝西,面对海河。在头道宫门外,沿河码头附近修有一座三楹牌楼,牌楼左、右两边分别书有乾隆帝题写的"瀛津"和"柳墅"匾额。在牌坊与头道宫门之间有供大臣等候休息的朝房 12 间,沿院墙还建有辇房、轿房、陈器库各 5 间,外膳房 15 间。在两道宫门之间,建有军机处、朝房、穿厅等房共 12 间;此外,在第二道宫门前还矗立一座由大小不一的山石垒砌而成的石屏,挡蔽着宫门。组成石屏的每一块山石都是巧夺天工,错落有致,后来乾隆皇帝曾经赋诗如此描写:"叠石为屏蔽内外,玲珑辟达意犹存。鲁论少小工占毕,雅似邦君树塞门。"①在乾隆皇帝的晚年,他也曾借景抒情,写诗描述石屏:"既已为屏应叠石,朴淳奇巧匠心存。其间取舍当留意,那可蔽贤弗入门。"②来抒发自己重用贤才以图自强的心愿。进入第二道大宫门,则是南苑北部的空地,即来到正宫门前。

柳墅行宫的主体宫殿建筑是以正宫门、"偕乐堂""播醇斋"为中轴线,西面为内宫,东面为东苑,南面为南苑。行宫所有宫殿的主体建筑与两道东西朝向的大宫门有所不同,都是传统的坐北朝南正房建筑。进入一道 3 间房的正宫门向北,穿过一座垂花门,即是乾隆皇帝御题的"偕乐堂"前殿;通过大殿再向里,是一座照殿;照殿北面则是"播醇斋"内殿;最后为院墙。3 座大殿的左右两侧都有游廊相通。在"偕乐堂"和"播醇斋"的东侧,有两座分别悬挂着由乾隆题写了"校籤室"和"海棠厅"匾额的内殿,是供皇帝读书、休息的地方,还有一座上下 6 间的佛楼和西洋式戏楼等建筑。内宫分

---

① 嘉庆《新修长芦盐法志》卷三,天章一,第 35 页。
② 嘉庆《新修长芦盐法志》卷三,天章一,第 35~36 页。

为东、西两院,共有宫房 15 间,内值房 7 间,以供皇室人员居住。东苑和南苑都是供皇帝游赏的园林建筑区。东苑以假山、花卉、杨柳、厅阁为主,御题"柳径"碑也矗立在这里。正是这座"柳径"碑碑阴刻有乾隆的御笔诗:"柳墅由来柳最多,入门循径窣婆娑。无端往事思量偶,张绪当年意若何。"①道破了柳墅行宫名称的由来。南苑则以水为主,小桥流水,曲池花开,池鱼畅游,杨柳成荫,是整座行宫内风景最好的地方,因此,这里留下了乾隆皇帝更多的足迹和优美的诗句,如"重此津门问俗来,渚宫小步曲池回。喜他三鉴中之一,为我淳澄素影开"。② 花池中的水与海河相通,不仅可以随时更换,也随着海潮的涨落而升降,难怪乾隆皇帝初次看到池水突然涨高接近桥面时会感到惊讶:"宛转朱栏扶木桥,过桥揭步不其遥。桥低忽讶水波近,徐悟东风涨晚潮。"③后来,了解实情后,他就以池水泛起的波漾拍打桥柱的情景,来判断百里之外渤海潮汐的涨落,"缀景有溪必有桥,桥安谠语会非遥。却看啮柱增波漾,墙外知他到海潮"。④ 柳墅行宫由皇宫内著名的"样式雷"设计,里面宫殿、楼阁、戏台、花木、山石、湖水、池鱼、御舟、宫墙等样样俱全,是清朝皇家宫殿建筑艺术在天津的重要体现。

二、乾隆皇帝在柳墅行宫

柳墅行宫既为乾隆帝而建,也就与其结下了不解之缘。柳墅行宫自建成以后,乾隆皇帝曾经八次在此居住,这里也留下了许多

---

① 嘉庆《新修长芦盐法志》卷三,天章一,第 37 页。
② 嘉庆《新修长芦盐法志》卷三,天章一,第 36 页。
③ 嘉庆《新修长芦盐法志》卷三,天章一,第 36~37 页。
④ 嘉庆《新修长芦盐法志》卷三,天章一,第 37 页。

有关乾隆帝的历史文化踪迹。

乾隆帝首次驻跸柳墅行宫,是在乾隆三十二年(1767)。乾隆三十一年(1766)四月,乾隆皇帝命令修整子牙河等处河堤,疏通河道,并决定于次年春天亲自巡视修堤工程,让军机处转告长芦巡盐御史高诚照例筹办巡幸天津所用船只和水手等一切事宜。乾隆三十二年二月十五日,乾隆帝从圆明园启銮,向天津出发,开始巡游之行。临行前,降旨按照巡幸地方的惯例,将天津府当年应征钱粮税收减免十分之三,还从长芦应解内务府的银两内拨给赏银三万两,作为办差费用。三月初一日,乾隆帝查勘子牙河堤。初四日,乾隆帝巡视子牙河后,乘马来到天津城,沿河阅看海河河堤。天津的黎民百姓扶老携幼,欢呼雀跃,夹道欢迎。海河沿岸彩旗飘扬,管乐齐鸣,热闹非凡。乾隆在前呼后拥下,进住柳墅行宫。① 乾隆帝被天津民众的热情和新建柳墅行宫的舒适所感动,也对自己出巡给黎民百姓所带来的麻烦感到不安。当晚提笔赋诗表达自己的心情:"省方兹日莅天津,策马沿堤入绮闉。三十二年念长注,京城兆庶意俱亲。地当南北舟车要,水会东西河海循。何必管弦缦民乐,伊余所喜在还醇。"② 考虑到天津民众深受水灾影响,连年歉收,多年积欠粮款,他命令再次减免天津府所属黎民及直隶全省百姓多年积欠的银款,并写诗记载其事。"天津濒海滨,沮洳实泽国。以此多积欠,可任催科力。道豫贵休助,游通资职殖。洁矩念通省,鄹无向隅泣。一律命免之,俾民足衣食。民足孰与不,司农莫恔惜。"③ 乾隆帝安定下来后,在行宫内阅看各地奏折,与朝廷大臣

① 《清实录·高宗纯皇帝实录》卷780,乾隆三十二年三月"戊辰"条。
② 嘉庆《新修长芦盐法志》卷三,天章一,第22页。
③ 嘉庆《新修长芦盐法志》卷三,天章一,第22页。

共同处理云南军务和新疆与哈萨克边疆通商贸易事宜。当时,由于云贵地区少数民族首领叛乱,有的土司逃入缅甸境内,云贵总督杨应琚率领清军正在云南边境地区与缅甸军队作战。但是,杨应琚对于云南战况屡报不实,刚刚汇报完杀敌一万,取得大胜,随后又报已经放弃投诚的缅甸民族首领和地盘,退守国内。乾隆皇帝看完奏折后,非常愤怒,颁布上谕,免去杨应琚云贵总督一职,命明瑞从新疆赴云南接任。初五日,他看到行宫布置妥当,非常满意,心里对长芦盐商为此而付出的艰辛而感动,于是,将行宫的前殿和后殿分别命名为"偕乐堂"和"播醇斋",表达他与民同乐的心愿。又降旨传谕称,长芦盐商"趋事办公,颇称踊跃,因念长芦通纲引课每年十月内奏销,正值销售菜盐之时,盐价未及收齐,而奏限已界,商力未能舒徐,著将长芦通纲盐课嗣后改至十一月底奏销,俾得从容完纳,以示体恤"①。并作诗一首,表达自己当时的心境:"行馆海河上,颜之偕乐堂。无过停信宿,颇觉费馐商。拥马万民近,入门一迳长。顾名思义托,九寓富耕桑。"②转天,乾隆帝赴新城查看了当地的盐滩,观看驻扎那里的满洲水师兵丁的训练。结果发现许多满洲兵丁怯懦无能,技艺平庸,甚至连汉语还没有学会,更不用说跟汉族兵勇学习水师训练操法了。乾隆帝大怒,当即将都统富当阿、副都统雅隆武革职,让二人戴罪率队继续操练,并将水师营协领、佐领等官给予不同惩罚。初七日,乾隆帝一行人冒着和风细雨,再次回到柳墅行宫。直到初九日,一直在此居住,"辛未,清明节,是日,驻跸天津府行宫,至癸酉皆如之",③处理国家政务。他看

---

① 《清实录·高宗纯皇帝实录》卷780,乾隆三十二年三月"己巳"条。

② 嘉庆《新修长芦盐法志》卷三,天章一,第22页。

③ 《清实录·高宗纯皇帝实录》卷780,乾隆三十二年三月"辛未"条。

到天津地区久旱逢甘雨,心情颇为愉快,随即赋诗一首,描写当时的情景:"晓发还章武,晴和风日良。望村深柳色,扑马爱弁秧。别馆轩斋近,应时花木芳。午过复微雨,农兆卜其康。"①当天正逢是清明节,于是,乾隆帝派遣官员分别到东、西两陵祭奠先祖,同时,派人到子牙河等处河神庙拜祭河神,祈求神灵保佑风调雨顺。按照中国的传统风俗说法,清明节当天下雨,预示着当年将是一个风调雨顺的好年头;但是,当天刮风却不好。而当天既是风,又是雨,乾隆帝也不知道是好,还是不好,只有祈求上天保佑,心里忐忑不安,结果彻夜不眠。直到初八日早晨,天仍然是阴沉沉的,好在不久就阳光普照了。乾隆皇帝心情也随着天气转晴而逐渐好转,挥笔赋诗《晴一首》:"清明不宜风宜雨,昨日雨风皆有之。傍晚风息似雨盛,随亦无力收梦丝。彻夜问云至诘旦,晨起犹阴旋放曦。一以为幸一以惜,惟是筹农无射思。"②担心自己不能给黎民百姓带来恩惠,而感到惭愧:"春朝上巳后,柳墅海河滨。烟意柔条挽,露光嫩蕊匀。向花开户牖,把卷异舻舱。却是怀惭处,德风播未醇。"③此情此景反映了这位仁爱之君心系百姓、忧国忧民的感情。当天,乾隆皇帝巡视了天津镇标兵丁后,在行宫内设宴,款待随从出巡的王公大臣和直隶总督方观承及长芦盐政等官员,表彰他们在这次巡阅天津中办事得力。初九日,因为新疆伊犁地区去年歉收和多年拖欠,乾隆帝担心影响百姓生计,命令将伊犁回民当年应该上交的一万九千六百多石麦谷租税,全部豁免,以缓解黎民压力。乾隆帝最担心的还是云南战况,他根据副将福灵安奏报云南作战情况,

---

① 嘉庆《新修长芦盐法志》卷三,天章一,22页。
② 嘉庆《新修长芦盐法志》卷三,天章一,23页。
③ 嘉庆《新修长芦盐法志》卷三,天章一,23页。

降旨再次申斥杨应琚,命他在明瑞到达云南前,据实报告云南边境的一切情况。还因漕粮运输顺利,特为山东济宁天后庙题写了"灵昭恬顺"的匾额。① 初十日,乾隆皇帝离开柳墅行宫,登舟回京。

乾隆三十五年(1770)恰逢皇太后八十寿辰,乾隆帝六十寿辰,各地官员纷纷呈送礼品,恭请盛典。三月初五日,乾隆皇帝接受直隶众官员的邀请,与皇太后一起,从北京圆明园出发,参加子牙河淀神祠的落成典礼,并巡视天津。十七日,乾隆帝从天津城外乘马护送着皇太后的轿舆,沿着海河河边来到柳墅行宫。看着道旁熟悉的景物,行宫内外翠柳成荫,海棠树上百花争艳,乾隆帝的心情很好,赋诗记事,以表心扉:"旧识行斋路,海河河岸东。昔巡缵圣迹,今喜奉慈宫。陌柳阴垂绿,阶花暖放红。物胥含乐意,我愿与民同。"②从十七日直到二十日,乾隆等人一直都在柳墅行宫居住,"(甲午)是日,驻跸天津府行宫,至丁酉皆如之"③,共四天。天津众官员早已准备好歌舞、戏曲等民间综艺,等待着皇帝的到来。看到百姓的虔诚和绿柳嫣花及歌舞喧天的热闹场面,再看看悬在屋檐下的"偕乐堂""播醇斋"等匾额,乾隆皇帝感觉自己的出行又给黎民百姓带来了麻烦和负担,心感不安:"祝龄从众请,复此至天津。乘令当三月,施恩逮万民。耕桑所勤问,歌舞亦纷陈。返已惟生恧,难言斯播醇。"④此时,直隶总督杨廷璋奏报顺天、永平、天津等七府州新垦荒地 140 多顷,他遂命令免除天津府属和直隶全省未交纳的积欠钱粮,以示体贴黎民疾苦之情,这才稍感安慰,并赋诗

---

① 《清实录·高宗纯皇帝实录》卷 780,乾隆三十二年三月"癸酉"条。
② 嘉庆《新修长芦盐法志》卷三,天章一,第 23 页。
③ 《清实录·高宗纯皇帝实录》卷 855,乾隆三十五年三月"甲午"条。
④ 嘉庆《新修长芦盐法志》卷三,天章一,第 24 页。

记事："蠲赋王畿首被泽,析津无更可加恩。前巡因忆积斯逋,近岁应余欠者存。概与除征日银榖,并教通省逮黎元。村村春种期秋熟,催呼何愁吏叩门。"①乾隆帝回想起上次天津水师兵丁的拙劣表现,定于十九日阅看天津兵丁的训练情况。十八日,在行宫内摆宴犒赏陪同巡行的王公大臣和直隶总督杨廷璋等官员,并赏赐长芦盐商和办差兵丁。十九日,乾隆巡阅天津镇兵丁训练。恰在这时,前年被派往云南边境,与缅甸军队征战多年的经略大学士傅恒得胜回京,途经天津。乾隆帝连忙在柳墅行宫内召见傅恒,了解边境军情,最后嘉奖傅恒,让他仍然总管内务府。②当晚,乾隆帝在书斋内批阅奏折,了解各地政情。当他看到河南巡抚富尼汉报告南阳府地方在三月初六日普降大雨的奏折后,想到天津等直隶地方一直没降透雨,他在为河南民众高兴之余,也为天津黎民百姓而担心,于是作诗叙事,以表达自己的牵挂之情:"前旬忆得云方作,便有蓬蓬风散之。谁识行宫夜间际,乃当豫省雨沾时。一州黔黎应欢悦,二麦绿苗遍以滋。却是津门仍望泽,怒期优渥始心怡。"同时,命令富尼汉将河南境内黄河以北上年歉收地方的降雨情况和农田光景迅速上报。③二十日,天气阴沉,乾隆在向同住行宫内的皇太后问安之后,命人立即在天津设坛祈祷求雨。中午,赏赐长芦盐政李质颖、傅恒等众多官员宫廷盛宴,并即席作诗赏给众人,奖励他们办事得力。同时,批准大学士傅恒的请求,由傅恒之子福隆安接替傅恒就任步军统领,管理步军衙门。此时,浙江巡抚熊学鹏

① 嘉庆《新修长芦盐法志》卷三,天章一,第24页。

② 《清实录·高宗纯皇帝实录》卷855,乾隆三十五年三月"丙申"条。

③ 《清实录·高宗纯皇帝实录》卷855,乾隆三十五年三月"甲午"条;嘉庆《新修长芦盐法志》卷三,天章一,第24页。

率领众多浙江盐商代表来津祝贺,山东巡抚富明安也来行宫迎接圣驾,并以重新修饰的岱庙和山顶碧霞宫将近完工,恭请乾隆帝巡阅山东,登顶泰山。因年龄偏大已被辞退的编修陈蘭森和张世禄、郭洁、孟生蕙、检讨郑岱钟、陈本敬、易文基、李铎等人也趁机呈递诗文,请求给予考试机会,重新录用。① 众多朝廷大员和各类人员云集柳墅行宫,宫门内外熙熙攘攘。当天夜间,天津一带也普降小雨。二十一日,乾隆帝恭奉皇太后从天津回銮,乘船回京。南方边境的稳定,夜间又喜得春雨,乾隆皇帝心情颇为惬意。临行前,即兴赋诗以表心境。"康疆逢吉真惬意,男妇骈随有恋情。夜雨虽微尘已净,朝烟欲伴冷犹轻。究当优需方纾念,节过清明迫待耕。"② 并颁布上谕,告诉浙江巡抚熊学鹏将浙江盐引原来定额盐斤多加五斤,并在一年内不收输纳捐税;告谕山东巡抚富明安,明年春天亲自巡阅山东,登临泰山;并允许陈蘭森等八人到北京考试。③ 后来,八人通过考试,其中翰林郑岱钟、陈本敬仍被任用为检讨,陈蘭森、孟生蕙被任用为主事,张世禄、易文基被任命为知县,郭洁被任命为骁骑。④

乾隆三十六年(1771)二月初三日,乾隆皇帝按照上年的计划,与皇太后一起从圆明园出发,巡游山东,登顶东岳泰山。初七日,船舶停靠天津南仓。因念及长芦盐商在天津盐坨被水淹浸的情况下,仍能照常交税,乾隆帝传旨从即日起,以一年为限,将盐价每斤增加一文钱。随后,沿运河继续南下山东。三月下旬,乾隆一行从

---

① 《清实录·高宗纯皇帝实录》卷855,乾隆三十五年三月"戊戌"条。

② 嘉庆《新修长芦盐法志》卷三,天章一,第26页。

③ 《清实录·高宗纯皇帝实录》卷855,乾隆三十五年三月"丁未"条。

④ 《清实录·高宗纯皇帝实录》卷858,乾隆三十五年四月"乙亥"条。

泰山归来，再次途经天津。二十七日，乾隆皇帝弃舟登岸，驻跸柳墅行宫，"(戊辰)是日，驻跸天津府行宫，至庚午皆如之"。① 在此居住三天，直到四月初一日，才离开行宫，登舟北上。这是乾隆帝第三次进住柳墅行宫。他将皇太后在行宫内安排妥当问安后，乘马拜谒海神庙。天津百姓扶老携幼，夹道欢迎。当晚，他望着柳墅行宫内的"偕乐堂"匾额，回想起巡行途中，又是奖赏，减刑加官，又是减免租税，心里稍觉安慰，当即奖赏出力盐商杨世安、朱晋、张永锐、李文成、展秉礼、张世安、于義升等人，每人一盘朝珠，随即以诗抒情："东国旋舟跸，津门驻墅斋。往来慈履泰，憩息静音谐。书史原堪伴，笙歌底用排。万民亲近意，即是乐同偕。"②二十八日，定边副将军阿桂处理云南军务的奏折送到行宫。当时，刚刚被大学士傅恒平定的云南边境又起危机，缅甸方面一改前言，拒绝投降进贡，并拘留前往质问的清军都司苏尔相，双方再起争端。在云南办理军务的内务府大臣定边副将军阿桂奏请发兵进剿，并拟订了筹备马骡、办理粮食等六条办法，请求批准。关于缅甸边界问题，经过多年的战争，乾隆帝考虑到风土人情、天时地利及清朝国内的实际情况，早已命令云南清军不要轻易发兵，挑起争端。此时，恰好在柳墅行宫觐见的广西巡抚李侍尧也称广西一省不可能在短期内筹办两千匹军马。而今，阿桂却请求发兵进剿，乾隆帝大怒。他认为云南径险山多，粮饷运输困难，而阿桂奏请进军缅甸需要的四万兵丁、几千万粮、马，在一两年内是很难办到的，"不宜大举进剿，天下无不共知"，而阿桂却请求进兵剿办，"实乃丧尽天良，不堪极

---

① 《清实录·高宗纯皇帝实录》卷881，乾隆三十六年三月"戊辰"条。
② 嘉庆《新修长芦盐法志》卷三，天章一，第26页。

矣"。认为阿桂办理云南军务始终茫无主见，又念家心切，"逞其小智，巧饰妄奏，实不足齿于人类"。命将阿桂交吏部严加议处，并将阿桂的奏折和回复阿桂的谕旨交给所有在柳墅行宫的大臣传阅，还翻译成汉文通谕中外。① 回想起当年大学士傅恒在云南征战得胜的表现，乾隆帝对阿桂更为恼火。此情此景，不禁想起了去年在行宫内召见胜利归来的傅恒时的场景，也更加想念半年前因病去世的傅恒，随即赋诗，表达自己的思念之情："去岁滇南力疾回，恰斯面晤忆生哀。朴斋即景依然也，前席言人何往哉？由古同为阅世客，祇今谁是作霖材。自怜无助涓埃者，后进方当竭力培。"②三十日，乾隆皇帝在行宫书斋内，处理一些奏折，如正蓝旗都统裕亲王广禄先后奏报八旗鳏寡孤独人数不符事情，处理大学士尹继善、奉天将军恒禄奏侍郎耀海参劾辽阳州牧明德不实一案，等等。同时，也留下了"去岁来缘豫祝厘，兹因回跸小楼迟。笙歌帗舞都无藉，颇觉额斋雨字宜"③的诗句，体现出他时刻不忘农田的心愿。四月初一日，乾隆帝与皇太后一起乘舟回归北京。

一年以后，永定、北运两河河堤工程修浚完毕，直隶总督周元理及河道官员共同请求乾隆皇帝巡阅天津，查看河工。乾隆三十八年（1773）正月初七日，乾隆皇帝颁布上谕，定于三月初三日与皇太后一起拜谒泰陵，随后巡视天津，查勘永定、北运河堤工程，要求各部提前准备一切事宜。三月初三日，乾隆帝众人从圆明园出发，前往泰陵拜谒，巡阅河工。行前，宣布减免銮驾经过的所有地方和天津府所属全体百姓本年应交钱粮的十分之三。十六日，乾隆帝

① 《清实录·高宗纯皇帝实录》卷881，乾隆三十六年三月"戊辰"条。
② 嘉庆《新修长芦盐法志》卷三，天章一，第26页。
③ 嘉庆《新修长芦盐法志》卷三，天章一，第26页。

的御舟到达天津,沿河两岸彩旗飘扬,天津百姓夹道欢迎。当日,乾隆帝乘马进驻柳墅行宫,直到十九日,共住四天。"(丁巳)是日,天津府行宫,至戊申皆如之。"①看到行宫内外修葺一新,绿柳垂墙,海棠绽放,乾隆帝心旷神怡。他对长芦盐商对行宫的细心照料和殷勤态度,非常满意,当即宣布将乾隆三十七年应征和往年所有积欠税收银两,自乾隆三十八年奏销后,所剩积欠允许在六年内交齐,②减轻盐商压力,同时减免直隶境内去年所有受灾州县的多年积欠钱粮,以实现他省方问俗、施恩授惠的出巡目的,并写诗抒情:"轩槛洒然清,隔年此驻旌。宁图观物景,盖欲悉民情。是地广陵类,围城矴户盈。播醇岂不愿,返璞愧躬行。"③十七日,乾隆帝在众多大臣的陪同下,巡阅驻防天津兵丁。山东、河南两省巡抚也来津请求,顺路到两省巡察,各省的盐政、织造等官员也纷纷进献礼物,以备皇帝赏赐百官之用,各省总督、巡抚也不断派人到行宫来呈贡地方特产。乾隆帝真有点应接不暇,他只收下几种食品,以便恩赐给随驾官员食用,其余尽数退回,并传谕地方官员,告诫他们不得再进献方物。刚刚宣旨下去,浙江巡抚王亶望的贡物就送到行宫中,其中有一枚镶嵌金珠的如意。这件金珠如意以前已经由浙江商人进献过,后来,又由富勒浑呈进,乾隆帝两次都没有接受。此时,乾隆帝又见到这件如意,非常生气,当即宣旨申饬王亶望。乾隆帝除了应付这些外,更多时间还是用于处理国家政务。当时,为平定大小金川少数民族首领土司的叛乱,定边将军阿桂正在云南、四川一带与众土司率领的军队作战,报告军情的奏折也纷纷送到

---

① 《清实录·高宗纯皇帝实录》卷929,乾隆三十八年三月"乙巳"条。
② 《清实录·高宗纯皇帝实录》卷929,乾隆三十八年三月"乙巳"条。
③ 嘉庆《新修长芦盐法志》卷三,天章一,第27页。

柳墅行宫。乾隆帝在书斋内匆匆批阅,了解军情。根据阿桂的汇报,分别传旨追认在前敌阵亡的副都统百灵阿为都统,并按照都统衔赏恤;奖赏作战英勇的三宝以副都统的军衔,加封二等侍卫绥库喇布济克巴图鲁称号,并赏银一百两;补授蓝翎前锋密谭宝、博尔忠阿为蓝翎侍卫;被发往军营效力的革职参将常格,也因作战勇往直前,被赐予游击都司补用。同时,将在前敌作战中,没能起到身先士卒表率作用的陕西阳平关参将刘廷、宁夏镇后营游击陈尧德革职,命阿桂在军营中挑选得力人员接替、补用。他看到汇报江苏六合县遭受水灾的奏折,考虑已经减免了天津等地的钱粮,江苏也同样应该豁免,于是,宣布减免六合县被水淹没的二十五顷三十九亩农田的租税,并写诗记事:"每来免积欠,隔岁复兹有。所以切祈年,绥丰屡难偶。见者固加恩,未见惠应受。顾此而遗他,宁称洁矩道。次第与豁蠲,催科俾逭负。调燮无良方,用是增怩忸。"①十八日,乾隆帝在柳墅行宫内盛摆酒宴,犒赏各地督抚、盐政和直隶省的官员。赏直隶布政使杨景素孔雀翎顶戴;赏给身兼两职的天津道宋宗元三品顶戴,之后,免去其长芦盐运使一职,任命候补盐运使秦镰接替长芦盐运使。十九日,乾隆皇帝又在行宫赏赐长芦众盐商宴食,并亲自命题考试天津等地呈送诗文的科举士子。召见直隶总督周元理,调查直隶境内的垦荒情况。二十日,乾隆帝偕同皇太后离开柳墅行宫,登舟北上回北京。临行前,乾隆帝赏给在昨天考试中名列一等的顾塈、李廷敬、闵思毅、陆伯焜为举人,将杜兆基以内阁中书补用;分别赏给名列二等的张虎拜、张方理、秦櫚、

① 《清实录·高宗纯皇帝实录》卷929,乾隆三十八年三月"乙巳"条;嘉庆《新修长芦盐法志》卷三,天章一,第27页。

邱桂芳、谢肇泂、吴裕德、祝塈、陆蓉、邱桂山、刘祖志、邱人龙、杨
焰、李宪乔、赵珍等，每人二匹锦缎。① 后来，乾隆在查看永定河堤
坝时，又允许这次名列二等的陆蓉等十四人临时到北京，帮助编写
四库全书，负责誊写工作。② 四月初三日，乾隆皇帝回到北京畅春
园，结束此次天津巡游。

乾隆四十一年(1776)二月，因为平定大、小金川土司叛乱的战
争捷报频传，西南边区重新稳定，平乱战争结束。乾隆皇帝高兴所
致，除了在紫光阁绘制功臣像外，又偕同皇太后，再次巡阅山东，拜
谒岱庙。四月十九日，从山东归来的乾隆皇帝等人沿运河乘舟到
达天津，冒着蒙蒙细雨，入住柳墅行宫。直到二十二日离津，在此
逗留三天，"(庚申)是日，驻跸柳墅行宫，至壬戌皆如之"。③ 天津
百姓男女老少伏拜道旁，冒雨迎接。长芦盐商早就将行宫打扫得
干干净净，装饰一新，并安排好歌舞戏剧班子，以娱皇帝心田。看
着已经三年没来的行宫仍然是殿阁优雅，郁郁葱葱，乾隆帝为盐商
管理布置行宫而付出的艰辛和迎接盛情而动，当即宣布将长芦盐
商当年应交纳去年的引课银四十九万八千五百余两和前年借款银
四十三万二千两，宽限在八年内逐渐还清。同时，因为一场期盼已
久的小雨突然停止，他又开始为干旱已久的农田而担心，遂以诗句
表述此时的心境："遥看笼墅青，近识径和庭。又以三年别，居然此
日停。惟期供憩息，何必缀台亭。细雨午时歇，中心益不宁。"④乾
隆一行这次入住柳墅行宫，是从山东归来，回北京，途经天津，因此

---

① 《清实录·高宗纯皇帝实录》卷929，乾隆三十八年三月"己酉"条。
② 《清实录·高宗纯皇帝实录》卷929，乾隆三十八年三月"壬子"条。
③ 《清实录·高宗纯皇帝实录》卷1007，乾隆四十一年四月"庚申"条。
④ 嘉庆《新修长芦盐法志》卷三，天章一，第28页。

比以往专程来津时间晚了一个多月,行宫内的海棠花已经凋谢了。虽然深为错过时节,没能亲眼看到庭院内绽放的红英而遗憾,但是,当在"海棠厅"内,重新品味悬挂在墙上,以前自己赞颂海棠的诗句,他也为当年自己能够写出那样优美的诗句而感到欣慰。"海棠谢了人才到,无复红英点绿苔。却是壁间诗句好,不知过去与方来。"①二十日,直隶和各地来津的科举士子纷纷来到柳墅行宫,呈送诗文。乾隆帝在书斋中翻看各地呈送的奏折,处理国家政务。命更改台湾文职官员携带亲属条例。此前,因台湾与大陆远隔重洋,为了防止驻台官员发生叛乱,在台湾驻守的知县以上文职官员,只有在四十岁以上,且没有儿子为后的,才被允许携带亲眷入台,其余官员皆不能携带亲属家眷,以便牵制。这时,符合条件的新任台湾诸罗县知县李侠,请求携带家眷一起赴台。乾隆皇帝看完奏折后,认为尽管台湾与内陆隔海相望,不便管理,但,自从设立府县以来,台湾地方已经安定;并且,官员携带家眷办公,有亲属相伴,没有后顾之忧和牵挂之情,可以一心处理政务,工作更为安心;况且,周边地区都是大清国的藩属国,中外一家,更不应有畛域之分;况且,驻守新疆伊犁的文武官员无论年龄大小,有无子嗣,都允许携带家眷,台湾官员也应照办。于是,颁布上谕,命令从此以后,台湾文武官员无论年龄若干,有无儿子,是否携带家眷赴台都悉听其便。这一政策的实行,体现了乾隆皇帝博大的胸怀和体贴人心的关爱,还有傲视天下的些许傲慢。还宣旨,要求各地督抚严密缉拿逃亡已久的回民人犯萨盖和归太、刘焕。② 此时,乾隆帝最牵挂

---

① 嘉庆《新修长芦盐法志》卷三,天章一,第28页。
② 《清实录·高宗纯皇帝实录》卷1007,乾隆四十一年四月"辛酉"条。

的还是许多地区久旱无雨，影响了麦苗的生长。他在出巡途中，看到各地百姓都为此忧心忡忡，而自己却无能为力。想起这些，尽管有欢歌艳舞相伴，仍然难消心中的忧愁，他只有作诗解闷。"行馆中间构数楹，堂斋厅室各为名。兹来后乐偕艰致，只有先忧为久晴。""笙歌备听谁为听，摘句消愁愁复萦。默坐书斋缘望雨，播醇翻觉未孤名。"①难怪他看到河南巡抚徐绩报告河南地区普降透雨和麦收情况的奏折，也要赋诗记事。二十一日，乾隆帝翻阅各地科举士子呈送上来的诗文词句，按照词义、文笔好坏，分列等级。并赏列为一等的进士举人邱桂山、祝堃、洪榜、戴翟亨、关槐，以内阁中书补用，万年、方起莘、张曾太为举人；分别赏给名列二等的周光裕、陆滋、李蔚观、王奉曾、郭纬銮、叶汝蘭、薛蓉、张元楷、张景运、王绩著、黄继光、周赞、钱敬熙、黄骘、吴蔚光、蒋传馨、周嘉猷、王丕烈、黄景仁、邱桂芬等，每人二匹锦缎。②当时，清军刚刚平定大、小金川，处理善后事宜的奏折纷纷送到柳墅行宫。乾隆帝在此颁布上谕，宣布所有驻扎在四川藩属的兵将均由成都将军管辖，所有关于少数民族的大小事宜都要与总督、提督商办。这就改变了以往土著首领管理地方的政策，彻底实现了对西南少数民族聚集地区实行"改土归流"的民族政策。此外，他还在柳墅行宫内，与众大臣议复四川与西藏地区的邮政、云南筹办铜矿、铸钱等事宜。③处理这些政务一直熬到深夜，根本没有时间来研看诗书，乾隆帝只能看着书斋门前"校籤室"匾额，如此感叹："校籤虽以额书堂，那有多闲

---

① 嘉庆《新修长芦盐法志》卷三，天章一，第 28 页。
② 同治《续天津县志》卷首，《天津通志·旧志点校卷》中，第 270 页。
③ 《清实录·高宗纯皇帝实录》卷 1007，乾隆四十一年四月"壬戌"条。

捡缥缃。纵罢军书仍不寐,投阶颇觉似天康。"①二十二日,乾隆帝陪同皇太后,一同离开柳墅行宫,乘船回京。

从此次离津之后的十一年里,乾隆皇帝再没有去过天津柳墅行宫,"十余年来,未经临莅"②。直到乾隆五十二年(1787),乾隆帝又决定于转年春天巡阅天津,查勘河堤。十一月初六日,乾隆帝命令直隶总督刘峨等地方官员不许再像以前那样,在沿河地方搭建彩棚、戏台,各处行宫只要打扫干净就可以了,商人自愿装饰也不可过多靡费,致多繁费。要求刘峨首先查明永定河等处堤坝情况,绘图呈览。十二月十六日,乾隆帝传旨,宣布于次年二月十八日从北京出发,巡视天津,要求各衙门做好准备。乾隆五十三年(1788)二月十八日,乾隆帝在朝中王公大臣的陪同下,从北京圆明园出发,直奔天津。临行前宣布减免所经过地方和天津全府百姓当年应征钱粮的十分之三,并拨给八万两白银,作为各地修葺行宫经费。二十三日,乾隆帝再次命令长芦盐政拨银四万两,以补各地商人修葺行宫费用之不足。二十七日,乾隆帝乘舟到达天津三岔河口,弃舟登岸,到望海寺、崇禧观进香。随后,他乘马从北门进天津城,巡视城内民情后,从东门出城,进住柳墅行宫。直到三月四日,乾隆帝离开柳墅行宫,共住六天。"(庚申)是日,驻跸柳墅行宫,至乙丑皆如之"③。乾隆帝回想沿途百姓欢呼拥挤的场面,看到戏剧歌舞的喧闹和行宫内外华贵的装饰,更是感觉自己的出行给普通百姓带来了诸多麻烦,远远背离了自己的本意,遂心生愧意:

---

① 嘉庆《新修长芦盐法志》卷三,天章一,第29页。
② 《清实录·高宗纯皇帝实录》卷1299,乾隆五十三年二月"丙辰"条。
③ 《清实录·高宗纯皇帝实录》卷1299,乾隆五十三年二月"庚申"条。

"商资岂不缘民力,一晌徘徊缱虑荣。预备笙歌翻觉闹,书斋愧尔播醇名。"①回想自从乾隆四十一年在柳墅行宫居住后,自己已经十二年没到天津了,他随即写诗记事抒情:"一纪重来观赤子,五龄新喜抱元孙。依然策马过城市,不许前驱禁笑喧。近海古来无海患,津天宿应沐天恩。肆鄽富庶笙歌盛,返璞因之意默存。"②当时,在台湾,清军平定林爽文、庄大田以天地会名义举行的反清起义的战争,已经接近尾声。被擒获的天地会首领林爽文,已经在被押送至北京的路途中。但,庄大田仍然率领民众,在台湾南部继续与清军作战。乾隆帝一直惦记此事。当他看到闽浙总督李侍尧报告台湾战况及农耕情况的奏折时,期望早日平息战乱的心情更为迫切:"北路贼已靖,南路师方进。军邮隔十日,复盼佳音信。兹接督臣章,吏民胥致闻。剿贼连得胜,寇已远城郡。民回耕其地,夏收望以瞬。复收署抚奏,春膏获称顺。麦苗已畅发,可卜收成纫。兵后岁获登,蒙天麻益慎。翘思擒次凶,捷布至惟迅。"③正当他为此焦虑之时,在台湾督战的钦差协办大学士陕甘总督福康安与侍卫大臣参赞海兰察、成都将军参赞鄂辉的联名奏折送到,内称已经擒获庄大田,台湾叛乱全部平定,并为立功将领请奖。乾隆帝深感欣慰,当即传谕,福康安、海兰察、鄂辉交部从优议叙,还将当天自己亲身佩带的一个汉白玉扳指和一个小荷包赏给福康安,赏赐海兰察一个小荷包,赏鄂辉、普尔普两眼花翎;并命福康安将许世亨、梁朝桂、穆克登阿、袁国璜等立功人员人按功封赏。考虑到台湾天气炎热,清朝兵丁素不耐热,又颁布上谕,命令鄂辉、海兰察、普尔普

---

① 嘉庆《新修长芦盐法志》卷三,天章一,第29页。
② 嘉庆《新修长芦盐法志》卷三,天章一,第30页。
③ 嘉庆《新修长芦盐法志》卷三,天章一,第31页。

自接旨之日起,逐渐撤兵渡海,返回福建;让福康安与闽浙巡抚徐嗣曾悉心筹办台湾各地改建城垣、清厘地亩、添设官弁等善后事宜。① 乾隆帝欣喜所致,诗兴大发,遂以诗记事:"正殷捷信盼连朝,忽接佳音至自遥。鹿耳鲲身防海逸,柴城琅峤获山跳。一之为甚竟致再,鸥既成擒岂赦鹍。永靖瀛壖扬国威,益深兢业昊恩昭。"② 到柳墅行宫的第二天,正值清明节。乾隆帝遂派官员拜祭永陵、福陵、昭陵、昭西陵、孝陵、孝东陵、景陵、泰陵、泰东陵。自己在官员陪同下,乘马进天津城东门,出南门,到海光寺进香。回到行宫后,亲自主持了直隶及各省来津呈送诗文的科举士子的考试。在行宫内盛宴款待随从一起出巡的王公大臣和直隶省官员。酒宴期间,乾隆帝将台湾捷报传谕众臣,并即席赋诗,表达兴奋之情:"津门冷节值清明,昨恰捷音到御营。赐以馔应同众豫,默无赏觉矫其情。花虽含蕾曦烘暖,柳以舒条风拂轻。樽俎内臣布迟慢,笑他寒食太循名。"③想到天津民众扶老携幼夹道欢迎的热情,又传旨将天津府所属缓征、待征银五万七百三十两,屯穀六千一百七十余石,豆四百三十石,全部豁免,以示体恤。乾隆帝经历了非常高兴的一天。但是,当天的一场蒙蒙春雨,给欣喜的乾隆帝心里增添了一些不安。久旱的农田急需一场透雨浇灌,淅淅沥沥的小雨根本无济于事。"虽则春雪渥,亟希春雨施。云浓卯霡点,风盛已披曦。海峤纵传捷,农田正待滋。喜随日度矣,愁固我当之。"④二十九日,乾隆帝登上在行宫外东面的阅武楼,观看天津镇兵的军事操练。回归

---

① 《清实录·高宗纯皇帝实录》卷1299,乾隆五十三年二月"庚申"条。
② 嘉庆《新修长芦盐法志》卷三,天章一,第31页。
③ 嘉庆《新修长芦盐法志》卷三,天章一,第31页。
④ 嘉庆《新修长芦盐法志》卷三,天章一,第31页。

行宫后,他忙着处理政务。闽浙总督李侍尧上奏折汇报福建军粮情况,请求停运从各地运往福建的军粮。原来,清政府自从在台湾用兵以来,不断从浙江、江西、江苏、湖南、四川等省拨运粮食,战事吃紧时,甚至连运往京师的漕粮也被截留运往了福建。台湾安定后,福建地区大致需要粮食九十九万石,当时已经运到了一百三十万石,而各地的粮食仍然源源不断地运来,于是,李侍尧请求命令各地停运援粮。乾隆帝对战时各地筹办军粮的情况十分满意,当即传旨军机大臣,命令停止向福建运送军粮,并作诗记事:"军务昨年恐弗完,筹粮百计每从宽。藏功却至用不竭,截运诚教慰以欢。进剿坐縻力各尽,宵衣盱食意差安。虽然敢即云无事,惕息为君敬识难。"①台湾战乱的平息,看着挂在书房墙上,十八年前自己为经略大学士傅恒题写的诗句,乾隆帝见物思人,不禁想起已去世多年的傅恒,当年傅恒在行宫内的情景又浮现眼前,心中不觉增添了些许怅然。但是,刚刚取得的台湾平叛胜利还是令其欣慰,他感觉国家又有了像傅恒那样能征善战的栋梁之才,情不自禁,仍用原诗音韵,作诗以对:"题句光阴十八回,无端一见引余哀。戊申辛卯弹指间,盱食宵衣仍我哉。肩佛尘寰将逮卸,威扬海峤竟成材。存亡造就循天理,倾者覆之栽者培。"②三月初一日,因各地盐商也曾经为平定台湾捐过银两,乾隆帝在柳墅行宫内赐宴,犒赏长芦和山东等地的盐商,分别赏给多少、不同的御书"福"字、貂皮、缎匹、荷包等物,还特别加赏在乾隆三十六年曾经奖赏过的商人杨世安、朱晋、张永锐、李文成、展秉礼、张世安、于義升等人每人一盘朝珠,奖励

---

① 嘉庆《新修长芦盐法志》卷三,天章一,第33页。
② 嘉庆《新修长芦盐法志》卷三,天章一,第33页。

他们在巡游天津事务中出力有功。席间,乾隆帝宣布封赏在考试中考取一等的举人陈煜以内阁中书,封赏同为一等的王苏、王芑孙、吴镕为举人,准许他们一起参加会试。考取二等的刘宝梧、黄掌纶、丛之钟、邵士铎等人也分别得到了一匹锦缎的嘉赏,沿途经过地方和天津府的所有老人也得到了赏赐,所有办差兵丁都多得一个月的钱粮。① 受赏人员受宠若惊,有点学问的慌忙以诗记事,为乾隆帝歌功颂德,如廪生王有源如此写道:"别馆临畿甸,春和肃彩旄。江花依水发,御柳拂云高。遇赏因开宴,衔恩遍赐醪。坐依仙仗近,欢戒语声嚣。岂独分甘渥,还同锡贡叨。彰施真藻采,宠赉胜缔袍。只以葵衷切,常承黼座褒。饮和兼食德,谫劣愧濡毫。"②初二日,处理各地呈报的诉讼案件。初三日,乾隆帝在柳墅行宫内大摆筵席,犒赏王公大臣和随从侍卫人等,还即席赋诗,褒奖随从护卫:"海峤首浮至,行宫一日停。重三逢令节,上已溯前型。左右嘉勤扈,笙歌合与听。如云较马射,岂彼足相形。"③当天,押解进京候审的台湾天地会首领林爽文、何有志、陈岭、林岭等人的军队恰好途经天津。于是,乾隆帝在柳墅行宫大门外,在几千天津民众围观下,亲自审问林爽文,对其施以酷刑。最后,将何有志在行宫外五马分尸后,悬首示众。还奖赏押送林爽文等人犯的所有差人及沿途地方接护的文武员弁,宣旨奖赏各地承办军粮和呈

---

① 同治《续天津县志》卷首,《天津通志·旧志点校卷》中,第 270 页;《清实录·高宗纯皇帝实录》卷 1300,乾隆五十三年三月"癸亥"条。
② 嘉庆《长芦盐法志》卷十八,文艺,第 69~70 页。
③ 嘉庆《新修长芦盐法志》卷三,天章一,第 32 页。

送军报的所有文武人员。① 初四日上午,乾隆皇帝离开柳墅行宫,登舟还京。

乾隆五十五年(1790)八月,正值乾隆帝八十岁寿辰。从当年正月起,各地官员纷纷呈送寿礼、贡物。山东、直隶等官员除了进献礼物外,还恭请乾隆帝到地方巡游。二月初八日,乾隆皇帝从北京出发,奔往东、西两陵,祭奠祖先,并顺便巡游山东。四月初七日,从山东归来的乾隆帝一行乘船到达天津三岔河口,遂弃舟登岸,乘马到海神庙进香,之后,进柳墅行宫休息。直到初十日离开天津,共住三天。"(丁巳)是日,驻跸柳墅行宫,至己未皆如之。"②这是乾隆皇帝第七次在此居住。天津盐商早已把行宫装饰一新,像以往一样安排好戏班、杂技人等,准备好歌舞戏剧,以备皇帝娱乐。东南亚的安南国(今越南)派来进京谢恩纳贡的使臣黎伯玙、吴为贵等人也恰好到达天津,在路旁观瞻。乾隆帝看着熟悉的院落,重新品味着用来装饰房间以前自己题写的诗句,遂挥毫泼墨记事:"浮桥策马过河滨,河上行宫绿柳循。台馆嫌看重修茸,商民豫祝伙排陈。既成不说愧一已,适可修仪示远人。题壁旧辞何太似,望霖如例皱眉频。"③此时,河南巡抚穆和蘭报告河南开封、彰德、南阳等地降雨情况的奏折也送到行宫。乾隆帝在巡游路上,偶遇的仅是小雨,经常看到各地筑台祈雨的场景。此时,他感觉麦田正值返青抽穗,又是播种秋粮时节,极需甘霖浇灌,而穆和蘭奏报河南地区降雨稀少。于是,要求穆和蘭认真查看,随时如实汇报。他联

---

① 同治《续天津县志》卷首,《天津通志·旧志点校卷》中,第 270 页;《清实录·高宗纯皇帝实录》卷 1300,乾隆五十三年三月"癸亥"条。

② 《清实录·高宗纯皇帝实录》卷 1352,乾隆五十五年夏四月"丁巳"条。

③ 嘉庆《新修长芦盐法志》卷三,天章一,第 33 页。

想到天津等地也是多日干旱,未得透雨,遂增添了许多忧愁。看着
"偕乐"和"播醇"匾额,想到黎民百姓的盛情,而自己对降雨也没有
什么办法,愧疚之情油然而生:"今府昔原州,闾阎信富稠。行宫建
已久,驻跸咏恒酬。却是每望雨,又当虞失稔。顾名曰偕乐,返已
独含羞。"①"一庭无百步,各号有殊名。古柳带春色,今人望雨情。
虽循士民祝,厌听管弦声。仰视播醇额,惟增抱愧怦。"②初八日,乾
隆帝在行宫内盛宴款待随从出行的王公大臣和安南国使臣黎伯
玙、吴为贵等人。当即回复谕旨,并赏赐大量锦缎等物品,让使臣
黎伯玙带回,交给安南国国王阮光平。酒酣至极,乾隆帝即席赋诗
抒发自己对干旱少雨的担心:"岱高皋曲望符全,信宿津门驻跸便。
愁自登舟缘望雨,厌他祝帙闹喧天。扈来百辟应颁赐,遣谢陪臣命
厕筵。虽听笙歌心不怿,漫疑临乐底怦然。"③当天的上、下午,在
"偕乐"园内,乾隆帝允许百官和盐商与其一起观看《万国来朝》和
《普天同庆》两部戏剧,并准备清茶、乳茶,供给众人饮用,还以御书
"福"字、貂皮、匹缎、荷包等物赏赐给众人。许多受赏科举士子纷
纷写诗,表达他们的感激之情。已经多次受到乾隆帝奖赏的拔贡
生朱晋如此描写当时的盛况:"岁在庚戌之仲秋,圣人万寿符箕畴。
八旬行庆施惠周,蠲租减赋恺泽流。五风十雨年丰收,四民康阜遵
道由。普天率土呈共球,盐缔丝枲通车舟。长芦三辅连皇州,山呼
厕列封人俦。诏许中禁随娱游,席地列坐恩殊尤。园开同乐排伶
优,飞仙伽利临瀛洲。鸟衣卉服兼麛裘,峥嵘海市森蜃楼。俨然王
会图传邮,八风谐畅音和柔。频赏克什胪珍羞,云浆霞乳盈磁瓯。

---

① 嘉庆《新修长芦盐法志》卷三,天章一,第33页。
② 嘉庆《新修长芦盐法志》卷三,天章一,第34页。
③ 嘉庆《新修长芦盐法志》卷三,天章一,第34页。

三清玉茗香气浮,自辰达申五转筹。小臣顶戴天恩稠,草茅培植逾薪樆。涓埃浃髓何能酬,含哺颂叶康衢讴。升平亿万福禄遒,永与天地同其悠。"同样也是屡次得到赏赐的盐商张永锐,更是极力为乾隆帝歌功颂德:"维皇建极尽朝宗,寿宇宏开拜九重。南朔贡琛襄盛典,臣民祝缎庆时雍。胪欢正慰康衢愿,锡燕欣看乐部从。方听箫韶谐律吕,俄警曼衍戏鱼龙。冠裳辐辏图王会,草野趋跄识圣容。香茗捧来仙液贵,珍馐分处膳夫供。频移刻漏传银箭,屡啜醍醐玩玉钟。坐久几忘依阙近,归迟更觉受恩浓。跻堂漫诩当年乐,在藻真夸此日逢。长纪赓扬绵亿载,太平歌舞遍尧封。"①初九日,礼部大臣向乾隆帝汇报内阁中书缺额之事,奏请依照惯例,在会试落考人员中录取三十名,以补急需。乾隆皇帝考虑到通过会试而考取进士的人员,十年后才能被选用为知县,而落选人员一旦被录用为中书,反倒立刻就可以当官,六年后,在内阁中就可以当主事,若被派往地方也可以当同知,反而比知县官阶还要高,这样,对于中得进士的人员太不公平。于是,颁布上谕,废除在落卷的人员内录取中书和学正、学录的制度,改为在新被录用的进士中,已经被录用为庶吉士的,当即可以知县任用;其余的归班进士,再交吏部按照甲第名次引见,前二三十名,以中书录用;三十名以后的仍行归班。看到参加会试的八十岁大学士嵇璜,依然精神矍铄,乾隆帝觉得其精神可嘉,实系人文盛事,遂亲笔题诗表彰:"木天希遇雨恩荣,戌茂前庚逮后庚。祖节昔同唐真朵,身阶今似汉韦平。可知袭庆缘修德,所喜力行不务名。黄阁重逢锡褒升,丝纶盛世纪皇清。"

---

① 嘉庆《长芦盐法志》卷十八,文艺,第70~71页。

并赐宴犒赏。① 初十日早晨,乾隆皇帝一行人离开柳墅行宫,登船沿北运河回京。

乾隆五十九年(1794)三月十三日,年迈的乾隆帝从北京出发,再次巡视天津。二十四日,乾隆皇帝乘坐龙舟到达天津城外。他率众登岸,到崇禧观、望海寺进香之后,自北门进入天津城,巡视城内民情。最后,由东门出津城,进住柳墅行宫。直到二十九日,离开天津,共住五天。"辛亥(是日)驻跸柳墅行宫,至乙卯皆如之。"②当晚,八十四岁的乾隆皇帝回想起昨天经过杨柳青时,沿河两岸百姓云集,欢呼雀跃,尤其是那些拄着拐杖、彼此搀扶的老民老妇,翘首以盼,更是令其感动,于是,降旨免去杨柳青村当年应交的所有钱粮;奖赏沿途经过地方和天津府的所有七十岁以上妇女和八十岁以上男子;宣布此次所有办差官员,假若先前受过降级、罚俸的,原来的处罚全部撤销;以前没有过错的官员,均增加一级俸禄,并赏给所有办差兵丁增加一个月的钱粮,以此体现自己省方问俗、授惠施恩的目的,并作诗记事抒情:"长堤步辇府城观,虔谒崇禧露冕冠。两次成三赖天赐,八旬有四惬民欢。笙歌听厌衢和巷,安阜情非讥和寒。讵鲜远村向隅者,宣咨置吏布恩宽。"③又将亲笔题写的"福"字、"十全记""十全老人之宝说"等墨刻,赏给承办行宫事务的盐商众人,还赏貂皮、宁绸、贡缎、帽纬、荷包各一份。对于格外出力的朱晋、张永锐、杨秉钺、樊宗澄、宋恩德、王象仪、王佩、任秉衡、李汝士、魏临等人,额外加赏两张貂皮,一对大荷包,一

① 《清实录·高宗纯皇帝实录》卷1352,乾隆五十五年夏四月"己未"条。
② 《清实录·高宗纯皇帝实录》卷1449,乾隆五十九年三月"辛亥"条。
③ 嘉庆《新修长芦盐法志》卷三,天章一,第34页。

对小荷包和一匹日本进贡的锦缎。跟随长芦盐运使征瑞帮办柳墅行宫具体事务的长芦候补知事高泰瑝,也得到了加级的封赏,于是,写诗纪恩:"近畿时迈驻瀛津,淑气阳回柳墅春。五载欣重瞻日月,九霄抡值傍勾陈。叨承克什分甘永,优叙微劳晋秩频。何幸异数?拟将高厚颂洪钧。"①乾隆帝从北京到天津的途中,看到各地行宫装饰一新,有的还准备了龙舟、歌舞杂技,踵事增华,尽管已经拨给了经费银两,也给予了恩赐,但他仍然觉得自己的出行,给各地百姓增加了负担。此时,看着柳墅行宫内自己题写的"偕乐堂""播醇斋"的匾额,深感愧疚:"可知商力即民力,历阅观萦转闷萦。图静书斋闲以憩,乍瞻题额愧循名。"②当时,淮河以北地区普遍干旱无雨,山东、直隶境内的南运河水势较浅,运送粮食的漕船在山东临清一带搁浅。巡漕御史祝云栋害怕到直隶后也搁浅误时,于是,率先向乾隆皇帝汇报漕船因运河水浅隔阻山东一事。乾隆帝遂在柳墅行宫内颁布上谕,命巡漕御史祝云栋、河道总督李奉翰、山东巡漕御史斐灵额、山东巡抚福宁火速到临清一带处理漕船搁浅事宜,并详细汇报情况。二十五日清晨,乾隆帝从柳墅行宫出发,从东门进城,到天津鼓楼巡察民情。津门城内百姓云集,夹道欢迎,甚至皇辇都很难行。尽管行走缓慢,但是,乾隆皇帝非常高兴,命令属下不要驱赶百姓,任凭民众观瞻礼拜。随后,从北门出城,到河北药王庙进香后,仍回柳墅行宫休息。在书斋中,他查看山东巡盐御史斐灵额汇报临清漕船搁浅情况的奏折,处理青州、德州地区的蒙古族、回族孤寡老人的赡养问题,命令将绝嗣人等的家产变卖

① 嘉庆《长芦盐法志》卷十八,文艺,第 74 页。
② 嘉庆《新修长芦盐法志》卷三,天章一,第 35 页。

银两,交给地方官存款生息,用来养赡孤寡等无依无靠人员。二十六日,在行宫内休息,乾隆帝一直惦记着山东漕船事宜,详细对照祝云栋、苏宁阿、福宁等人的奏折,了解到是祝云栋害怕漕船进入直隶境内耽误时间而事先奏报山东搁浅的实情后,颁旨申斥祝云栋,要求福宁、李奉翰等人认真办理。① 当时,北京及直隶、天津地区干旱少雨,只是在十七、十八两天下了一点小雨,但风力较大,空气干燥,麦田干旱,急需透雨浇灌。当天,乾隆帝告诉八阿哥、阿桂,假如在四月初仍然无雨,应命金简、伊龄阿照例到觉生寺、黑龙潭设坛,让僧道分头诵经祈雨,皇子皇孙轮流前往拈香,期盼早降透雨,灌溉农田。看着行宫内豪华的装饰,回想沿途各地隆重的迎接场面,地方官员为赢得自己的欢欣,而不惜浮华浪费,远远违背了自己出巡的本意;加之天气晴朗,久不降雨,乾隆帝心绪不宁:"弗取雕栏取朴楹,观民以实岂徒名。与偕前岁曾逢暵,其奈今年复叹晴。"②恰逢此时,陕甘总督勒保、陕西巡抚秦承恩先后上书报告,兰州、平凉、宁夏、西宁等地在初三、初四、初五降雨之后,初十、十一、十二又连降透雨,豆麦长发。乾隆帝看后,心里多少得到了一点安慰,赋诗记事:"孟仲普沾泽,季初复需恩。高低总深透,菜豆逮芽根。阅折真成慰,拈毫别有存。同民兹望雨,责已更何言。"③二十七日,乾隆帝亲自命题,在行宫内考试呈交诗文的直隶及各省来津的科举士子,并奖赏考取一等的浙江举人姚文田为内阁中书,分别奖赏考取二等的江苏生员旺廷楷、袁廷极、浙江举人周嘉猷、顺天生员黄焜望、顺天举人俞恒涣等每人二匹锦缎。八十

---

① 《清实录·高宗纯皇帝实录》卷1449,乾隆五十九年三月"癸丑"条。
② 嘉庆《新修长芦盐法志》卷三,天章一,第35页。
③ 嘉庆《新修长芦盐法志》卷三,天章一,第35页。

三岁的山西生员范大龄虽然没能考取等级,但,因年过花甲却答完了考卷,也得到了一匹锦缎、两面银牌的奖赏。没能答完试卷的湖北贡生吴焕章因抄袭诗句而受到了乾隆的申斥,并被免去贡生衔。① 二十八日,处理新疆少数民族事务,任命和舜额为驻扎伊犁索伦部落领队大臣。乾隆帝也难得一天的空闲,在柳墅行宫书斋内安心翻阅平时无暇翻看的图书古籍。回想起自己几十年来在此忙碌的情景,感悟颇多:“巡宫何处不书堂,暇即甄心玩缥缃。却笑幼龄逮耄耋,几曾体得一言康?”② 二十九日,乾隆帝在离开柳墅行宫之前,河道总督李奉翰报告漕船事宜的奏折恰好送到,李奉翰称他自己在临清境内卫河古浅处往来筹办,福宁在武城甲马营一带,斐灵额在闸口内外、上下,祝云栋在郑家口一带,苏宁阿在安陵一带,六个人分段料理,镇江漕船已经接踵前进,衔尾巡行。乾隆帝看后,极为欣慰,“按段驻扎,节节有人经理,所办尚好”,要求李奉翰等人认真筹办,粮船全部通过后,才可以各回本任。③ 随后,乘船离津回京。四月初七日,乾隆帝回到北京圆明园,结束天津之行。转年,乾隆帝退位,这次天津之行成为他最后一次入住柳墅行宫。

乾隆皇帝前后共八次来到柳墅行宫,居住时间最长的达六天。他每次来津,都是正值北方干旱少雨的春季,农田急待透雨浇灌。所以,他住在行宫内,除了处理国家政务以外,最为关心的就是天津等地的农田情况,担心因久旱无雨而影响春苗生长,导致到夏秋时节农田歉收,民不聊生。同时,百姓的殷勤与贫弱,官吏的浮华与铺张,在乾隆皇帝心里形成了鲜明的对照,对于自己巡视地方给

---

① 《清实录·高宗纯皇帝实录》卷1449,乾隆五十九年三月“甲寅”条。
② 同治《续天津县志》卷首,《天津通志·旧志点校卷》中,第274页。
③ 《清实录·高宗纯皇帝实录》卷1449,乾隆五十九年三月“丙辰”条。

百姓和盐商带来的艰辛和负担,深表愧疚。每次都要减免租税,犒赏官员,增加科举士子考取名额,以示他体贴民情,爱护百姓的出巡意愿。酷爱诗文的乾隆帝,在柳墅行宫内研读诗书,并多以诗记事,撰写了许多反映柳墅行宫风貌、记录他处理政务和抒发情感的诗词绝句。这不仅反映了乾隆帝深厚的汉学功底和文学素养,也多体现了他心系黎民百姓的仁爱之心。这些诗文作品多被收藏在柳墅行宫里面,或者被刻上石碑,是乾隆皇帝为后人留下的一批珍贵的文学佳作,不仅在当时皇帝出巡时用来装饰行宫书屋,美化居室,也为我们探寻乾隆帝在柳墅行宫的日常行为,探求其社会心理,了解民情民风,提供了极具价值的历史文化史料,提高了柳墅行宫的文化品位。

三、乾隆以后的柳墅行宫

柳墅行宫是长芦盐商专程为乾隆皇帝出巡天津,共同捐资修建的临时住所。除了皇帝每次来津前,需要进行大规模的打扫、修葺、装饰以外,平时即"属蓰臣所经管",也就是由长芦盐政官员负责管理。经营管理经费,除了乾隆帝每次出巡拨给修葺行宫的银两外,多数由长芦盐商捐助。乾隆皇帝退位以后,继承皇位的嘉庆帝除了每年到东、西两陵拜祭祖先和偶尔到承德避暑山庄外,很少离京出巡地方。尽管如此,他还是很关注天津柳墅行宫的情况。嘉庆五年(1800)九月,嘉庆皇帝召见长芦盐运使那苏图询问长芦盐业情况,顺便了解到柳墅行宫的境况,要求那苏图认真保管,时加察看。[①] 那苏图回到天津后,立刻率领众盐商,将柳墅行宫的殿

① 嘉庆《新修长芦盐法志》卷十九,营建,第 8 页。

宇房屋逐一查勘修葺。嘉庆六年(1801)六月,直隶境内连续多日普降大雨,天津海河沿岸堤坝均被冲毁。二十五日,长芦盐政那苏图向嘉庆皇帝报告天津水灾情况称:"天津水势自初九日消落数寸之后,十一、十二等日复又增长尺余;十四、十五等日风雨交作,水激浪涌,将行宫挑筑堤埝汕刷渗漏,院内积水尺余,房屋墙垣间有坍塌。臣亲往查看,连夜多雇民夫,赶紧加筑,抢护堤埝,尚保无虞。"①水灾之后,那苏图又奏请"于公捐拨存参课项下先行动支,估计兴修"。嘉庆皇帝准行。② 嘉庆八年(1803),嘉庆帝再次询问柳墅行宫的情况,指出:"行宫是巡幸驻跸之所,宜时加察看,所有捐赀修葺,准通纲借拨课项应用。"③后来,嘉庆帝亲自查勘直隶境内的各条河流的河堤情况来到天津时,还曾在柳墅行宫居住。

嘉庆十三年(1808)初,嘉庆帝为了预防水灾,检查河坝工程,决定巡阅天津,并传旨禁止地方官员以皇帝巡幸地方为由,进贡物品。三月初五日,嘉庆帝从北京出发,前往东陵拜谒,并巡视天津,宣布减免途经地方和天津府属地方本年应交钱粮的十分之三。二十一日,嘉庆皇帝从东陵归来,看到沿途居住的行宫都已经被水浸湿破旧,有的甚至连门窗都残缺不全,于是,明令直隶总督温承惠,命各行宫所在的地方官员,认真照料行宫院落,毋任稍有缺损。④二十二日,嘉庆帝到达天津,到海神庙进香后,遂进住柳墅行宫。直到二十八日,他离开天津,一直在此居住,共六天。"(戊午)是

① 同治《续天津县志》卷十六,《天津通志·旧志点校卷》中,第419页。
② 嘉庆《新修长芦盐法志》卷十九,营建,第8页。
③ 嘉庆《新修长芦盐法志》卷二十,图识,第5页。
④ 《清实录·仁宗睿皇帝实录》卷193,嘉庆十三年三月"丁巳"条。

日,驻跸柳墅行宫,至癸亥皆如之",①天津百姓夹道欢迎,从各地赶来迎驾的科举士子为了考取功名,纷纷到柳墅行宫呈送诗文。嘉庆帝看到庞眉皓首,精神矍铄,伏跪道旁迎接,于是,降旨按照惯例赏赉老民老妇。二十三日,在柳墅行宫外,嘉庆帝观看天津水兵操法。看到天津官兵行阵整齐,甚为高兴,给予直隶总督温承惠等人不同的奖赏,鼓励他们教导有方。二十四日,嘉庆皇帝在行宫内,赐宴犒赏随从大臣、蒙古王贝勒、贝子和直隶总督、提督、天津地方官员及长芦盐商众,并分别给予物品奖赏。二十五日,嘉庆帝在柳墅行宫内亲自命题考试前来天津迎接的各省科举士子。二十六日,嘉庆帝赏给在昨天考试中考取一等的直隶的龙汝言、李大壮、安徽的齐彦槐、唐人晿、方士淦,顺天的许椿颐为举人,准许他们与已经考取举人的士子一起到北京参加会试;还额外奖赏龙汝言二匹大缎。奖赏考取二等的张廷选、王士敬、萧重、何裕、戴衍祉、吴杰、钱侗、吴植、丁履恒、张慧、卢万之、金绶、蒋沄、方廷瑚等 14 人,每人二匹大缎,还准许以上人员有愿意到文颖馆效力的,可以临时到馆帮忙,等有馆内有抄写人员位置空缺,即令补缺。还增加直隶全省学员名额,大学增加五名,中学增加四名,小学增加三名。② 二十七日,嘉庆帝颁布上谕,减免直隶省历年积欠的所有旗地租银,并缓征长芦盐商历年积欠的盐课银。二十八日,嘉庆皇帝离开柳墅行宫,乘船回北京,结束这次天津之行。临行前颁布上谕,要求地方官员妥善收藏好乾隆皇帝和他自己的亲笔墨宝,认真照料柳

---

① 《清实录·仁宗睿皇帝实录》卷 193,嘉庆十三年三月"戊午"条。

② 《清实录·仁宗睿皇帝实录》卷 193,嘉庆十三年三月"丁巳"条;同治《续天津县志》卷首,《天津通志·旧志点校卷》中,第 270 页。

墅行宫内的御舟、陈设、铺垫等物品,按年岁修,以免到巡幸时大修
靡费。还拨给直隶总督温承惠银二十六万,作为日后修葺行宫及
庙宇经费。这也是柳墅行宫最后一次真正起到为皇帝巡幸驻跸之
所的作用。

从嘉庆帝这次驻跸以后,就再也没有哪位皇帝问津过柳墅行
宫了。但天津官员和长芦盐商仍然一直期盼着皇帝能够再次光临
这里。虽说柳墅行宫整日宫门紧闭,但依然被保护得很好。道光
初年,著名文人崔旭在描述当时的柳墅行宫时,如此写道:"往日銮
舆曾此临,津东胜地柳成林。宫门深闭花千树,应抱春风望幸
心。"①跟随长芦小直沽批验大使杨绍文帮办长芦盐务的王韫徽,刚
到天津时,这样描写天津的盐业:"闻说长芦财赋丰,江南风景略相
同。谁知眺览全无所,只有行宫倚碧空。"②当时,尽管长芦盐业已
经逐渐萧条,而盐商负责照顾的柳墅行宫依然如旧。但是,随着清
朝政治经济的日益衰落,皇帝再也没有闲心巡察地方了。长芦盐
业更是因为管理不善、浮费增多和私盐泛滥,逐渐疲敝。加之,银
贱钱贵的影响,拖欠日益增多,额引滞销,朝廷每年所收盐课日益
减少。尽管多次更换长芦巡盐御史等管理官员,长芦盐务仍然没
有起色。随着清朝国势的衰败,长芦官员和盐商都感觉到皇帝不
可能再巡幸地方了,对柳墅行宫的照料也远不如往。柳墅行宫长
期受风吹日晒和海河泛滥成灾的河水冲刷,也日益颓废。道光末
年,著名盐商王敬熙(字莲品)与友人在望海楼饮酒后,咏出了"柳
墅离宫瓦砾堆,此楼景物足徘徊"的诗句,就连海光寺内的海棠花

①　同治《续天津县志》卷十九,《天津通志·旧志点校卷》中,第476页。
②　同治《续天津县志》卷十九,《天津通志·旧志点校卷》中,第470页。

也是"兰若托根经岁久,胜于柳墅艳称王"。① 柳墅行宫瓦砾成堆的荒凉景象与海光寺和望海楼的繁盛情景形成了鲜明的对照。由于长芦盐商拖欠盐课日多,国家财政也日趋紧张。道光二十六年,长芦盐课已经较上年减少十五万六千余两。道光二十八年(1848),因为政府库存急缺,道光皇帝要求各地迅速上缴历年拖欠。六月,因为长芦盐业仍然引滞商疲,课不足额,不见气色,道光皇帝遂将长芦盐政沈拱辰革职,改由江宁织造崇纶担任。十一月,命定郡王载铨、仓场侍郎季芝昌到天津,与直隶总督讷尔经额一起查办长芦盐务。经过一番实地调查后,载铨、季芝昌上书汇报盐务情况,请求更改长芦盐务章程条款,并制定了无商悬岸试行票盐、停减支销裁汰浮费、均摊币利以便征收等新章程,其中,在停减支销,裁汰浮费一款中,指出长芦盐商需要上缴的款项繁多,商力竭蹶,请求在杂费项内减免剥船造费、运费、修造船桥费、盐关公费、书益工食、巡捕节支等费,删减老少牌盐、育婴堂、留养局、挂甲寺、公善堂、祭祀、义学七项经费,共减免七万八千九百六十三两,还请求将长芦引地内的文、武各衙门、官役相沿陋规,一体裁汰。道光皇帝准行,将长芦通纲盐商所有浮费照议停减,相沿陋规,永远裁汰。② 既然皇帝无暇巡游地方,长芦盐业疲敝日久,柳墅行宫也是瓦砾成堆,破旧不堪,自然就失去了存在价值,无疑也在这次被减之列。柳墅行宫遂和皇船坞一并被取消。因此,《续天津县志》才有柳墅行宫"道光二十八年奉裁"的记载。③ 至此,柳墅行宫彻底结束了皇帝行

---

① 同治《续天津县志》卷十九,《天津通志·旧志点校卷》中,第480页。

② 同治《续天津县志》卷五,《天津通志·旧志点校卷》中,第299页;《续天津县志》卷十六,《天津通志·旧志点校卷》中,第420页。

③ 同治《续天津县志》卷三,《天津通志·旧志点校卷》中,288页。

宫的使命。

柳墅行宫是长芦盐商为皇帝的出行而在天津建造的一座园林式宫殿建筑，它不仅是中国古代传统宫殿建筑风格和皇权建筑在天津地区的重要体现，还是天津盐业经济发展的历史产物，是清朝早期政治稳定、经济繁荣的外在表现，它的最终废弃也暗示出长芦盐业经济和清朝国势的衰败。既为皇家而建，乾隆、嘉庆两朝皇帝又都曾经驻跸于此，柳墅行宫也自然地被赋予了独特的皇家文化的内涵。两朝皇帝先后来此居住，每次最少三天，最长六天，这又与其他多数行宫的夕来朝去有所不同，充分表明皇家对天津地区的高度重视。清帝在此处理国家政务，询问民风民情，恩赏黎民百姓，留下了许多历史踪迹，为研究清朝皇帝出巡历史文化提供了丰富翔实的史料；酷爱诗书的乾隆帝在柳墅行宫遗留下来的众多诗词绝句，以及这里曾经收藏的大量图书，更是提高了柳墅行宫内在的文化品位。

传统宗族文化的表征
——记天津周悫慎公祠

宗祠是子孙后人祭拜祖先、先贤之所，是维系一个家族发展的重要纽带，在强化家族意识、延续家族血脉、维系家族团结方面发挥着巨大作用，也是中国传统宗族文化的典型物质表现。梁启超曾说："吾中国社会之组织。以家族为单位，不以个人为单位，所谓家齐而后国治是也。周代宗法之制，在今日其形式虽废，其精神犹存也。"宗祠建筑在中国社会中的兴与衰，体现了宗族观念的长与消，以及家庭观念的变革历程。尽管天津是一座移民的商业城市，但也深受家族礼制、宗族观念的影响。近代天津城里、城外的诸多祠堂，如位于河北盐署道院东的"李公祠"（祀明天津督饷总督李长庚）、位于河北大王庙旁的"曾公祠"（祀曾国藩）、"赵公祠"（后改为三取书院）等，都在诉说着各自家族的兴与衰。其中，于民国时期修建的"周悫慎公祠"至今仍有部分物质遗存，则进一步印证了宗族观念影响深远。

在现今的天津城区内，曾经存有过两座"周公祠"，并且都是为了纪念曾经在天津地区任过职的安徽籍官员而建。一座坐落在三条石一带，是祭典晚清天津镇总兵周盛传和周盛波兄弟之所，现今没有任何遗存；另外一座就是位于河东区小孙庄，即"周悫慎公祠"，专为纪念清末天津海关道，后升任两广总督的周馥而修。如今，坐落在河东区六纬路与中环线交口附近的荐福庵，即是"周悫慎公祠"的一部分。要说河东周公祠,还得从周馥谈起。

周馥,字玉山,谥号"悫慎",安徽建德人。早年入李鸿章幕府,担任文案,跟随镇压太平军,征战于江浙一带。后随李鸿章北上直隶,先后任天津海关道、直隶按察使等职,处理外交事务,缓解中外冲突;办理沿海军事防务,加强国家边防建设;治理海河水系诸河流,解决了直隶境内多年治理不愈的水灾问题,减轻了百姓的疾苦。更为可贵的是,深受儒学影响的周馥,在继承和发扬几千年来中华民族优良传统文化的同时,敢于接纳外来文明,在天津积极协助李鸿章兴办洋务企业和新式学堂,传播近代西方文化和科技知识,培养了一批拥有近代西方文化知识的军事和科技人才。他还时刻关心百姓疾苦,不断捐银救灾,救民于水火;热心于公益事业和市政建设,推动了天津城市的近代化进程;尤其是八国联军侵华战争之后,周馥参与谈判,收拾残局,虽有其历史局限性,但还是暂时稳定了当时混乱的社会局面。周馥曾在多省任职,一生所作所为,"其事动关天下安危,非吾直隶所得私,而直隶受赐独厚",对包括天津在内的直隶地区的发展的影响尤为突出。此外,周馥晚年及其后人,又大多寓居于天津,"惠泽之及于津沽为最久也",尤其是四子周学熙,继承父业,更是为直隶地区的经济发展做出了重大贡献。正是由于周馥及其后人对以天津为首的直隶地区的突出贡献及其在国内的重要影响,周馥去世后,包括直隶绅商在内的许多社会名流才联名上书,呈请政府允许绅民捐银,集资修建祠堂,按年祭典,以表念恩之情。

1921年9月21日,85岁的周馥病逝于天津寓所,灵柩被运回安徽老家安葬。天津绅民闻讯后,彼此之间都互相议论说:"公鸿功骏烈炳耀铿鍧,与世无极。今公虽殁,而道化行于国中,风声振于徽内,其颂懿美称神明巷祭而野祝者,环津上皆是也。崇祀先哲,国有彝典,矧贤者宦履肇始之地与夫生平流寓之乡,而庙不创立,于典奚称焉?"纷纷主张在天津修建祠堂,专为祭奠周馥之所,以表绅民的怀念之情。当年12月,直隶士绅李士鉁、张权、刘若曾、史履晋、严修、刘嘉琛、高凌雯、林兆翰、华士奎、王守恂、蒋式瑆、冯恕、陈秉鉴、赵元礼、李士鉴、李士伟、华泽沅等17人联名上书,以周馥在直隶境内任职期间,政绩突出,"尽心民瘼,遗爱在民",黎民百姓受恩颇多。呈请直隶省长代为呈送民国政府,允许集资,在天津修建周馥专祠,并请求政府派官员和警察给予保护。周馥老家及曾经任过职的省份和衙门,如江苏、安徽、山东及海军部等地,也纷纷呈请建立专祠,按年祭典。1922年1月20日,时任总统的徐世昌批准了安徽、天津等地绅民的请求。当月,安徽建德就将原农林公会会馆房屋改为周馥专祠。而在天津,尽管绅民捐资建祠的请求也得到了批准,但因祠宇工程较巨,地方集款需时,周馥专祠迟迟未能开工,以致拖延。1923年春天,周学熙自家出资,将安徽老家祠堂的房屋重新修缮,正式建成周悫慎公专祠,并举行了入祠典礼。同时,积极筹办天津专祠。1923年2月1日,周学渊、周学熙、周学辉兄弟三人联名呈请直隶省长王承斌,请求由周家自行出资,在天津修建周馥专祠,并请政府派人保护。2月13日,民国政府批准周家在小孙庄官属园地,建盖祠堂。

1923年春天,周家开始鸠工庀材,仿照附近挂甲寺的庭院布局,在小孙庄建盖祠堂。严修撰写的《天津祠堂碑记》记载,"祠经始于癸亥(1923)之春,落成于甲子(1924)之夏",可知,周公祠在1924年夏天,已经修建完毕,历时一年半。

周悫慎公祠占地三十亩,主要由祠堂院落、荐福庵、广慈善堂三部分组成,共后殿、旁庑、重门、夹室等房屋二十四间,耗资四万二千六百银元。祠堂院墙门外有一座石坊和照壁,正中间为三楹的祠堂正殿,供奉周馥灵位。正殿旁边设有寝庙,称为周孝友堂支祠,专门作为祭典周馥夫人及在北方供职的周馥家族后人之用。通过正殿向北,是占地二十余亩的池鱼庭院,花园布景,水木清华,风景幽雅,略具园林之胜。最后面是三层楼的师古堂藏书楼,除了收存周馥的手迹、墨宝及碑拓以外,周家还将周馥的书法镶嵌在该楼的墙壁之上,供人欣赏,以示纪念。

在祠堂的东北角,建有一座庭院,专门供奉西方诸佛,称为荐福庵,寓意以此功德荐福先人。周学熙等人分别为荐福庵题写了匾额,还专门从北京雕塑佛像,塑于殿中,并请来两位主持,照料祠中香火。祠堂的西南角为广慈善堂,作为专办慈善事业之所。周家还利用祠堂院墙外的空地,建盖房屋,作为店铺,对外出租,将所收租金全部用作修葺祠堂经费。

周悫慎公祠堂的修建牵动了许多人的心,天津各绅商闻讯后,纷纷到周家捐银资助。其中,曾经组织联名上书的李士鉁一人就捐了一千银元,严修、杨以德、王邵廉、赵元礼等人也有多少不同的捐款,最终共收三千三百四十银元。社会各界也纷纷来津瞻仰、拜祭。1924 年春天,周悫慎公祠尚未完工,姚孟振跟随周学熙一起参观了祠堂,他高兴之余,即兴赋诗写道:"醰醰遗爱东郊外,大野春深苏草荄。异代流风思父老,中兴勋业殿湘淮。池潢晴霭初舒柳,堂庑云连欲荫槐。风景依然陵谷变,夕阳凭眺水潏潏。"既赞颂了周家的突出业绩,也描绘了当时周公祠庭院的优雅景象。

周悫慎公祠彻底修建完毕后,1925 年 5 月 13 日(阴历四月二十一日),周家正式举行了入祠典礼。当日,社会各界名流,如徐世昌、黎元洪、严修、华士奎等，纷纷到祠堂呈送挽联，表示纪念。时任总统的段祺瑞不仅恭送了挽联，还特意派内务部总长龚心湛等四人，专程来津参加入祠典礼，士庶咸集，匾联纷至。周家专程雇来戏班，在祠堂庭院内中演戏一天，热闹非凡。

事后，周家专门成立周悫慎公天津专祠事务所，由周学熙亲任事务长，负责祠堂的日常祭奠事务。7月23日，由周学熙主张并创办的启新洋灰公司、滦州矿物公司、华新纺织公司、中国实业银行和华信银行五家企业，共同组成"周悫慎公纪念会"，详细制定了纪念会章程，规定以每年的阳历5月13日，即周悫慎公天津专祠成立之日为纪念日，由五家单位按年轮流主持，负责组织每年该日在祠堂内的祭典活动，以求永久。

周悫慎公祠建成后，基于周家当时的社会影响，到祠堂拜祭的人熙熙攘攘，络绎不绝。赵元礼在陪同徐东海拜谒周公祠后，即兴赋诗："胜境居人外，灵祠傍水涯。云雷应固护，水木足清华。故老谈前烈，贻谋重世家。愿邀赤松子，长此饱烟霞。"周家除了在纪念日和每年的主要节日，在祠祭奠先祖、商议家族大事外，周学熙还不时利用祠堂内的师古堂和藏经楼，教授孩子们中国传统文化经典，教育子孙后人，周公祠也因此带有一定的传统文化教育职能。

随着国内政局的变化和日本侵华战争的全面爆发，天津社会日趋混乱。尤其是日本武装占领天津之后，百姓更是人心惶惶，家无定所，有权有势之人大多寓居在各国租界之中，寻求外国势力的保护。也寓居在租界之内的周学熙一家人，因为连年津市不靖，交通阻隔，支祠又在河东，致使每年在周悫慎公祠堂内举行的春秋祭祀活动都不能亲自前往参加。1940年，为了祭拜先祖周馥，周学熙在租界寓所的菜园内修建了一所房屋，供奉周馥夫妇的神像，取名

"春晖堂",作为临时祭祀之所。河东周公祠因此也失去了昔日的景象,很少有人问津。直到日本投降以后,1946 年 4 月,82 岁高龄的周学熙再次来到河东周公祠拜祭先人,"此为乱后第一次"。

中华人民共和国成立后,1950 年,周叔弢代表家人,将周公祠的所有土地和房屋无偿捐献给国家,周悫慎公祠也彻底改变了家祠的性质,被改造成一所传授现代知识的学校。后来,虽说有学校名称和建筑形式的变化,但该处建筑一直没有改变学校的性质。而祠堂内的荐福庵则被改为尼姑庵,逐渐成为一处施恩济救的宗教圣地。

传统中国宗族观念的物质载体——宗祠、家庙在天津社会中的消亡,意味着随着封建政治统治的垮台和传统家族生产、生活方式的变革,受新思想、新文化的影响,天津城市逐渐摆脱了封建家族礼教的人身控制和思想禁锢,思想观念也趋于开放、自由,人们的家庭、民族、国家观念进入了一个崭新的阶段。

社会表征编

编 前 语

经过数百年的历史积淀,天津城市的社会文化自身已经具有某些近代性文化潜质,如轻农重商、自由活泼、多元融汇等等,但是,在封建农耕文化占主导的文化背景下,受中央集权政治统治的控制,天津人同其他地区的中国人一样,"始终深蕴着执著的本位文化精神,他们往往以冷峻的态度迎候外来文化的纷至沓来,在内骨子里却抱定一种'以不变应万变'的信念和'以我化人',不允许'以人化我'的心态"[①]。若没有强大外力的猛烈冲击和代表时代进步的异质文化的输入,其自身不可能发生历史性转型。两次鸦片战争的炮火,充当了天津社会文化变革的冲锋号角。

19 世纪后半期,代表时代进步、以机器化大生产为特征的工业文明,在近代化枪、炮的掩护下,逐渐进入天津社会。尽管在此之前,天津基于自身地理位置和商业城市的优势,早就已经从南方地区输入了些许西洋钟表、针线等所谓"洋"货。但大多是属于商品或礼品性质而已,丝毫不会改变天津社会文化的根本属性。天津真正开始走上近代化转型轨道,还是在 1860 年开埠之后。

两次鸦片战争的惨败,让清政府的皇帝、官员见识了近代化枪、炮的威力,被迫向西方学习所谓的"洋枪""洋炮",随之引起了

---

① 冯天瑜、何晓明、周积明:《中华文化史》第 2 版上,上海人民出版社,2005,第 85 页。

近代中国军事和生产方式的重大变革。在这样的社会大背景下，天津近代社会文化的诸多变革也多从军事方面开始。

1862年，兵部侍郎、三口通商大臣崇厚从大沽协营中抽调500兵丁重新组营，在大沽训练洋枪队，"所用器械，均系带刺来福洋枪"。① 以后不断增减营兵，扩充规模。天津营兵亲身体验西方近代化枪械自此开始。与此同时，崇厚着手筹建天津机器局，开始从欧洲购买近代化机器，制造近代化火药、枪炮，"北京政府希望叫天津机器局所制造的火药能供给全中国"，②在津兴起所谓的"洋务运动"。1868年，由英国人司徒诺负责督造的天津机器局西局（在海光寺）率先投入生产："该厂的铸造、装配、切削、铁工和木工车间均由外国机器装备……铸造12门漂亮的可发12磅炮弹的铜制炸炮，每门重450磅，该厂也制造炮架及前车等……颇为有效，很可称道。"③更大规模的机器局东局建设也在推进中。1870年，早已折服于西方近代化武器的李鸿章，接替曾国藩就任直隶总督。在李鸿章的统一引领下，天津机器局不断引进更为先进的机器设备，提升产品的近代化科技含量，增加产品种类，扩大生产规模，紧跟近代军事科技发展的时代步伐，得到了更大的发展空间。尽管正如当时天津海关税务司休士在"贸易报告"中所评论的那样："中国人出于自愿，准备采用欧洲的机器设备，不幸的是，他们国家的需求，无论在这里或在他处，对欧洲机器设备的初步采用均应用于生产

---

① （清）吴慧元总修、蒋玉虹、俞樾编辑：《续天津县志》卷六《海防兵制》，《天津通志·旧志点校卷》中，第302页。

② 孙毓棠编《中国近代工业史资料》第一辑上，科学出版社，1955，第349页。

③ 罗澍伟主编《近代天津城市史》，中国社会科学出版社，1993，第220页。

武器和战备物资"①,天津机器局的近代化机器大生产也多局限于军事产品,并且是在相对封闭的环境中运行,根本不可能改变整个社会的生产、生活方式。但是,该局生产的部分民用机器产品也给天津人带来了清新之风,如用于修浚河道的直隶挖河船,"底有机器,上有机架,形如人臂,能挖河底之泥,重载万斤,置之岸上,旋转最灵,较人工费省而工速,诚讲求水利不可少之器也"②。又如,自天津机器局开始架起,通往全国各地的中国电报通信设施,"四通八达,无远弗届,传递消息,转瞬万里,所以通军报而利商民,异常捷便。此城开辟来之创举也"③。一根根纤细的电报线改变了人们昔日的通信方式。笔名为廉让居士者如此描述当时电报给人们带来的惊喜:"从此千里争片刻,无须尺幅费笔砚。雁帛鱼书应共妒,声气相通快胜箭。枝枝节节环四海,地角天涯连一线。"④赞美、惊奇之情溢于言表。隆隆的近代化机器轰鸣之声震撼着天津这座河、海交汇的城市,浓烟高耸云端的水泥砖混烟囱建筑吸引着天津民众好奇的眼神,"巨栋层栌,广场列厅,迤丽相属,参错相望。东则帆樯沓来,水栅启闭;西则轮车转运,铁辙纵横;城堞炮台之制,井渠屋舍之观,与天津郡城遥相对峙,隐然海疆一重镇焉"⑤。天津机器局为天津这座传统商业城市打开了一扇触摸近代西方世界的窗口。

---

① 罗澍伟主编《近代天津城市史》,第 220 页。
② (清)张焘撰:《津门杂记》标点本卷上,天津古籍出版社,1986,第 29 页。
③ (清)张焘撰:《津门杂记》卷中,第 70 页。
④ (清)张焘撰:《津门杂记》卷中,第 70 页。
⑤ 《重修天津府志》卷二十四,"公廨"。《天津通志·旧志点校卷》上,第 991~992 页。

天津机器局内许多以督导、教习身份来津的欧美人,与局内的中国工人、学员朝夕相处,形成一种崭新的人文关系,搭建起一个接触西方人文理念的平台。机器局内的天津电气水雷局、北洋水师学堂,聚集了严复、萨镇冰等中国早期近距离接触西方社会文化的留洋群体。他们以在欧美的亲身经历和感受,传授着近代化机器工业生产技能,传播近代西方的文化知识和思想理论,培养出一批像谢葆璋、张伯苓、王绍濂、黎元洪、吴毓麟、温世霖那样具有近代化科技知识的军事人才。这些教员、学生、工人离开天津机器局后,其中许多人都就职于天津的经济、实业、教育、文化等行业中,对天津乃至中国的近代社会文化转型都有重要的影响。例如担任水师学堂总教习的严复,积极学习西方的哲学社会思想,翻译赫胥黎的《天演论》,宣传社会进化思想。如天津水师学堂第五届毕业生张伯苓,经历中日甲午海战后弃武从文,与严修一起创办了南开中学、南开大学,传播新文化、新思想,培养了一大批富有新知识、新思想的时代骄子,为天津教育事业的现代化转型做出了重要贡献。又如,曾经在天津机器局工作过的工人孙恩吉、陆宾将机器生产技术传到天津三条石地区,对三条石一带乃至华北地区的近代化机器制造工业发展起到了促进作用。

天津机器局带来了传统社会中前所未有的近代化机器生产技术,开启了天津社会生产方式变革的先河,培养了许多机器化生产技术工人,形成了一个具有近代化科技知识和文化思想的新型知识群体,对于天津城市社会文化的发展具有开创性的历史意义。

天津近代军事变革另外一个典型就是中西合璧式大沽炮台的修筑。英、法战舰多次远洋来攻,东部沿海城市危机四伏。加强东部沿海的军事防务,成为清政府的当务之急。1862 年,三口通商大臣崇厚在大沽训练洋枪队时，即对大沽海口炮台进行了修整，配置了几门重型大炮。经过多次激烈的"海防"和"塞防"争论之后，清政府多数官员对海洋的认识也逐渐发生着变化。一直倡导"海防"的直隶总督李鸿章，经过多年的海防实践，逐渐形成了以陆路炮台为依托、海上军舰相依辅为主旨的海防战略，防御海洋来犯之敌的范围也从大沽海口逐渐向外扩展到旅顺和威海沿岸。在大沽海口，他仿效西方的炮台式样，用传统的建筑工艺，构筑起中西合璧的圆形炮台，配置近代化的枪炮、水雷等武器，安装电灯、电报、铁路等近代化照明、通讯、交通设施。同时，购进近代化远洋军舰组成北洋舰队，修建大沽船坞，开办大沽水雷学堂，最终在渤海湾海域构建起了以大沽炮台为中心水陆相辅的近代化防御体系。深受中国传统文化思想影响、身着中式军服的大沽炮台守军，手握着西洋枪炮，虎视眈眈地注视着炮台前穿梭于帆樯之间的每一艘铁甲轮船，构成了一幅传统与现代、中西结合的复杂画面；铁路、电报、电话等近代化交通、通信工具，拉近了大沽和天津之间以及人与人之间的距离，逐渐改变着人们对其固有的偏见。大沽炮台的近代化进程，培养了一批近代化水雷、船舶制造和通信、电力方面的技术工人，既是近代天津军事转型的集中表现，也是天津社会文化转型的特征之一。

各国租界的开辟，把天津与世界紧紧地连在了一起。优越的社会生活环境，先进的城市管理制度……租界内西方近代机器工业文明，无时无刻不在冲击着被西方人称为"最肮脏最骚乱也是最繁忙的城市之一"①的传统天津社会，刺激着天津民众。"街道宽

---

① 雷姆森：《天津——插图本史纲》中译本，《天津历史资料》2，第21页。

平,洋房齐整,路旁树木,葱郁成林。行人蚁集蜂屯,货物如山堆垒,车驴轿马,辄(彻)夜不休。电线联成蛛网,路灯列若繁星,制甚得法,清雅可观,亦俨如一小沪渎焉。"①清人对租界生活的向往跃然纸上。他们或用原有价值观念审视之,或以一些新体验欣赏这些变化,天津人对西方租界文化的态度也因此经历了一个由抵触到接纳的过程。

　　"天津教案"的爆发只能算是天津人继第二次鸦片战争抗击武力入侵的一种复仇式延续,"特忿外人恃强欺侮,初非于教旨有所排斥"②。但是,也有部分人士已经开始对西方信徒进行的一些慈善公益活动给予了理解和认可。例如,时人如此描述法国天主教堂兴办的医养病院,"每日施医、舍药,病重者取保住院就诊,男妇有别,衣食铺盖院中皆备,样样精洁,早晚侍奉汤药饮食等事,周到之极,谢仪丝毫不取,可谓不愧'仁慈'二字"。字里行间看不出有任何的仇恨和歧视之态。各教堂建立的几处义学场所,"本地子弟就传者不乏其人,课读四书五经并随同听道云"。③ 伴随着在义和团运动中第二次被烧毁的望海楼教堂的再一次被修复,天津对外国文化的抵触情绪也随着清政府的灭亡而日益消减。西方的宗教徒们依然活跃在教堂内、外,传经颂典。他们的生存理念和价值追求也逐渐吸引了一定数量的天津才俊,一些富家子弟自愿加入基督教青年会或联青社。到 1949 年,天津境内的天主教共有教堂 28 座,其中市区有 15 座,郊县有 13 座,教徒 4 万人,教职员 200 余人;

---

① （清）张焘:《津门杂记》卷下,第 121~122 页。

② 民国宋蕴璞辑:《天津志略》第四编,宗教,《天津通志·旧志点校卷》下,第 143 页。

③ （清）张焘:《津门杂记》卷下,第 132 页。

基督教共有教堂 40 座,其中市区有 35 座,郊县有 5 座,教徒 7000 多人,教职员 64 人。[1] 西方的宗教信仰和生产生活方式悄然改变了天津人的思想意识。天津城里的生活环境"改变的迹象很多,也很重要","一度遍地皆是深沟大洞、臭水坑的使人恶心的可恨的道路……被铲平、拉直、铺平、加宽。并且装上路灯,使人畜都感到舒适。与此同时,城壕里的好几个世纪以来积聚的垃圾也清除掉了"[2]。天津人开始效仿各国在津租界的城市管理制度,整理自己的生存空间,"半车瓦砾半车土,装罢南头又北来。此例最佳诚可法,平平王道净尘埃"[3]。

在政府的提倡和实业救国的呼声中,天津的近代化机器大生产成为社会生产方式的主流,1906 年,周学熙从英国人手中收回唐山细棉土厂自办,购买丹麦史密斯公司先进的回转窑、球磨机等设备,代替立窑等落后设备,建成启新洋灰公司,"厂内所用机器,均极新式,在中国固为首屈一指,即与全球最著名之洋灰厂相较,亦毫无逊色。"[4]开创了我国利用回转窑生产水泥的历史。至 20 世纪二三十年代,盐碱化工、纺织和面粉加工业逐渐成为天津的三大经济支柱,"工业由手工业蜕变而为机器工业,由家庭工业而进为工

---

[1] 中共天津市委统战部、天津市民族事务委员会、天津市人民政府宗教事务局联合调查组:《天津市宗教情况的调查》附件《历史上的天津宗教》,油印本,1996 年 10 月。

[2] 雷姆森:《天津——插图本史纲》中译本,第 44 页。

[3] (清)张焘:《津门杂记》卷下,第 125 页。

[4] 民国宋蕴璞辑:《天津志略》第九编,工业,《天津通志·旧志点校卷》下,第 228 页。

厂工业,实萌蘖于此"①。传统商业也悄然发生着变化。原来天津城区附近的大胡同、小伙巷、估衣街一带的小商铺依然盛行,中原公司、天津商场、劝业场等现代意义的大型综合性商城也开始涌现;国外资本的银行与传统票号、官银号共同构成了天津的金融体系。

天津经济结构的变化引起了社会结构的变迁。各国商人对棉花、粮食等资源的需求,促进了天津海洋国际航运和对外贸易的发展,壮大了天津码头搬运工人这一群体。时有身着西装的中国人往来于租界内外的银行、工厂和商铺之间,遂产生了一个新的社会群体——买办,他们成为了沟通中外的重要纽带。从传统士绅分化而来的绅商阶层及"隐身"租界的寓公,既享有传统功名或职衔,也参加官办或官商合营的大型商场和机器化大生产工矿企业建设,从事工商实业活动。不断涌现、成长、壮大的近代机器化厂矿,产生了大量的产业工人,培育、壮大了天津两个新型社会阶层——民族资产阶级和无产阶级工人。据统计,天津机器局和大沽船坞共有工人3600余名②。1925年天津码头工人就有5500人,对外商贸和机器厂矿的发展壮大了天津码头搬运工人这一群体。1927年,在天津从事纺织、面粉、化工、机械等行业的产业工人已有7万多人③。早期各地来津,尤其是南方的广东、福建、浙江等地的产业技术工人集聚津门。到1930年代初,天津华新、裕元和恒源三大纱厂的3399名工人中,天津籍人仅占23.78%。这些来自各地的异域

---

① 民国宋蕴璞辑:《天津志略》第九编,工业,《天津通志·旧志点校卷》下,第212页。
② 罗澍伟主编《近代天津城市史》,第260页。
③ 陈卫民编《天津的人口变迁》,天津古籍出版社,2012,第65页。

同乡为了加强联系,互帮互助,纷纷在津成立同乡会馆、公所,如怀庆会馆、安徽会馆、浙江会馆、江苏会馆、潮帮公所、邵武公所、庐阳公所等等,联络感情,互相支持。盛行一时的各地会馆、公所,也就成为传统宗族乡谊在近代天津社会中的重要载体。随着近代天津各类商业和厂矿的繁荣发展,为了协调商家之间及商家与政府之间的关系,获取部分控制城市建设和管理的权利,这些商家和企业矿主,按照契约规则和民主原则成立了天津的商业组织——天津总商会,形成了以其为中心和纽带的社团网络,构成了天津的市民社会。

各国在津租界内风格迥异的高大建筑与古朴的天津鼓楼并肩矗立在海河岸边,紧挨着天津传统城市文化圈建立起一个崭新的异域文化圈。具有传统文化符号意义的天津城墙的拆除和河北新区的开辟,天津城市空间由封闭走向开放,也开始引进西方的城市管理制度,实行新的政治、经济、文化政策,维护城市秩序。如建立了警察制度:"巡警兵丁在城厢内外昼夜逡巡,清理街道,盘诘奸宄,夜间按时换班,尤为慎重,宵小为之敛迹,百姓称颂,有夜不闭户之风。"①城市治安为之一变。外国报纸对此也给予了肯定的评论:"巡警更加整顿,道路更见清洁,实出人意料之外,倘中国各处皆然,何患不自强而为天下之强国耶?"②这为天津城市增添了许多生气,"公正绅士帮同官弁昼夜轮流,照章试办","责成各村绅董在本村内挑选年力精壮、粗知文义之人保送充当"。③ 尽管种种原因,

① 《巡警认真》,《大公报》1902 年 7 月 1 日。
② 《译件》,《大公报》1902 年 9 月 22 日。
③ 《天津分府沈天津县唐详覆四乡推广巡警情形折》,《大公报》1905 年 1月 9 日。

天津巡警良莠不齐,存在许多弊端,实际效果也并非像外国报纸所期望的那样。但是,天津"地方颇多受其益",[①]尤其是"赌盗之风渐觉稍息"。[②] 政府设置的新式警察与原有民间组织保甲局和团练成员共同维护着津城治安;近代化消防队伍与传统的民间水会一起守护着天津的用火安全;在被拆除天津城墙的土地上修起的环城马路,以及奔驰其上的有轨电车发出的清澈铃声,似乎宣告着一个时代的改变;跨河大桥、电报、电话改变着人们的交通、通讯方式,缩短了天津城区与外界的距离,方便了彼此间的联系,提高了人们的生活节奏;宣传各种政治要求、价值理念和生活方式的机印报刊的发行,以及教授西方文化知识的新式学堂、近代化学校的建立,促进了外来新文化、新思想的传播,给集聚天津的人们带来了新的谋生手段和生存方式,催生出一个个具有近代化生活理念的新的社会知识阶层。

随着异域文化的强势输入、城市空间的扩展和社会阶层的不断分化、社会生产方式的变革和封建政治体制的垮台,天津的社会生活发生了翻天覆地的变化,势必要迎来一场思想观念上的重大变革。

---

① 《大公报》1904 年 1 月 20 日。
② 《顺直咨议局议决案件》,《大公报》1910 年 3 月 1 日。

天津机器局
——中国北方重要的科学技术基地

天津机器局是在清政府缺少自己的技术人才、机器设备和制造材料,而制造技术又远落后于世界先进水平,不可能在短期内依靠自身的技术力量建立起自己的军事企业,且急于提高军事技能的情况下,依靠西方先进科学技术建立起来的近代新型军工产业。近代中国的社会现实决定了天津机器局借材异域和引进技术的办厂方针。①

一、近代先进技术的引进

19 世纪中叶,标准部件制是西方机器工业的先进生产方法,各种工具机器被大量生产出来,使得枪炮等武器机件的制造并不需要多么高深的技术知识和精湛的工艺才能,而能够在比较短的时间内就培养出胜任机器生产的工程技术人员,进而制造出先进的军事武器,这一点恰恰适应了清政府急于建厂的需求。在崇厚建立和李鸿章早期扩展天津东局时期,在士大夫阶层中,尤其是以京津地区为中心的中国北方的官绅之中,很少有人见过近代机器,而懂得购买、安装和指导使用、维修机器的管理人员更是凤毛麟角。

---

① 王兆春:《中国火器史》,军事科学出版社,1991,第 341 页。以下该书简称《中国火器史》。

他们不得不完全依赖洋员、洋匠,买进机器设备,仿照西方的厂库式样、布局,修建厂房、仓库,把西方近代新式机器制造技术和厂库建筑工艺引入中国,以便紧随世界军火制造的先进水平;引进近代新式交通、通讯、照明、造币、炼钢等技术成果,提高工作效率,完善机器局厂库布局,掌握近代先进的科学知识和技能。天津机器局逐渐成为中国北方科技近代化的先驱。

(一)军事工业制造设备的引进

天津机器局引进机器制造设备的情况,基本上可以分为两个阶段。第一阶段是 1867 年至 1876 年,这十年处于机器局的创始时期,所有机器设备都需要从国外进口。1867 年,由于缺乏外交经验和近代机器的基本知识,崇厚聘请英国人密妥士为总监督,将筹建天津机器局所有事务完全委托给他。首先派密妥士到英国购买制造火药、铜帽的全套机器,耗资白银七万余两;又请英国人薄郎就近从上海、香港购买机器,邀请江苏巡抚丁日昌从上海的旗昌、祺记洋行代购两份机器和铜铁大炉、汽锤等,筹建海光寺机器局(即西局,又称南局)。这时,机器局引进什么样的机器设备和技术人才,完全听命于这位对近代机器生产一知半解的密妥士,收效甚微。1870 年,倾心洋务的李鸿章接办天津机器局事务。他认为洋枪洋炮只有使用洋火药才能充分发挥威力,但从国外进口火药"究不若自制洋药之多且便",称创建天津机器局制造火药,"足补南局所未备,且隐寓防患固本之意,极为远虑深谋",声称即使每年仿造洋器所用工料银比从国外购买等量军火价钱稍贵,"亦系值得,不为虚糜",①主张大量购买机器,仿造工具,自制火药。他亲自视察天津机器局后,认为"机器尚少……亟须添购碾器"②。于是,先后将拥有办局经验的湖北补用道沈保靖和广东尽先补用道吴赞诚调到天津主持局务。沈保靖、吴赞诚凭借在上海机器局时的经办经验和社交关系,自主选择洋商,并改变原来见发货单即付款的方式,采用先付部分定金,收货后再付清银款的方法,加强对购买机器设备事务的管理,不仅减少了因千里迢迢的海上运输风险而受的损失,同时避免了被洋商欺诈,使对外交易事务进一步规范化。到 1875 年前后,天津机器局又以巨资从国外添购三套碾药机器,续购卷铜皮机器、火轮机磨、汽锤、车鏒(刨)、鑽(钻)、锯等车床,购买制造六角藕饼药机器、造林明敦后门中针枪及枪子机器、烤铜装药设备和制造各种工具的车床机器。对于军事工业所需的近代机器,天津机器局已是包罗万象,无所不备。

第二阶段是 1876 年以后。此时,天津机器局厂、库规模大体成型,局内所应用的各种机器、工具,凭借自己的技术力量基本上都能够仿造出来,"各项机器,局中工匠亦能出手制造,不下数万余件"③。并"逐事推扩",④无须再从国外购买。如 1876 年、1877 年两年内,机器局自造车鏒(镟)、鑽(钻)机器六十余座,添造铜铁器具数千件。另外,在机器局的所有资金投入中,除了支付制造工料以外,购器建厂耗资最多。为了节省经费,从 1875 年起,天津机器

① 李鸿章:筹议天津机器局片,吴汝纶编《李文忠公全书·奏稿》卷十六,第16~18 页。以下该书简称《奏稿》。
② 李鸿章:开拓机器局片,《奏稿》卷十七,第 36 页。
③ 李鸿章:机器局请奖折,《奏稿》卷四十二,第 3~5 页。
④ 李鸿章:机器局经费报销折,《奏稿》卷三十九,第 11~13 页。

局在购买机器设备方面开始"酌量添制",①从国外购买的主要是用于制造科技含量较高的新产品的机器设备。诸如,1883 年,天津机器局成功研制出棉花火药,于是购进制造棉花火药的机器,建盖厂房,开始生产棉花火药;1887 年,又购买了制造栗色火药的机器,开始生产栗色火药;1888 年,为了铸造长式钢炮弹,从英国葛来可力夫厂定购炼钢炉;从格林活厂定购水力压铜机和十吨起重机;1893 年,购买西门子—马丁炼钢炉等。这些先进军工产品的制造机器,天津机器局是不可能依靠自身力量就能够生产出来的,为了紧跟世界军火制造先进水平,满足军事需要,只有从国外购买设备,引进制造技术,开发生产。单纯就机器设备的科技含量而言,天津机器局的生产设备和技术是紧随世界先进水平的,这在当时没落的腐朽政体中,让人看到了一丝先进的世界物质文明之光。

除了引进机器设备以外,因为国内尚没有自己的矿产企业,天津机器局最初制造军火所用的铜、铁、铅、硝、磺、锡、碘、镪水(即硝酸)、漆、油、木植、煤等原料和燃料也多是从国外购买,"为款甚巨,皆从海外购来"②。在崇厚筹建天津机器局过程中需用的 1000 余吨煤炭,就是随运送机器设备的船只从英国购买来的。③ 从 1870 年李鸿章接办局务,到 1876 年机器局规模初定,尽管这段时间局内主要进行厂、库的建设,并没有进行大规模的军火生产,但是,从国

---

① 李鸿章:机器局经费报销折,《奏稿》卷三十三,第 25~27 页。

② 孙毓棠编《中国近代工业史资料》第一辑下,科学出报社,1957,第 568 页。以下该书简称《中国近代工业史资料》。

③ 孙毓棠编《中国近代工业史资料》第一辑上,第 369 页。

外购买原料和燃料一项,仍耗资白银五十三万余两。[①] 1876 年以后,国内各种矿藏发掘日益增多,天津机器局的原料和燃料也主要由国内供应。但是,国内的原料和燃料供应根本不能满足机器局的生产需求,尤其是在中国几次边防危机期间,如 1884 年中法战争、1894 年甲午战争时期,仍需从国外购买大量的原料和燃料,来满足机器局日夜赶制军火的需要。

(二)厂房建筑式样的仿照

由于大多数中国人对近代机器制造一无所知,天津机器局建立之初,不得不聘请外国技术人员,一切设施,如厂房、仓库、员工住房等也完全按照西方工业的布局原理和建筑模式进行修筑。

从现存的一张反映 1876 年(光绪二年)天津机器局东局的布局图来看,[②]其选址靠近河岸,又新开引河与河道相通,各种原材料仓库集中安置在船坞附近,这不仅有利于物料运输,而且减轻了工人的劳作之苦;各厂、库附近都挖有与河道相通的沟渠,这便于机器制造取水和消防用水及污水排放;外国技师和中方工作人员的居住区主要集中在东局东侧的南北两端,与厂库分离配置,既便于管理,又减少了厂库生产对居住区的污染;笨重的机器厂、烤铜厂、卷铜厂靠近原料仓库,四座碾药房集中安置在厂局南部,既便于运输,又有利于互相协作;火药仓库单独安置在北部中间地区,四周环绕水沟,即使发生意外火灾,不仅不会彼此殃及,且可以就近引

---

① 李鸿章:《奏稿》卷二十,第 12~15 页;卷二十三,第 19~22 页;卷二十八,第 1~5 页。

② (清)李鸿章等编修《畿辅通志》(三)卷九十二,略四十七,海防一,商务印书馆民国二十三年影印本。以下该书简称《畿辅通志》。

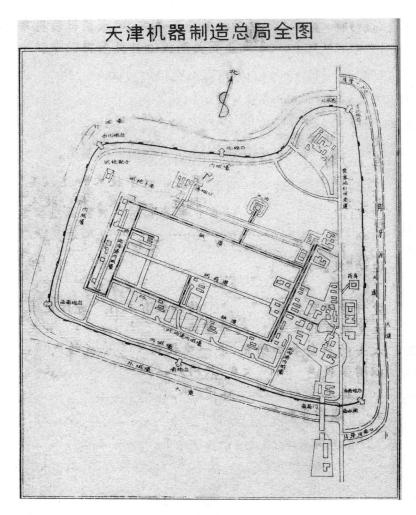

天津机器制造总局全图

水救援;厂局内部的各厂库之间有铁轨相连,并有陆路堤道相通;
向外有河运沟通,内外交通便利。东局厂库的整体布局及局部安
排都相对较为合理。这些,对于当时那些对近代工业一无所知的

清朝官员而言,是根本不可能自己设计出来的,是完全按照西方近代工业厂局的布局原理而建设的。

在建筑模式上,天津机器局厂房的墙壁、门窗、烟囱、水道都与中国传统建筑截然不同,在广阔的东局厂局内和海光寺机器局(南局),使用进口的水泥构筑起一座座高高耸起的烟囱,这是天津地区最早的高塔式烟囱。这对于中国而言,不仅仅是简单地解决了煤火燃烧的问题,它还打破了传统的风水信念和小农意识,说明天津人开始逐渐接受近代机器制造工业文明,被西方人誉为是中国进步的标志。火药仓库建筑的防火、防鸟、防潮、防雷等设施样样俱全、周密。在防火方面,考虑到铁与木长期摩擦可能生火,在火药仓库建筑材料中很少用铁,在需要用铁的地方,多以木代铁,"库屋内外不见分寸铁,柁、梁包铁,则以木冒之;地板用钉,则以木陷之"[①]。为防止鸟虫搅扰仓库火药,每座仓库前檐下都有七个小方窗,中间为木棂,在木棂内安设铜丝,以防止鸟雀窜入仓库。由于火药最怕潮湿、淋雨,为防避雨雪,在窗户的木棂外又安装有外包铜皮、可以撑闭的雨板,既可在雨雪天放下防潮,又可在晴天时打开通风;同时在每间屋内及前后墙内分别设置两个用于通气的暗洞,称为气洞,一个在地板上,一个在地板下,好似北方的炕洞烟道。同样用铜丝做成铜网封住气洞口,防止鸟雀在气洞口筑巢,阻塞气洞,还可以"泄潮湿"。雷电击打容易起火成灾,近代西方人已经懂得铜、铁丝可以导电的原理,在火药仓库建设方面设置了避雷针。天津机器局的火药仓库也仿照洋式建筑配备了避雷设施,在

---

① (清)李鸿章等编修《畿辅通志》(三)卷九十三,略四十八,海防二,第3814页。

每座药库的左右两端,安设两根高出屋脊的木质电杆,在杆顶安装鹿角形的铜尖,"承以铜条,下贯铜丝至入地见水而止"。用瓷管把铜丝和木杆隔开,铜丝从上到下都在磁管中穿行,防止万一雷电不能被直接导入地下而产生意外。火药仓库的安全设施可谓"慎之又慎者也"。①

(三)近代交通、通讯、照明、造币、炼钢设施的引进

铁路是西方近代文明的重要标志。天津机器局在崇厚一开始创建时,就已经计划引进铁路设备,把大门外的船坞与东局内的厂房、仓库连接起来,以便运输物料。1868 年 3 月,崇厚聘请英国人司图诺为天津机器局总监督,监造厂房,首先在东局内修建高四尺的铁路路基。② 1870 年,李鸿章开始接办。1872 年春天,天津机器局东局内继续修筑遭受水灾的铁路地基。9 月 22 日,英国商人在天津租界内试行土路火车,"甚为合用","观者皆称美"。李鸿章观后很满意,他在给英国领事的信中说:"此火车之来中国,可谓创观,其制作亦可谓精美之至;至于行动,一切均甚便捷,甚为适用之物。"并亲自给这辆火车赠名为"利用"号。③ 同年,天津机器局从英国定购了松木和铁轨。1873 年,天津机器局东局内在船坞与已经建成的各厂、库之间铺设了铁轨,这在李鸿章向朝廷报销天津机器局同治十一、十二两年的使用经费时明确提到:"给发仿照外洋厂屋药库、挖濠垫土起堤各工,并购买外洋松木、铁辙、火泥及缸砖

---

① (清)李鸿章等编修《畿辅通志》(三)卷九十三,略四十八,海防二,第3814 页。

② 孙毓棠编《中国近代工业史资料》第一辑上,第 349 页。

③ 宓汝成编《中国近代铁路史资料》一,中华书局,1963,第 18 页。

瓦石等项库平银五万五千九百七两三钱八分六厘。"①松木用作枕木;铁辙即铁轨。以后,随着东局厂库数量的增多,铁路也不断延伸。到1876年,天津机器局东局的厂、库规模初步确定时,各厂、库之间都有铁路相通。

现从当年东局布局图上可以看到,东局铁轨运输的起点是位于东部的河塘船坞,从船坞向西,经过杂料库、炮子房到铜库、铁库,在铜库、铁库西侧设置铁道转盘,铁路分别向西、南、北三个方向延伸。其中,直行的铁轨直达试药房;分别折向南北的两条铁轨在位于东局东部的铜、铁等各种材料仓库的西侧,形成了两条并行的南北走向的铁路。其中靠东面的一条,从南至北将炭末库、合磺炭房、备木库、储硝库、淋硝房、铜库、铁库、硝库、磺库、炭库及烧炭库连接起来,并在南端的炭末库设铁路转盘,折而向西,与并行的靠西侧的铁轨相接,且继续向西延伸,经过三座碾药房,直接与东局西部的南北走向的铁路在研药房北侧连接,在东局南部形成一条横贯东西的铁轨。这条东西走向的铁轨,在第三座碾药房前设有一座铁路转盘,修一条向北直达第四座碾药房的支线。东局东部另外那条靠西侧的南北走向的铁轨,从南端的炭末库开始向北直到烧炭库后,继续向北延伸,经烤铜厂、后膛枪子厂直达位于东局东北部的装后膛枪子药房,在此处设铁道转盘折而向东,直达东北角的拉火房、铜帽房、枪子房。这条铁路还在烤铜厂南面设置铁路转盘,铺设一条折而向西的铁轨,从药库的南面经过,直达位于东局西部的饼药房,与东局西部的南北走向的铁轨相通,在东局的北部形成一条东西走向的铁路。这条东西走向的铁路线,在药库

---

① 李鸿章:机器局动用经费折,《奏稿》卷二十三,第19~22页。

附近设置有一座铁路转盘,铺有一条向北直达药库的短支线。在位于东局西部的饼药房、两处汽机房、研药房、光药房等厂、库的东、西两侧同样铺设有两条南北走向的铁轨,将以上各厂、库围在中间,靠西侧的一条从北向南把饼药房、合药房、两座汽机房、水抽房、光药房、研药房及压药房连接起来,在南端的压药房设铁轨转盘,折而向东,与各厂库东侧的平行铁轨相交,并在光药房附近设置转盘,铺设一条向东的东西走向的支线,穿过光药房东侧的铁轨,直达位于中部的焙药房。这样,在东局濠墙内部大体形成了较为规范的铁路环道,把位于东局东部的船坞及铁、硝、磺等各种原料仓库,东北部的烤铜厂、卷铜厂及拉火房、枪子房,北部中间的药库,西北部的饼药房,西部正中间的光药房、汽机房,西南部的研药房、压药房,南部的四座碾药房,东南部的淋硝房连接起来,并在铁路交叉和转弯之处设有铁道转盘设施,以便铁路交错畅通。东局周围"延袤千有五百余丈,其间巨栋层栌,广场相连,列厂迤逦相属,参错相望。东则帆樯沓来,水栅启闭;西则轮车转运,铁辙纵横……"①天津机器局东局内的铁路减少了工人的劳作之苦,提高了运输效率。上海吴淞铁路 1874 年 12 月开始修建路基,1876 年 2 月,小机车能够在上面往来运输木石,1877 年 5 月 19 日正式行车,可惜,10 月 15 日因清政府的干预,即行停运;不久又被清政府买回拆毁。尽管天津机器局东局内的铁路运输使用的是不很正规的窄铁轨(也可以说是轻轨铁路),但,它是中国引进的最早的近代铁轨运输设施,在当时盲目排外、众诋铁路的氛围中,开辟了中国近代

---

① (清)李鸿章等编修《畿辅通志》(三)卷九十三,略四十八,海防二,第 3813 页。

铁路运输的先河。

1886 年 5 月 26 日,醇亲王奕譞到天津机器局东局内视察。在李鸿章和帮办海军正红旗汉军督统善庆等人的陪同下,他乘坐着铁轮车浏览各厂,甚为兴奋,遂赋诗称赞:"绿水朱桥畔,停骖境界新。石楼连百雉,铁轨挽千钧……"①东局的铁路运输令醇亲王耳目一新。也许正是由于这次他在东局对铁路运输的亲身感触,1888 年,醇亲王才力排众议,支持李鸿章的铁路建设,同意将唐胥铁路接修到天津。铁路运输的便捷、快速优势,加之海河淤浅愈来愈烈,津沽交通也逐渐由海河河运转为铁路运输。1892 年,天津机器局为了筹建炼钢厂,运送笨重机器,同时改变它与天津城之间的道路"逢到下雨天,总是泥泞到不堪设想"的现状,②又修筑了一条由东局通往天津老龙头火车站的铁路线,与津沽铁路相通,彻底改变了东局的对外交通状况。天津机器局东局内、外铁路的铺设,不仅便利了物料运输,而且住在天津城内的工人和技术人员也可以乘坐火车来往于局、府之间,减少了奔波之苦。

天津机器局东局铁路的铺设,培养了一批中国早期铁路技术工人,为铁路运输进一步推广提供了技术条件。例如 1888 年春天,山东东明治理黄河,在沿岸修筑土坝,运土工程甚大。于是,从国外购买铁轨、土车,以铁路运土。铺设和维修铁轨的工作就是由天津机器局的铁路工匠负责完成的③;1889 年、1890 年间,北京西苑

---

① 天津市河东区政协文史资料第七辑,《洋务运动在河东》,1994,第 70 页。以下该书简称《洋务运动在河东》。

② 孙毓棠编《中国近代工业史资料》第一辑下,第 1235 页。

③ 顾廷龙、叶亚廉主编《李鸿章全集・电稿》一,上海人民出版社,1985,第 909 页。以下该书简称《电稿》。

和外火器营的铁路工程,也是由天津东局的技术工人铺设的。①

电报、电话是天津机器局引进的重要通信设施。1874年,日本武装侵扰台湾,李鸿章深感因信息不灵而贻误战机,于是开始倡导在国内架设电报线。1875年,李鸿章得知福建巡抚丁日昌将丹麦在福建厦门六百里和马尾五十里电线购买自办之后,甚为兴奋,称"如华人演熟,将来仍可推行他处"。② 1876年的4、5月间,天津机器局聘请外国教习,又从福建、广东地区招收学生,在东局内添设了电气水雷局,主要研求水雷知识,培养水雷人才;同时"兼习电报,诸童颇有进益"③,为在天津架设电报做技术准备。1877年6月,为方便学堂内的学员实践操作电报,英国教习祥提率领学员在天津机器局东局与直隶总督衙署之间架设了一条长十六里的电报线,"仅费数百金,通信立刻往复,即用局内学生司之,神奇可诧"。④天津机器局电报线的架设,在当时引起了轰动。在天津的各国使节纷纷向李鸿章表示祝贺,赞美之声不绝于耳。这是中国人架设的第一条电报线,标志着中国在引进近代通信设施方面迈出了重要的一步。以后中国各地的电报线都是从此开始接起的:"渐推渐远,虽穷避极幽如在藩阄,音讯往还捷若传响,是皆权舆于天津也。"⑤天津也逐渐成为近代中国电报通讯的中心,难怪李鸿章自豪

---

① 李鸿章:《奏稿》卷七十三,第41页;卷七十五,第38页。

② 李鸿章:复沈幼丹制军,《李文忠公全书·朋僚函稿》卷十七,第13页。以下该书简称《朋僚函稿》。

③ 李鸿章:复丁雨生中丞,《朋僚函稿》卷十九,第11页。

④ 李鸿章:复刘仲良中丞,《朋僚函稿》卷十九,第10页。

⑤ 天津市地方志编修委员会编著《天津通志·旧志点校卷》下,南开大学出版社,2001,第21页。

地称"数十年后,必有奉为开山之祖矣"。① 天津机器局在各厂、库之间都架设了电报线。当时电报拍发文字仍用英文。而天津机器局内的电气水雷局的闽粤学生能够将浅俗的英语翻译成汉语,所以,电报的一切事务都由电气水雷局的学生来承担。1879 年,为便于调动军队,大沽、北塘两海口炮台及天津之间架设了电报线,天津机器局培养出来的电报人员被派赴大沽、北塘海口炮台应用,"号令各营顷刻回应"。② 1880 年,电报应用文字由英文改进为汉文,并已经能够设置密码,提高了电报的保密性能。到 1887 年,电报线遍布国内南北东西。除电报以外,天津机器局在 1882 年以前已经购买了更为便捷的通信设施——电话,并开始仿造,③在东局内部各厂、库之间安装使用。④ 天津机器局不仅率先将近代通信设施引进中国,还为中国培养了早期近代电报通讯人才,成为中国电报技术的发源地,为中国的通讯事业作出了重大贡献。

天津机器局还是中国北方较早使用近代电灯设备的地方。在 1884—1885 年中法战争期间,为了便于夜间赶造军火,天津机器局从国外购买了电灯设施,这可以从周盛传向李鸿章所陈述的《续拟战守十条》中得到证实。在这十条军事建议中,其中有一条提到:"行营需用甚多,前在制造局见电气灯最合行营之用。其灯有轮轴,可以拉行,不知拉运于六十里外,能否坚固不坏。此外有无别

---

① 李鸿章:复刘仲良中丞,《朋僚函稿》卷十九,第 10 页。

② 李鸿章:请设南北洋电报片,《奏稿》卷三十八,第 16 页。

③ 刘顺利:《王朝间的对话——朝鲜领选使天津来往日记导读》,宁夏人民出版社,2006,第 194 页。

④ [俄]德米特里·扬契维茨基:《八国联军目击记》,转引自《洋务运动在河东》,第 78 页。

项气灯可用,拟请饬员采购若干,分发各营试用……"①其中所言制造局,即是天津机器局东局;电气灯,即是电灯。这条史料虽然不能确切说明天津机器局是何时引进的电灯设备,但是,足以说明最迟在1885年7月周盛传去世以前,天津机器局已经购买、应用了电灯设备。此前,在1884年冬天,李鸿章曾经从德国为大沽炮台购买了两架电灯。② 1886年,醇亲王巡视北洋海防,被李鸿章安排在海光寺居住。李鸿章命令盛宣怀花一万两白银,从国外购进一台发电机,并从上海招来四名女工,为醇亲王演示织布技术,以求博得醇亲王对中国自办织布业的支持,天津机器局南局也因此配置了电灯设备。当时机器局内一名叫任佩兰的差役,在写给住在西门外西王家台家中母亲的一封信中如此描述西局电灯:"李中堂因七王来津,特在上海叫来四个能织妇女,在局用机器做三天。又在外洋花一万银,买一套汽灯机器。其汽灯尚属可观,灯光色淡,明如白昼。一灯之光可照一里之遥,局内、海光寺内共计汽灯十个,以铁丝系在灯上后,通后厂机器,机器一动,火在机器过来,各灯自有火光,灯内亦无灯芯,并无油物,殊属千古之奇。"③至此,天津机器局东、南两局都安装了近代电灯设施,其中河东总局的电灯至少要比普遍公认的天津最早电灯,即1888年世昌洋行为英租界荷兰领事馆安装的一千烛光电灯,早三年。天津机器局在引进电灯设备以后,很快就培养、训练出一批电力技术工人,他们承担起中国北方电灯的安装、维修工作。1889年后,北京宫廷内部大量购用电

---

① 周盛传:军谟(下),《周武壮公遗书》卷一,第25~28页。

② 拙文:《李鸿章与大沽炮台装备近代化》,《今晚报·副刊》2003年5月30日。

③ 天津博物馆资料藏品,暂无文物登记号。

灯,安装在北京西苑、南海、颐和园及昆明湖船坞等处,除了由李鸿章派人从国外购买电灯以外,一切安装和维修工作都是由天津机器局的电力技术工人来完成的。① 天津机器局成为中国北方电力技术人才基地。

中国最早的机器造币技术也是天津机器局率先引进的。鸦片战争以后,战争赔款和国外资本的大规模的输入,导致中国国内白银大量外流,出现了"银荒"现象,白银与制钱比价日益上昂。因银贵钱贱引起的熔毁制钱、私铸小钱的社会问题日益严重,愈演愈烈,导致制钱缺乏,严重影响国内市场货币流通。1886 年,闽浙总督杨昌濬率先请求铸造制钱,缓解制钱危机,并于 7 月 5 日在福州机器局用土法开炉铸造制钱,卓有成效。同年 10 月,李鸿章也私自命天津道胡燏棻在天津创办宝津局,用土法铸钱。② 1887 年 2 月 19 日,醇亲王奕𫍯等军机大臣请求整顿钱法,主张规复制钱,要求各地仿照福建机器局铸钱办法试铸制钱。慈禧命令李鸿章先从国外购买铸钱机器,在天津机器局内"赶紧鼓铸,运京应用"③。李鸿章连忙命天津机器局东局估算机器制钱成本,并向杨昌濬询问福建制钱是不是使用机器制造? 经过成本估算后,认为"机器铸制钱,亏耗甚大,成本无措"④。刚刚过了正月,李鸿章就为此事匆匆进京,将准备用机器试铸钱样和土法钱样面交醇亲王转呈慈禧御

① 李鸿章:《奏稿》卷七十三,第 41 页;卷七十五,第 38 页;《电稿》二,第 319 页。

② 李鸿章:中法铸钱运京折,《奏稿》卷五十九,第 45~47 页。

③ 中国史学会主编《中国近代史资料丛刊·洋务运动》七,上海人民出版社,1961,第 540 页。以下该书简称《洋务运动》。

④ 顾廷龙、叶亚廉主编《电稿》一,第 792 页。

览,交户部查阅。报告说,福建机器局铸钱并不是机器铸造,而西方的机器铸钱与中国模铸不同,从熔铜、卷片,以至成坯、凿孔、印字、光坯挨次相连,需要多建厂座,"工本必多亏折",请求由户部拨款。因购器建厂需要时间,李鸿章提出在东局先用土法铸钱,以应北京急需,得到批准。3月19日,李鸿章命主管天津机器局的沈保靖和候补道潘骏德与天津道一起筹办机器铸钱事宜。沈保靖等将中国制钱寄到英国格林活铁厂,并查询机器样件、价目。经过双方讨价还价,东局最终以五千三百八十三磅的价钱从格林活铁厂定购了一台铸钱机器。当年5月,天津宝津局已用土法铸造制钱八千余串,比福建制钱加重五厘,"颇称坚洁,商民皆甚乐用",受到慈禧的嘉奖。① 于是,李鸿章奏请从长芦盐课中截留八万两,作为铜铅工本及建厂设炉和每月员役薪工等费,又在天津机器局东局内开设五炉,与宝津局一起,用土法开铸制钱。1888年4月,东局从英国购买的铸钱机器运到天津,连同续购钱模、运输保险等费用共花银二万七千八百七十二两九钱二分四厘五毫。天津机器局又制造锅炉、轮轴、车床等,并从东局内挪拨部分机器,拆并厂房,于当年秋初开始用机器铸钱,所造"制钱字画、轮廓,均尚清楚"。但是,西洋金、银元中间无孔,用机器压成比较容易,省工且速,且价值较昂,比较合算。而中国制钱中间有孔,应用机器制造,必须另添打眼梃杆,梃杆与钱模上下互相磨触,容易伤损,"机器时有损坏,极费工力";每日成钱只有二百余串,"成数亦少";每文制钱所剩废料太多,"为费甚伙";每造制钱一千,约需工本制钱二千二百三十七文七毫,"亏折未免过巨"。9月,李鸿章奏请将东局内的机器铸钱

① 李鸿章:中法铸钱运京折,《奏稿》卷五十九,第45~47页。

暂时停办,并把机器改为别用。① 1889 年,两广总督张之洞又引进机器,铸造金、银元。1896 年,王文韶继任直隶总督后,东局也重新添购铸钱机器,改铸银元,并铸半元、二角、一角和五分钱币。当年铸币总值为七千六百元,以后逐年增加,到 1899 年,东局共造银元总值为五百八十六万零八百九十八元。② 天津机器局东局所铸银元正面有"北洋机器局造"字样及铸造年代和面值;背面为北洋机器局及铸造年代的英文标记和单体盘龙回首戏珠纹饰。1900 年,八国联军炮毁东局,砸毁机器,将铸币厂银元一抢而空。1905 年,袁世凯在天津建造币总局,其中的部分机器设备就是从东局的废墟中挖出、修理,重新应用的。天津机器局引进铸币机器设备,开创铸币厂,是西方近代机器铸钱技术的最早引入,为晚清新政时期造币总局的设立提供了物质和技术条件,为天津成为晚清中国的造币中心奠定了基础。

天津东局还引进了近代先进的炼钢技术。随着清军后膛钢炮的大量应用,长式钢弹的制造成为当务之急。1888 年,为了制造钢质炮弹,天津机器局开始筹建炼钢厂,寻找技术人才和炼钢设备。4 月,李鸿章为此致电驻英公使刘瑞芬和他的儿子李经方,让他们负责与英国阿摩士庄厂和德国克鹿卜厂订购造弹、炼钢机器,并选雇精通制造长式钢弹和炼钢技术的工匠。8 月 2 日,刘瑞芬从阿摩士庄厂选定了一名精通制造长式炮弹技术的制造工匠娄克赖。天津机器局此时已经计划出资三万三千余英镑,从英国葛来可力夫蒿尔公司订购一座铸钢炉,并想从该厂选雇精通炼钢和熔钢技术

---

① 李鸿章:请停机器铸钱折,《奏稿》卷六十三,第 8 页。

② 来新夏主编《天津近代史》,南开大学出版社,1987,第 119 页。

的工匠各一名;同时,从格林活厂订购用于钢材拉力实验的水力压钢机和十吨起重机。因为娄克赖不懂炼钢技术,也没有被雇用。1889年6月,经过多次交涉以后,天津机器局最终与上述两厂达成协议,并将订购铸钢机器、选雇英国炼钢工匠的计划呈报给李鸿章。很快得到李鸿章的批准。[①] 1892年7、8月间,天津机器局东局的炼钢厂建成。这时,东局炼钢厂应用的是贝色麻(又称贝什马)炼钢炉,这是一种采用酸性炉衬的转式炼钢炉,只能够冶炼出硫磷含量在限度以下的钢材,[②]所炼钢质较为粗糙,被李鸿章称为"粗钢",[③]只能充当对钢质要求较低的铁轨等的制造材料,并没有达到制造钢质炮弹的材质要求。于是,又从英国新南关机器公司购买了应用西门子—马丁炼钢法的新设备。[④] 1893年5月,由总工程师司图诺主持,在英国技术工匠特尔讷的协助下,用六个月的时间,天津机器局新炼钢炉安装完毕。所有的技术人员,如熔铸师、化验师等都是从英国招聘而来。这种西门子—马丁炼钢炉设备,是一种蓄热式炼钢平炉,能够利用生铁和废钢冶炼出各种优质钢材,[⑤]被李鸿章称为"精钢",即极上等钢。[⑥] 天津机器局拥有了当时世界上最先进的炼钢设备和技术,甚至汉阳铸铁厂所铸造的各种钢坯、钢柱等,都运到天津东局进行成分化验以及力学测验。[⑦] 天津机器局成为中国北方炼钢技术中心。可惜,日后由于李鸿章的离津和

---

① 李鸿章:奏明购买铸钢机器水脚片,《奏稿》卷七十二,第46页。
② 王兆春:《中国火器史》,第399页,注释4。
③ 顾廷龙、叶亚廉主编《电稿》二,第523页。
④ 孙毓棠编《中国近代工业史资料》第一辑上,第365页。
⑤ 王兆春:《中国火器史》,第399页,注释2。
⑥ 顾廷龙、叶亚廉主编《电稿》二,第523页。
⑦ 王兆春:《中国火器史》,第369页。

八国联军的入侵,天津机器局炼钢厂并没有能够继续发展。

二、中国北方近代化技术基地

(一)近代化军事工业的技术基地

天津机器局通过引进西方先进的机器设备和技术人才,不断地提高中国军事装备的近代化水平。同时,依靠自身的技术水平,帮助和带动周边地区军事工业的产生和发展,促进了中国乃至朝鲜的军事近代化进程,成为中国北方重要的近代化军事技术基地。

1.天津机器局军事工业的近代化

天津机器局的生产重心是军用火药,它通过不断地引进先进的机器设备和技术人才,紧跟世界火药制造技术的先进水平,保持在国内处于领先地位。最初,天津机器局只是生产当时常用的黑色火药。这种火药是由硝、硫和炭三种原料混合搅拌而成。① 枪药要求药粒细,发火速度快;炮药要求药粒粗,发火速度稍慢。此前制造火药的一切工作均由手工完成,药粒大小、粗细不均,枪、炮发射效果不佳。天津机器局引进制造设备之后,所有提硝、蒸硫、焙炭、碾硫、碾硝、合药、碾药、碎药、压药、成粒、筛药、光药、烘药、装药等工序都用机器完成,根据枪、炮药粒粗细需求的差别,控制药粒的大小、粗细,迅速区分枪、炮药粒,保证了枪炮的发射威力和安全性能,所造火药"均属精利合用,与外洋军火无别",②既提高了火药产量,又提高了火药质量。

---

① 王兆春:《中国火器史》,第371页。
② 李鸿章:机器局动用经费折,《奏稿》卷二十三,第19~22页。

　　1874 年前后,为加强海防,清军大量购进线膛后装钢炮。这种炮使用六角藕饼式火药。六角藕饼式火药是德意志人于 1868 年创造的,①外形呈扁六棱柱形,中间有七个圆孔,形状似藕,因此得名。它提高了炮药的燃速,是较为优良的发射火药。天津机器局在六角藕饼药发明后的第五年就掌握了该药的制造技术。1873 年,天津机器局从德国订购了制造六角藕饼药机器。1874 年建盖厂房,开始生产。1875 年前后,已经生产出六角藕饼药,"并属精利得法"。② 六角藕饼药的研制和应用,提高了清军应用的后门钢炮的毁灭杀伤性能。

　　随着北洋沿海炮台的增多和海军舰队的创建,清军购用英国阿姆斯特朗前装和德国克虏伯大口径后装线膛炮逐渐增加。这种大口径炮需用更为精细的技术火药当炮药。1882 年德国人海德曼(Heidman)创制出栗色六棱火药,简称栗色火药,又称褐色火药。它的制造方法与黑色火药的方法基本相同,只是烧炭方法略有不同,是选用优质的柳材焙制而成,先将柳条蒸干,除去浆质,削去柳皮,放入焙炭炉内烤成栗色木炭。这种木炭含碳 70%,木质纤维 30%。由于碳化程度小,所以还能看到呈褐色的木质纤维。再轧成碳粉,与硝粉、硫粉以 16%、80%、4% 的配制比率配制而成栗色火药。经过碾药、压药,最后制成一定尺寸的栗色六角藕饼火药。这种火药中间有火药通道,点火方便,且在膛内燃烧后后膛压适当,药粒的燃速逐渐增大,使射出炮弹的初速加快。③ 1886 年,李鸿章

---

①　王兆春:《中国火器史》,第 371 页。

②　李鸿章:机器局动用经费折,《奏稿》卷二十八,第 1~5 页。

③　王兆春:《中国火器史》,第 372 页。

认为海口炮台和军舰大炮"非用此药施放,不能及远、制胜",①决定购买栗色火药及机器设备,研制栗色火药。由于栗色火药的焙炭火候及配制比率都很难掌握,而德国厂方又视其为秘法,不愿传授。1887年,李鸿章命驻德公使许景澄在德国各军火厂家遍求制造方法。德国杜屯好甫厂答应只要中国从该厂购买价值二百二十五万马克的军火,就愿意传授制造方法,条件很苛刻。经过多方考察、比较后,1887年10月,天津机器局最终凭借与德国克虏伯厂多年的交往,从该厂购买了制造栗色火药的机器设备,运到天津,开始建盖厂房;②并聘请德国人沙尔富来局传授制造方法。李鸿章拨给东局白银四万两,作为专项研制经费。1890年,天津机器局已经开始生产栗色火药,这距离德国研制该药成功仅有八年。③ 在栗色火药的生产方面,天津机器局紧跟世界水平。到1894年,对于栗色火药的器料、形色、速率及涨力、轻重等,天津机器局东局的工人及学徒都已经"渐能领会"了,教习沙尔富也因"海外秘法尽得其传",而得到清政府的嘉奖。④ 德国克虏伯厂的主要管理人员,如总兵福合尔、总办燕格、制造总办克孛司、荷兰天津领事官奥国人满德,也因帮助天津机器局购买机器设备并传授制造栗色火药方法,而得到了清政府不同等级的奖励。⑤ 1899年,东局年产栗色火药已达二十万磅,加班制造,可达二十四、五万磅。⑥ 直到1893年,江南制造

---

① 李鸿章:沙尔富请给宝星片,《奏稿》卷七十六,第34页。

② 孙毓棠编《中国近代工业史资料》第一辑上,第363~364页。

③ 李鸿章:海军经费报效折,《奏稿》卷七十六,第51页。

④ 李鸿章:沙尔富请给宝星片,《奏稿》卷七十六,第34页。

⑤ 李鸿章:各洋员请奖折,《奏稿》卷七十一,第26页。

⑥ 裕禄奏折,(清)刘锦藻编纂:《清朝续文献通考》卷二百三十九,兵考三十八,军器。

局才开始制造栗色火药,要比天津机器局晚三年。

以上各种黑色火药在施放时,都产生烟雾,且药力较弱,要提高枪、炮弹的毁杀威力,只有增加装药量,这就增大了枪、炮膛膛压,影响枪、炮的使用寿命。若要延长使用寿命,就只有加长枪、炮管,加厚膛壁,这就使得枪、炮变得更加笨重,不利于灵活机动作战。西方人为了解决这一矛盾,开始研制棉花火药,即硝化棉无烟火药。无烟火药是一种将植物纤维素浸泡在硝酸溶液中,经过化学反应生成的化合火药,它不同于用硝、硫、炭三种原料经过物理搅拌而成的混合黑色火药,药力是黑色火药的三倍。并且使用无烟火药,枪膛内没有火药残渣,不用清理枪膛,减少了发射子弹的时间间隔,提高了射速。从世界范围来看,法国人布拉克诺在1832年就开始研究制造无烟火药。① 天津机器局也很早就开始研究棉花火药。到1881年,天津机器局已经研制出棉花火药,"以镪水(即浓硝酸)浸渍而成,较硝磺力大三倍。用棉药七两,可轰碎四寸厚铁板,与外国新制者一律。"②取得了阶段性成果。1883年,东局仿造硝化棉无烟火药"已有成效",并购买机器设备,建盖厂房三十多间,开始生产棉花火药。③ 在开发、研制硝化棉无烟火药方面,天津东局与世界同步。1888年,瑞典工程师诺贝尔将硝化甘油与硝化棉混合,制成硝化甘油无烟火药,④毁杀威力更强。天津机器局也很快就开始制造。到1899年,东局每年能生产硝化棉无烟火药

---

① 王兆春:《中国火器史》,第373页。
② 李鸿章:机器局请奖折,《奏稿》卷四十二,第3~5页。
③ 李鸿章:机器局报销片,《奏稿》卷五十四,第40页。
④ 王兆春:《中国火器史》,第374页。

二万三千磅,加班可造五万余磅;硝化甘油无烟火药年产八千磅。[①]
江南制造局直到 1894 年才建成无烟火药厂,1895 年开机生产,这
远远落后于天津机器局。

天津机器局在火药生产方面,不断研求新式产品,改善火药性
能,紧跟世界水平,能够用最新式机器制造最先进的火药,不愧为
当时世界上最大最好的火药厂之一。

天津机器局的枪、弹制造是随着清军所用枪支的发展而变化
的。在天津机器局成立前后,清军使用的洋枪多为前膛枪。这种
枪又分为前装滑膛和线膛两种。前装滑膛枪是将欧洲击发枪的发
火装置改装在鸟枪和抬枪之上,性能与旧式抬枪相差不多,只是用
装有雷汞引火药的铜帽击火比用火绳和燧石击火方便准确。西方
各国在前装滑膛枪的基础上改进为前装线膛枪,这种枪的枪管内
刻有膛线,发射长型枪弹,蛋形弹头,易于装填;发射后,火药燃气
使枪弹底部膨胀而嵌入膛线,减少了火药燃气的外泄,增大了射程
和毁杀威力,提高了命中精度。天津机器局成立后,早期主要生产
前膛枪应用的火药和铜帽。由于前装枪从枪口装填弹药,枪身笨
重,携带不便,射速较慢,使用不便,国外遂改用后门枪。后门枪是
在机槽内增设枪栓,发射的是一种将弹头、发射药和火帽合为一体
的定装式子弹,燃气无法外泄,"皆以体轻机捷,发子速出为贵"[②],
增大了枪弹的活力和毁杀威力。19 世纪 70 年代,北洋各军使用的
主要是英国的士乃得和美国的林明敦后门枪,还有呤啫士得枪、哈

---

① 裕禄奏折,(清)刘锦藻编纂:《清朝续文献通考》卷二百三十九,兵考三
十八,军器。

② (清)李鸿章等编修《畿辅通志》(三)卷九十三,略四十八,海防二,第
3813 页。

乞开司枪、毛瑟枪、格林炮(实际是一种多管枪),并有少量较为先进的英国亨利马梯尼枪,这便于了解世界最新枪械性能。尽管后门枪名目不一,但天津机器局"俱能仿造,所常制者为林明敦中针枪"。① 从 1877 年至 1880 年间,共制造林明敦枪 520 支,"发营领用,并称精利合法",②后因造价比从西方购买价格高出许多,遂停造。1880 年,北洋各军多数已经应用后门枪,天津机器局也逐渐开始减少了铜帽的生产,转而以生产各种后门枪械的子弹为主。1884年,德国的毛瑟枪改进为连发枪;1886 年,奥地利的曼利夏枪也改进为连发枪,成为当时世界上最为先进的枪械。天津机器局遂开始生产连发枪子弹,到 1899 年,天津机器局每年已经能够制造毛瑟枪子弹三百八十二万粒,并购买了仿造曼利夏快枪子弹机器,建盖厂房,③可惜因八国联军的入侵未能生产。

天津机器局制造炮弹也是随着清军使用大炮性能的改进而不断出新。19 世纪 60 年代,清军主要使用前装光膛炮,所用炮弹已经从发射实心球形铁炮弹改进为发射装有火药的球形炸弹。天津机器局最初主要生产火药、铜帽和枪弹,并不制造炮弹。1874 年前后,清政府为了加强海防,大量购买、仿制西方近代各种新式大炮。为了满足清军的军事需求,1874 年,天津机器局开始生产各种炮弹。这时,天津机器局所造的都是前装炮所用铁炸弹,有圆形和长

① (清)李鸿章等编修《畿辅通志》(三)卷九十三,略四十八,海防二,第3813 页。

② 李鸿章:机器局经费报销折,《奏稿》卷三十九,第 11~13 页。

③ 裕禄奏折,(清)刘锦藻编纂:《清朝续文献通考》卷二百三十九,兵考三十八,军器。

形两种,根据大炮口径分为大小几十种类型。① 其中,圆形炸弹应用于旧式前装光膛炮,由于光膛炮从前面炮口装填炮弹,炮管口径大于炮弹直径,火药燃气压力容易泄漏,炮弹射程和命中精度相对较低。前装长式开花炮弹应用于前装线膛炮,因为线膛炮的炮管内膛上刻有膛线,发射长式铁炮弹,炮弹与炮膛衔接紧密,提高了射程和命中精度。天津机器局制造的前膛炮弹铁质弹壳内都装有火药,较以前的实心炮弹,增加了毁杀威力。炮弹引药用硝和药末与洋火酒搅拌而成,用形如蜡烛的木制引线(后改进为纸引),上面穿有几个小孔,以此决定引爆时间长短。炮手可以根据炮击目标远近,判断刺破木引上的哪一个小孔,暴露引药,引爆炮弹。1876年,天津机器局全年已经能够制造大、小前膛开花炮弹六万八千余枚。② 前膛炮弹需要人为估算目标远近,炮弹可能在飞行过程中就爆炸,这对炮手的发射技术和经验要求更高。1875年,天津机器局在制造前装炮弹的同时,开始制造后装线膛长式炮弹。后装线膛炮有完善的闭锁炮栓和紧塞具,解决了火药燃气外泄问题,增大了射程;发射尖头柱体定装炮弹,使炮弹射出后具有稳定的飞行弹道,提高了命中精度;从炮尾装填炮弹,对于岸防和海军可以在炮台内或船舱内装填炮弹,既安全又方便,提高了发射速度。天津机器局制造的后装炮弹多为尖长式,也有长而平圆的,在铁质弹壳里面装炮药,外面包铅或镀铅,四周的三条铅棱与炮膛内的螺旋膛线相吻合;使用铜制引火线,安置铜引的弹口设置子母螺旋纹,与铜

---

① (清)李鸿章等编修《畿辅通志》(三)卷九十三,略四十八,海防二,第3813页。
② 李鸿章:机器局经费报销折,《奏稿》卷三十三,第25~27页。

引的螺丝相吻合。这种炮弹从炮膛内射出后，不会在飞行过程中爆炸，而是在炮弹击中目标后，炮弹铜引内的机针因猛烈撞击，刺破铜帽和机针中间的隔离物，点击铜帽发火，引火药爆炸。1876年，天津机器局虽然能够制造几种后膛炮弹，①但产量比较低，全年只能生产两千多枚。而到了次年，后膛炮弹的产量即增加了一倍，达到了四千多枚。② 之后，产量也逐年增加。后来随着北洋舰队规模的不断扩大，巨型后膛大炮不断增加。1890年，天津机器局又紧跟世界军事潮流，引进了炼钢设备，开始研造长式钢弹。到1899年，天津机器局每年已经能够生产1200颗钢弹，并且已经购买了一架制造37至57厘米的快炮机器，③准备制造大炮。可惜，因为八国联军的入侵未能生产。

除了制造枪、炮和子弹、炮弹外，天津机器局还曾仿造近代新式水雷、地雷。水雷是布设水中，由舰船碰撞或进入其作用范围而起爆的水中武器。第一次鸦片战争后，中国开始制造原始水雷。这种水雷体积较大，需要兵勇潜水燃放，应用不便。1872年，金陵制造局仿制出西洋水雷，李鸿章连忙命人运到天津备用。1874年，天津机器局就已经能够制造有线水雷了，但"只能仿制其粗者"，并且电机、铜丝、铁绳和橡皮等原料都需要进口。④ 1876年4、5月间，天津机器局东局内附设电气水雷局（即水雷、电报学堂），聘请外国

---

① （清）李鸿章等编修《畿辅通志》（三）卷九十三，略四十八，海防二，第3814页。

② 李鸿章：机器局经费报销折，《奏稿》卷三十三，第25~27页。

③ 裕禄奏折，（清）刘锦藻编纂：《清朝续文献通考》卷二百三十九，兵考三十八，军器。

④ 李鸿章：筹议海防折，《奏稿》卷二十四，第27页。

教习,招募学生,学习制造、应用水雷知识。当时西方水雷有沉雷、浮雷、撞雷、杆雷和鱼雷多种,还有一线连接多个水雷的串雷,"局中俱造之"。① 1878 年,天津机器局制造的水雷"应手立效"。② 到 1881 年,天津机器局自主研制出燃放水雷所用的电线、电箱,"拨动燃放不差累黍";并仿制出碰雷、撞雷。这两种水雷内装锚水,不需要电线点火,只要敌船进入水雷设伏区域,碰撞水雷,引起水雷内压强变化,即引爆水雷,"轰放皆能应手",③比有线水雷更为先进。1886 年,醇亲王视察海光寺西局时,曾经试放天津机器局制造的有线水雷,"雷内装火药四十八磅者,水飞十余丈;装火药八磅者,水飞五六丈。"④天津机器局在不断改进水雷性能的同时,也还培养出一大批水雷技术人员。1881 年,东局内的电气水雷局毕业学生分别被派赴大沽、北塘两地水雷营当差。天津机器局为北洋各海口水雷营的建立奠定了技术基础。

天津机器局也制造旱雷,即地雷。1876 年,周盛传向李鸿章建议在陆路布设地雷防御海口,防止敌人登岸,并将西方新式地雷绘图贴说,呈递李鸿章阅览。李鸿章认为地雷长时间埋在土中,容易受潮,不易燃放,主张在海防危急时,临时制造。1884 年,因中法战争爆发,海防紧张,李鸿章命令驻德公使李凤苞从奥国购买五百枚新式地雷,同时派翻译官候选知县荫昌去学习施放方法,并来津教

① (清)李鸿章等编修《畿辅通志》(三)卷九十三,略四十八,海防二,第 3814 页。
② 李鸿章:机器局经费报销折,《奏稿》卷三十三,第 25~27 页。
③ 李鸿章:机器局请奖折,《奏稿》卷四十二,第 3~5 页。
④ 张侠、杨志本、罗澍伟、王苏波、张利民编《清末海军史料》,海洋出版社,1982,第 224 页。

练。天津机器局遂添募四十名炉工,加紧赶造 120 斤、80 斤、60 斤大小三种地雷。① 这些地雷都是有线雷,通过电机发火燃点。直到 1895 年,北塘水雷营才研制出所谓的"踹雷",即无线地雷。

2. 对外地军事工业的促进作用

天津机器局是中国北方最早开办制造新式枪弹的近代军工厂,继此之后,在中国北方成立的机器局、制造厂,如 1874 年始建的山东机器局,1881 年始建的吉林机器局,1883 年创建的北京神机营机器局,都是在其直接或间接的帮助下建成的,天津机器局因此成为中国北方近代军事建设的技术基地。

1874 年,山东巡抚丁宝桢计划在济南建立机器局,但既少熟悉安设机器的工匠,又缺精通洋务主持机器局事务的管理人员。于是派道员张荫桓于 1875 年夏天到天津机器局学习,"访求制器方法"。② 张荫桓到天津后,查遍机器局的各种章程,并将其带回烟台,以做参考。③ 由于缺少机器局管理人才,10 月,丁宝桢又向李鸿章请求将曾经在天津机器局任职的候选郎中徐建寅(字仲虎,江苏无锡人。晚清杰出的军事技术家、科学家、翻译家。1874 年,徐建寅从江南制造总局调来东局制造镪水,很快就研制成功。)派到山东负责建厂。李鸿章本来计划将徐建寅从江南制造局调到天津机器局,但在丁宝桢再三请求下,李鸿章最终只有忍痛割爱。同年秋天,徐建寅到达济南,开始筹建山东机器局。他参照天津和上海机器局的办厂方针,折中制定了山东机器局的规章制度;④因为广东

---

① 孙毓棠编《中国近代工业史资料》第一辑上,第 362 页。
② 孙毓棠编《中国近代工业史资料》第一辑上,第 474 页。
③ 李鸿章:复丁雅璜宫保,《朋僚函稿》卷十七,第 20~21 页。
④ 孙毓棠编《中国近代工业史资料》第一辑上,第 474 页。

工匠索要工资较高,又从直隶境内招募精通机器制造和维修的技术工匠,①这些工匠主要是天津机器局内的和被李鸿章开除出局的北方工匠,教授山东子弟。吉林机器局也是在天津机器局的直接支持下,才建立起来的。1881年,会办北洋事宜都察院左副都御史吴大澂以东北地方紧要、整顿边防为由,请求建立吉林机器局,以制造枪炮、子弹、火药,备东北边防之用,请求李鸿章派主持天津机器局南局(也称西局)工作的王德钧到吉林帮办机器局事务。李鸿章考虑到天津机器局事务繁忙,没有答应王德钧前往吉林,但是,同意由王德钧在天津负责代购机器、物料,并由机器局与天津海关道郑藻如共同拟订储存物料、制造弹药、建厂用匠等事宜的实施方法,寄给吴大澂查核。② 承建吉林机器局的大多数低层管理人员都是从天津机器局挑选出来的,③就连负责创建吉林机器局的宋春鳌也曾经到天津机器局接受过短期培训。并从局内挑选熟练工匠到吉林充当工匠头目,负责安设锅炉,装配机器,教授学徒,规画图样,制范成模等工。因为从国外购买的机器物料大多在天津交接,吉林机器局方面也"不得不求助于津局"。④ 山东、吉林机器局之所以没有聘请一个外国人,其中很大一部分的功绩在于天津机器局的技术支持。北京神机营机器局的建立更是完全依赖于天津机器局。同治初年,清政府在北京挑选八旗精锐组建了神机营,学习使用近代西洋枪炮。1877年12月,奕譞派神机营全营翼长容贵到天

---

① 孙毓棠编《中国近代工业史资料》第一辑上,第476页。

② 李鸿章:王德钧暂缓赴吉片,《奏稿》卷四十一,第36页;筹济吉林机器片,《奏稿》卷四十一,第45页。

③ 孙毓棠编《中国近代工业史资料》第一辑上,第499页。

④ 孙毓棠编《中国近代工业史资料》第一辑上,第500页。

津机器局查看学习,准备在昆明湖畔就水设局,后因御史郭从矩条陈所阻,未能如愿。① 1881 年,醇亲王又派 60 名神机营弁兵,再次到天津机器局学习机器制造火药的方法。② 天津机器局为此在东局内建立了习艺厂,作为神机营兵专门学习处所。③ 1884 年 4 月,醇亲王在北京建立神机营机器局。经办天津机器局事务的潘骏德被调到北京主持建设,遂仿照天津机器局的建筑模式修建厂房,④还为神机营制造二十座车床和众多应用器具。⑤ 1887 年 1 月,清政府恢复昆明湖水操旧制,创建水师内、外学堂,又仿照天津机器内的水师学堂"分门课艺",⑥教授八旗子弟测算、天文、驾驶诸学及行船、布阵和施放枪炮诸法。天津机器局为其制造小火轮、洋舢板、炮划等船及运船所用轮车和铁轨。⑦ 1889 年,天津机器局又承造了昆明湖船坞工程。⑧ 天津机器局实际成为北京神机营的后勤供应和技术基地。

天津机器局依靠引进近代科技和人才,逐渐成为北方军事机器制造工业的技术中心,为北方军队军事装备近代化提供了技术基础。它作为中国重要的军事科技基地,不仅为提高中国军队的近代化水平做出了贡献,还曾为朝鲜近代军事制造业的发展提供

① 张侠、杨志本、罗澍伟、王苏波、张利民编《清末海军史料》,第 396 页。

② 孙毓棠编《中国近代工业史资料》第一辑上,第 506 页。

③ 孙毓棠编《中国近代工业史资料》第一辑上,第 359~360 页。

④ 孙毓棠编《中国近代工业史资料》第一辑上,第 505 页。

⑤ 李鸿章:机器局奏销折,《奏稿》卷四十九,第 6~7 页;机器局请奖折,《奏稿》卷五十四,第 40 页。

⑥ 张侠、杨志本、罗澍伟、王苏波、张利民编《清末海军史料》,第 406 页。

⑦ 李鸿章:挪拨机器局经费片,《奏稿》卷六十一,第 1 页;机器局报销折,《奏稿》卷七十五,第 38 页。

⑧ 李鸿章:机器局报销折,《奏稿》卷七十三,第 41 页。

了有力的支持。

19世纪70年代的朝鲜,仍是清政府的藩属国,每年都要向清政府朝贡。朝鲜国内自然经济仍占主流,朝野上下"囿于见闻,昧与时势,墨守成规,闭拒忠谋",①极少与外界交往;军事武备器械更为落后,军队所用土枪与当时中国绿营军淘汰的抬枪、鸟枪功能相同,士兵的军事技能更远逊于清军,更比不上淮、练各军。而经过明治维新改革之后的日本,日益强大起来,并加入了对外经济扩张的行列,率先依靠兵威与朝鲜订立了通商协议;俄国也借中俄西北边界问题,移师太平洋沿海一带,欲吞并朝鲜,控扼中国北部海口门户;英、德、法、美各国也群起而议,纷纷要求与朝鲜立约通商。面对包括日本在内的西方列强的经济掠夺,勤劳勇敢的朝鲜人民逐渐形成了兴修武备以自强的爱国氛围。由于国力微弱,朝鲜决定向清政府求援,请求允许派人到中国来学习造器之法,寻求自强之方。1880年9月,朝鲜任命卞元圭为使臣,向清政府递交国书,历陈朝鲜器械不利,兵备不精,称朝鲜国内一致认为清政府"军器精利,以威天下";盛赞天津机器局"实四方巧匠之所会,各国神技之攸萃也";称朝鲜选送明干人员到天津学习造器之方"为今急务",假如能够学成,"则内而竭屏翰之职,外而尽御侮之方",②正式向清政府提出派人到天津机器局学习造器之法。10月3日,光绪帝命令李鸿章妥筹朝鲜员匠来天津学习事宜。10日,光绪帝颁布上谕,允许朝鲜派人来津学习,并命李鸿章负责筹办一切事宜。20日,朝鲜使臣卞元圭来到天津。李鸿章派天津海关道郑藻如、已

① 李鸿章:妥筹朝鲜武备折,《奏稿》卷三十八,第24~37页。
② 朝鲜国王移部咨文稿,转引自《奏稿》卷三十八,第24~37页。

经转任永定河道游智开及主办机器局务的候补道许其光、刘含芳、候选道王德均等先与卞元圭笔谈，询问一切事宜。经过几日交谈之后，众人又引导卞元圭等人到天津机器局各处参观。10月26日，李鸿章亲自传见卞元圭，酌商朝鲜员匠来津学习事宜。随后，命令郑藻如、许其光等拟订入局学习章程。

　　章程规定，从朝鲜15至20岁之间的铜、铁、木等各种工匠当中，挑选38名心思灵巧者来中国，分别分配在天津东局及其分局（西局），学习各种技艺。其中，挑选4名十五六岁，聪明而有悟性，能通文义者，分隶两局学习画图、算学，以通制器根源；挑选4名二十岁左右的优秀木工，分到木样厂，学习制作木样；挑选4名年力精壮，有膂力，有心思者，进入翻沙厂，学习熔化铜铁，练习眼力，分别火色，配别料作；挑选4人专入东局枪子厂、卷铜厂，学习应用机器制造；挑选4名十五六岁者，分隶东、西两局机器厂，学习车床，换用车刀，分配齿轮；同时学习执锤、用凿、用锉方法，以手工制器、修枪；挑选4名二十岁上下者，分入汽机锅炉厂，学习汽机、煤炉之事；挑选4名素习铁工者，分隶两局熟铁厂，学习制造锅炉及锅炉钉铁工夫；挑选4名十五六岁者，分隶两局火器厂，学习配合拉火、爆药各料；挑选2名不满二十岁者，专隶西局电器房，学习电引、电机、电表各种技艺，以备水雷引电之用；挑选3名略为年长、素习制药者，专隶东局，学习制造火药；挑选1名二十岁上下、聪颖者，专隶东局镪水厂，学习制造镪水。派2名官员分管员匠，配备3名翻译人员，其中东局2名，海光寺西局1名。总计官员、学员、翻译各员，共43名。还规定选拔40名朝鲜兵弁来津，配备翻译人员，分入淮军各队，学习军事技能。

　　李鸿章还在朝鲜使臣卞元圭等离津之前，从天津机器局内挑选 10 杆前装线膛枪,并配齐子药、铜帽各项;10 杆毛瑟后膛马枪,连同 2000 颗后门子弹,交给卞元圭带回朝鲜,以便"观其样式,梢知梗概"。① 卞元圭满意地遂携带章程、枪支返回朝鲜。

1881 年 11 月 17 日,朝鲜派金允植率领学徒人等 69 人从朝鲜出发来津。1882 年 1 月 18 日,金允植、卞元圭等到达保定。李鸿章令朝鲜随员、工匠等同赴天津,按照议定章程,分派东、南两局,由金允植等负责约束匠徒,恪守局规,认真学习。并命机器局各员督饬工匠,"殚精竭虑,尽所知能,互相传习",②以期技艺速成,"俾得回国转相教授"。③ 天津机器局还专门建盖了朝鲜馆,供朝鲜员匠居住。天津机器局为提高朝鲜军事近代化水平作出了贡献,增进了了解,加深了友谊。

(二)北方民用工业的近代化技术基地

天津机器局的开办和发展,直接或间接地促进了周边地区近代经济的产生和发展。机器局大规模的机器生产,需要大量燃料和原料。只有开发自己的矿产资源,才能供应其所需要的大量煤、铁、铜、铅等物资。同时,机器局内设有实验室,备有各种化学仪器和中外技术人员,为一些地区矿产资源的开发进行成分鉴定,提供技术支持。山东、直隶、热河、东北等淮河以北地区进行大规模的矿产勘察,客观上带动了中国矿产开发的近代化进程,成为中国北方近代化民用工业的技术基地。

---

① 李鸿章:妥筹朝鲜制器练兵折,《奏稿》卷三十八,第 37～44 页。

② 李鸿章:机器局请奖折,《奏稿》卷四十二,第 3～5 页。

③ 李鸿章:朝鲜来学制造折,《奏稿》卷四十二,第 44 页。

1874年3月,李鸿章奏请勘探河北磁州矿产,"以济局用"。①
10月,天津机器局道员在磁州彭镇设厂,虽然最终因英商安特生订
购机器不全而中止,但是,这为以后各矿在招股筹资和与外商交往
方面,积累了经验。如1877年,在开平煤矿开办之初,李鸿章就告
诫主管人员"勿蹈安特生故辙"。② 开平煤矿的开采和发展,尤其是
开平煤矿的早期开发,更与天津机器局密不可分。首先,开平煤矿
是为满足天津机器局的燃料需求而设的,早期开发的煤炭都归机
器局和轮船招商局包买,"既不拥滞,又不缺销",③保证了煤矿的资
金周转。在煤炭销售方面,开平煤矿也因为满足机器局的军用需
求,得到了免征厘税的税务优惠条件。后来,开平煤矿向外运煤困
难,计划用外国方法开挖运煤河道,天津机器局又以1880年所交烟
煤、焦炭作抵价,垫资五万两白银,作为挑河经费,减少了开平煤矿
的资金投入。假若没有天津机器局的帮助,直到1885年才开始赢
利的开平煤矿是根本不可能发展起来的。此外,开平煤矿每月所
需用的一吨火药,也是由机器局军用火药中购买的。这些,对于刚
刚起步的开平煤矿而言,都是至关重要的。山东峄县枣庄一带的
煤矿开发更是在天津机器局的直接帮助下才发展起来的。峄县地
区很早就用土法开挖煤矿,1879年,因矿洞存水太多,用土法根本
无法再开采下去。天津机器局道员王德钧从海为其外购买了吸水
机器,运到山东,并将所采煤样运到天津机器局内试烧,"较日本上
等煤尤佳,与英国松白煤相仿"。④ 正是因为天津机器局回收峄县

---

① 孙毓棠编《中国近代工业史资料》第一辑下,第568页。
② 孙毓棠编《中国近代工业史资料》第一辑下,第631页。
③ 孙毓棠编《中国近代工业史资料》第一辑下,第655页。
④ 李鸿章:峄县开矿片,《奏稿》卷四十七,第10~11页。

所采煤炭,且因军用得到了清政府免税运煤的政策支持,峄县枣庄地区煤矿才得以应用近代机器和方法再次开挖,并逐渐发展成为近代中国重要的煤炭基地。

此外,天津机器局东局内设置有化学实验室,引进了西方近代化学设施,培养出一批近代化学知识分子和技术工人,并能够将各种元素分解出来,分析矿石的化学成分,成为中国北方化学实验基地。由于天津机器局制造军火需要大量的铜、铅等金属原料,李鸿章遂决定在国内开矿。他派熟悉矿物人员到各地勘察矿藏,将矿石运到天津机器局内进行化学分解,确定矿石中的金属成分比例,最终根据化验结果,决定是否开采。天津机器局成为中国北方开发各种矿产的理论基地。1877 年,李鸿章建议开采张家口外科尔沁一带的铅矿,派人将从科尔沁开采的矿石运到天津机器局化验,"铅质之佳不减外洋,铅内间含银质"。[①] 于是,李鸿章从机器局采购铅料经费中拨银五千两,作为开采经费,进行开采。1881 年,朱其诏为了解决天津机器局的铜料供应问题,在热河承德府平泉州一带勘察铜矿,将捡回的砂石在东局内化验,"确有铜质,成色尚佳,可合制造之用"。[②] 正是有了天津东局的金属成分的化学鉴定,才有之后平泉铜矿的开采。平泉铜矿开采之后,又将砂样交到东局进行化验成色,"与英国红铜相埒,极合制造之用",[③]平泉铜矿依靠天津东局的化学理论鉴定赢得了商民的信任,得以在 1882 年续招商股八万两,扩大了铜矿规模。1882 年 7、8 月间,盛宣怀带领学生池贞铨等人在大连、烟台地区进行矿产勘察,将登州府所属的宁

---

① 李鸿章:开采科尔沁铅矿片,《奏稿》卷二十九,第 42 页。
② 孙毓棠编《中国近代工业史资料》第一辑下,第 670 页。
③ 孙毓棠编《中国近代工业史资料》第一辑下,第 671 页。

海、栖霞两县的铅矿矿石交给天津机器局化验,机器局道员潘骏德派陈牧等详细化验,结果确定宁海州铅矿是铅硫合质净铅矿"每百分内含黑铅七十四分,硫十二分零。每黑铅一千分内,可以提取纯银二分零八;其净矿一千五百分内,有银五分七"。栖霞县铅矿是铅磺合质,净铅矿"每百分内含黑铅七十八分,硫十二分零,砂强等质七分零,含银极微"。[①] 1888 年 11 月,黑龙江巡抚恭镗将漠河金矿矿石运到东局,呈验金沙,"成色尚佳",[②]于是开采漠河金矿。

　　正是由于天津机器局对燃料和原料的大量需求,才有北方各地各种矿产资源的开发,天津机器局不仅为北方各种矿产资源的开发提供了消费场所,还向各地矿厂给予化学理论的支持,成为中国北方开发矿产资源的理论依据基地。

　　此外,天津机器局培养出一大批木工、金工、铁工等技术工人,为天津三条石地区的近代铸铁和机器业的产生和发展提供了技术条件。

　　三条石是天津民族铸造业的发祥地。1860 年,河北交河人秦玉清改"行炉"为"坐炉",在三条石开办"秦记铁铺",成为天津三条石手工铁工业的第一家。后来,三条石地区逐渐出现了郭天成(天成铜铺)、郭天祥、春发泰、金聚成、三合、三义永等机器制造厂和铸铁厂,这些工厂早期都是手工生产,使用传统的手工制造工艺,用泥土作坯子,经过长时间晒干后作成铜模;靠人力推拉风箱吹火化铁,且仅能制造简单的劳动生产和生活工具,劳动量大,工作效率低。直到 20 世纪初期,三条石工业还处于"从手工业向近

---

① 孙毓棠编《中国近代工业史资料》第一辑下,第 1119 页。
② 孙毓棠编《中国近代工业史资料》第一辑下,第 723 页。

代工业过渡"的阶段,①天津机器局的近代化铸造技术改变了这一切。1900 年,天津机器局被毁,导致大批工人失业。一些技术工人依靠在机器局内学到的制造技术,来到三条石地区谋生,遂把近代化机器制造技术带到了三条石。素有"外国孙"美誉的技术工人孙恩吉,将东局内使用的人力摇轮风葫芦技术设备传到了三条石,②代替笨重费力的风箱,改进了鼓风设施。1903 年,曾经在机器局洋教习斯九手下学习制造枪弹的工人陆宾,到三条石"秦记铁铺"担任技术工人,使用近代翻砂制模技术制造工具。"秦记铁铺"的少掌柜秦连生和学徒陈候偷学了翻砂技术,③开始铸造各种洋炉和水管,并依靠这一技术,逐渐成为风靡中国北部的铸造工厂。金聚成也依靠翻砂技术,为英租界按时完成了一批电灯杆底座的铸造任务。1898 年成立的郭天成机器厂,是三条石地区最早的机器制造工业,1907 年为日本田村洋行加工织布机、轧花机零件,并制成了整套机器,后来又制造出"中桐牌"织布机,行销冀中、冀北一带。1914 年后,三条石工业规模逐渐扩大,但"从技术力量讲,有不少是原来天津机器局或劝业铁工厂等近代化工业转来的老技工传授的"。④ 天津机器局为三条石机器和铸铁业改变落后的传统工艺,

---

① 徐景星:《天津近代工业早期概况》,中国人民政治协商会议天津市委员会文史资料研究委员会编《天津文史资料选辑》(第一辑),天津人民出版社,1978。

② 未刊稿,南开大学历史系、天津历史博物馆合编《天津市三条石早期工业资料调查》,1958 年 9 月。

③ 未刊稿,南开大学历史系、天津历史博物馆合编《天津市三条石早期工业资料调查》,1958 年 9 月。

④ 刘民山:《试论廿世纪初叶天津民族工业发展的原因》,《天津师大学报》1983 年第 5 期。

从手工业向近代工业过渡提供了技术条件,促进了三条石民族工业的近代化进程。

天津机器局是中国北方早期重要的轮船生产基地,拥有许多熟悉轮船制造的技术工匠。除了制造各种军用船只以外,它还拨工拨料负责维修外地来津的各类船只。机器局不仅常年供应在北洋地区巡哨的操江、镇海两艘军舰所需的煤炭、洋油、生熟铁器具及外洋贵重物料,还负责随时对其进行小规模的修理。同时,运送江浙漕粮的招商局轮船和从福建、江南等地运送赈灾粮食的南方轮船,因远道而来,一有损坏,也由天津机器局负责星夜赶修。① 在大沽、旅顺船坞没有修建以前,天津机器局还是轮船招商局等各类来津船只的维修基地。如果没有天津机器局的船舶维修技术支持,轮船招商局也就不可能与外国船舶公司争衡于海上,进而打破外国航业对中国江海航运业的垄断局面。它不仅为大沽、旅顺船坞的轮船修造业奠定了技术基础,同时客观上促进了南北海运的发展,间接带动了南北方的物资交流和贸易往来。

同时,天津机器局还负责疏浚河道。在铁路没有在中国铺设以前,天津的对外交往主要依靠河运和海运。天津机器局需用的大量机器、原料、燃料及向外地运送军火,都是通过船舶运输完成的。为保证河运畅通,疏通河道也就成为机器局的分内之事。在机器局建立以前,疏浚河道的一切工作都是依靠人力,工程繁巨,劳民伤财,且效果不佳。1873 年,天津机器局引进了近代西方的疏浚河道技术,制造出疏通河道的挖河机器,"灵便如法",②取名为直

---

① 李鸿章:海防机局款难分拨折,《奏稿》卷三十一,第 10~12 页。
② 李鸿章:机器局动用经费折,《奏稿》卷二十三,第 19~22 页。

隶挖河船,运用近代挖河机械代替传统的人工劳作,"置之岸上,旋转最灵,较人工费省而工速",疏浚大清河,从城北西沽起到独流镇后河一百多里,"颇著成效"。① 挖河船的修理及一切费用都由机器局支付。1882 年,天津机器局还曾经把小火轮船借给周盛传疏浚小站至海口的引河淤泥,用于拖带捞泥船只,但因轮船马力太小,未能发挥多大作用。②

　　天津机器局作为清政府兴办较早的军工企业,无论是在崇厚开始创办,还是李鸿章、王文韶等不断扩充规模阶段,都是通过引进欧美各种近代化机器设备,聘请技术人才,广泛应用近代西方先进科学技术和科研成果,不断地完善厂局设施,制造新式军事装备,提高武器性能。同时,利用局内的新式技术,扩大厂局职能,客观上促进了中国军事和城市近代化建设进程,带动了周边地区近代工矿企业的产生和发展,逐渐成为近代中国北方重要的科学技术基地。尽管天津机器局拥有当时世界最先进的机器设备和技术,并且在许多方面直接或间接地起到了一定的促进作用,但是,由于清政府政治体制和当时中国整体国民素质及社会环境等诸多因素的局限性,其所应有的近代高新科技能量并不可能充分发挥出来。

---

① 中国史学会编《洋务运动》卷八,第 362 页。
② 周盛传:还火轮船禀,《周武壮公遗书》卷七,第 14 页。

析李鸿章筹措朝鲜员匠来津习艺

1880 年前后,随着日本、俄国等军事强国争夺朝鲜半岛的加剧,李鸿章基于朝鲜地理位置对中国国防的重要性以及日、俄两国侵略野心相对清醒地认识,在朝鲜问题上采用牵制政策,企图利用列强之间的矛盾,保持朝鲜政权独立,避免其被一国控制,以期维护清政府对朝鲜的宗主权,确保中国东北的边防安全。积极筹措朝鲜员匠来天津机器局学习近代军工制造技术,就是他实施这一政策的一项重要举措。本文旨在叙述朝鲜员匠来天津习艺经过,分析其无果原因。

一

经过两次鸦片战争的洗礼,在西方列强现代化枪炮的攻击下,封闭已久的中国被迫纳入到全球发展的政治体系当中。面对战争的惨败和西方先进的现代化武器,清政府不得不开始着手创办自己的近代军事工业。到 19 世纪 70 年代,以内燃机和电动机为动力的"电工技术革命"席卷欧美,掀起了第二次现代化高潮,世界政治格局也随之发生了重大变革。除英、法、美等传统强国继续发展外,德国、意大利、俄国迅速崛起。在亚洲,清政府也趁列强忙于国内的现代化建设无暇东顾之机,建起了以江南制造总局、天津机器局为代表的现代化机器制造工业,创造了所谓"同光中兴"的繁荣景象。日本则通过明治维新彻底的政治改革，一跃成为东亚地区的军事强国。为了转移国内的政治危机、争夺海外市场，日本确立了以争夺朝鲜半岛为首要目标的"大陆政策"，"方今维新告成，四方不得志者，皆英气勃勃，蠢然思动，若移植之于半岛（指朝鲜半岛），既可避内乱，又可拓国利于海外，洵一举两得之策。"①通过农奴制改革迅速崛起的俄国，在与英国争夺中东地区失利之后，也把目光转移到太平洋沿海一带。在1873年建成海参崴军港之后，俄国加紧了对中国东北和朝鲜半岛的争夺。英、美、法等西方列强也都从自身利益考虑，怀着不同的政治目的，垂涎于朝鲜半岛。位于中、俄、日三国之间的朝鲜半岛成为各国在"远东争衡的战略据点"。②

当时的朝鲜仍是清政府的藩属国，每年都向清政府进行朝贡。经济方面以自给自足的自然经济为主。外交上，除了与中、日两国有少量交往外，朝鲜很少与其他各国往来，基本处于封闭状态，国际外交常识和世界意识极其匮乏。军事装备也极其落后，朝鲜士兵仍然使用着早已被中国绿营军淘汰的土枪。对于近代世界的政治格局和列强对朝鲜半岛的明争暗斗，封闭守旧的朝鲜当局茫然不知。

晚清重臣李鸿章，面对"数千年未有之变局"，对中、朝、日、俄的国际形势有相对比较清醒的认识。他认为朝鲜"与我国实为唇齿相依之势"，控制朝鲜半岛对于稳固清政府的东北边防异常重

---

① 陈伟芳：《朝鲜问题与甲午战争》，生活·读书·新知 三联书店，1959，第10页。

② A·J·Brown：*The Mastery of the Far East*. 序言。转引自《朝鲜问题与甲午战争》第18页。

要。但是,他觉得朝鲜国内只是单纯地依赖于清政府,并不关心近代国际交往的法则,也不愿与欧美各国往来,不想向西方学习近代的军事技术,提高自身防御外侮的军事水平,"向于外交之道,御侮之方墨不介意",朝野上下"囿于见闻,昧于时势,墨守成规,闭拒忠谋",①朝鲜的真实国力根本起不到屏蔽清政府的作用,"度朝鲜贫弱,其势不足以敌日本"。② 尽管李鸿章认为迅速崛起的日本已经对清政府的安全构成了威胁,但是,最初他还是把防范俄国作为军事重点,"日本近在肘腋,永为中土之患……究其距中国近而西国远,笼络之或为我用,拒绝之则必为我仇。"③企图拉拢日本,联日抵俄。但是,随着 1874 年日本侵扰台湾事件的发生,李鸿章对日态度发生了转变,"倭寇江浙尚是沿海肢体之患,倭侵高丽则为辽京根本之忧。"④他对于日、俄两国争夺朝鲜更为担心,俄国"欲赴晖春,攻夺朝鲜海口,陆则断奉吉之右臂,水则扼北洋之襟喉"⑤,"更恐朝鲜被日本凌逼,或加以侵占,东三省根本重地遂失藩蔽,有唇亡齿寒之忧,后患尤不胜言。"⑥1876 年,朝、日签订《江华岛条约》后,李鸿章对于日、俄两国问题的处理方针,由"联日抵俄"转变为牵制政策,⑦一方面鼓励、帮助朝鲜加强自身的军事实力,以期自强,保持

---

① 妥筹朝鲜武备折,《李文忠公全书·奏稿》卷三十八,光绪乙巳(1905)年金陵刻本,第 24~27 页。以下该书简称《奏稿》。

② 论日本派使入朝鲜,《李文忠公全书·译署函稿》卷四,第 30 页。

③ 遵议日本通商事宜片,《奏稿》卷十七,第 54 页。

④ 论日本与台湾朝鲜秘鲁交涉,《李文忠公全书·译署函稿》卷一,第 49 页。

⑤ 妥筹朝鲜武备折,《奏稿》卷三十八,第 24~27 页。

⑥ 论日本派使入朝鲜,《李文忠公全书·译署函稿》卷四,第 30 页。

⑦ 关于清政府对日、俄政策的转变问题,详见《朝鲜问题与甲午战争》一书。

政治独立,避免被一国控制;另一方面建议其开放口岸,与欧美各国通商,借以牵制日本和俄国。他企图利用各国之间的矛盾,彼此互相牵制,以确保朝鲜政权独立和清政府对朝鲜的宗主权。筹措朝鲜员匠来天津机器局学习机器制造技术,就是李鸿章执行牵制政策而采取的一项重要举措。

二

关于天津机器局,李鸿章接任直隶总督后,先后从江南制造总局调来沈保靖等管理人员主持机器局事务,重新聘请外国技术人员,引进机器设备和科学技术,逐渐将其发展成为当时"世界最大的火药厂之一"①;并在机器局内创办传授近代知识技能的各类学堂,培养科技人才。此后建成的许多机器局,诸如北京神机营、山东和吉林机器局,都曾派人到此"习学新制"②,天津机器局成为培养近代中国早期军事、科技人才的摇篮。这就为朝鲜员匠来津学习近代机器技能提供了物质和技术条件。但是,受中朝双方多种因素的影响,朝鲜员匠来津学习的过程却是异常曲折。

1875 年秋,朝鲜原任太师李裕元(朝鲜国王的叔父)奉命出使北京。转年 1 月,在回国途经直隶永平府(今河北省卢龙县)时,李裕元嘱托永平府知府游智开转呈李鸿章一封书信,向其咨询朝鲜对外通商事宜。李鸿章在给李裕元的回信中,"略著外交微旨"③,简单表述了自己对朝鲜与西方国家交往问题的意见。同年 10 月,

① 《捷报》1888 年 11 月 23 日。
② 《奏稿》卷四十二,第 3~5 页。
③ 《奏稿》卷三十四,第 44~45 页。

朝、日《江华岛条约》签订后,朝鲜司译院副司直李容肃又趁来华递交条约本件的机会,向游智开表示朝鲜有意派人来华学习枪炮、轮船的制造技术,请其代向李鸿章汇报申请。李鸿章在给游智开的回信中,简单介绍了福建船政局和天津机器局的特点和所需经费情况,指出朝鲜计划制造近代化轮船和枪炮等军事武器,"防患未然,足征远谋⋯⋯欲来取法似须咨请礼部行知,望酌量密示前途为幸"。① 让游智开转告朝鲜方面,他本人赞成朝鲜派人来华学习,但是,需要得到清政府的批准。

此后,李鸿章与李裕元之间每年都有信函往来,讨论如何抵御俄、日问题,"于备御俄人、应付日本之方,常为道及"。② 1879 年,日本将琉球改为冲绳县,将其占为己有。李裕元随即给李鸿章写信,详细揭露了日本的侵略行径,"颇陈日本非礼侵侮",③表达对日本的强烈不满。8 月 26 日,李鸿章让薛福成代笔回信给李裕元,在军事、外交等方面都提出了个人建议。在军事方面,李鸿章建议朝鲜表面上要对外"不动声色,善为牢笼",而私下里要积极筹集钱饷,购买西方的现代化武器,抓紧时间练兵,逐渐增强军事实力;在通商、外交方面,他提出尽管不愿与西方通商,但是,朝鲜既然已经迫不得已与日本签订了通商条款,为了避免引起其他西方国家的猜忌,"似宜用以毒攻毒,以敌制敌之策,乘机次第亦与泰西各国立约,借以牵制日本"。主张"先与英、德、法、美交通,不但牵制日本,并可杜俄人窥伺"。④ 还称从欧洲购买现代化军火并非难事,他可

---

① 《李文忠公全书·朋僚函稿》卷十八,第 24～25 页。
② 《奏稿》卷三十四,第 44～45 页。
③ 妥筹朝鲜武备折,《李文忠公全书·奏稿》卷三十八,第 24～27 页。
④ 吴晗辑《朝鲜李朝实录中的中国史料》十二,中华书局,1980,第 5249 页。

以提供帮助。同年 11 月,李裕元回信给李鸿章称,考虑到朝鲜国内强烈抵触西方文化的社会风气,"泰西之学,有异吾道,实乖民彝,则尝畏之如烈火,避之如毒矢,敬而远之如鬼神"。① 与西方各国通商的办法不敢擅自主持,委婉地拒绝了李鸿章的建议。虽然婉拒了与诸强通商以牵制日、俄的建议,但是,李裕元表示,朝鲜上下一致认为可以效仿古代来华入学的先例,"拣选明干人员,赴津学习练兵、制器之法"。李鸿章觉得"果有成议,未始非该国自强之基",担心朝鲜来华学习的计划也难以实现。次年 3 月,李裕元再次致信李鸿章,重申"泰西之学,素所深恶,不欲有所沾染",并以朝鲜"贫瘠不能多容商船为词",②明确表示不愿与西方诸国通商往来。李鸿章对此深感遗憾,叹息道朝鲜"殆有气运主之,非人力所能为者"。③

但是,随着俄国调兵海参崴和美国水师总兵薛斐尔前往朝鲜威逼立约等事件的发生,受朝鲜国内氛围和国际形势的影响,李裕元的态度也发生了变化。1880 年 8 月 14 日,李裕元又致函李鸿章,并派人送来甚至连李鸿章都不敢轻易接受的朝鲜特产绸绢、红人参等 23 种贵重礼品,请其在清廷内多方疏通,代为办理朝鲜员匠来津习艺和与西方各国通商事宜,"事无巨无细,专仰爵前禀定"。正是在李鸿章"不惮苦口,善为开导"之下,④朝鲜官方才最终决定派遣员匠到天津机器局学习近代机器制造技术。

---

① 吴晗辑《朝鲜李朝实录中的中国史料》十二,第 5250~5251 页。
② 妥筹朝鲜武备折,《奏稿》卷三十八,第 24~27 页。
③ 《奏稿》卷三十八,第 28~29 页。
④ 妥筹朝鲜武备折,《奏稿》卷三十八,第 24~27 页。

三

    1880 年 10 月,以下元圭为首的朝鲜使臣来华,正式向清政府递交允许朝鲜派人来津习艺的申请国书。在国书中,朝鲜国王重申了中、朝两国的宗藩关系,称朝鲜本身就肩负着"小邦屏翰上国,竭力御侮,何翅如子弟之卫父兄,手臂之捍卫头目"的职责,况且日本侵扰朝鲜,窥视清朝边界,"强邻窥觇,尤殷伏莽,正须戒不虞待大用之时也"。为此,朝鲜准备整顿武备,增强军事实力。他们认为清军武器精利,天津机器局"实四方巧匠之所会,各国神技之攸萃也",表示愿意选送朝鲜员匠来津学习机器制造方法,"内而竭屏翰之职,外而尽御侮之方",并请清政府派人前往朝鲜教授机器制造工艺,训练朝鲜军队。① 针对朝鲜的申请,10 月 3 日,光绪帝下诏书询问李鸿章的意见。8 日,李鸿章上书详细分析了国内外的形势,指出俄国军舰以中俄边界问题为由,云集海参崴,即便不是图谋中国,恐怕也要争夺朝鲜。朝鲜一旦被俄占领,"即拊我东三省之背,使中国岌岌不能自安"。而中国国内因为兵、饷两绌,沿海各口还没能处处设防,更没有多余的力量保护朝鲜,"似只能就其力所逮者而利导之"。他认为既然朝鲜请求来津学习武备,"正可因其一线之明,迎机善导,增彼军实,固我藩篱",以求在几年内整军经武,提高朝鲜军力,巩固国防,保卫东隅,"未始非中国之幸也"。建议允许朝鲜派人来津学习机器制造工艺,同时,挑选聪颖子弟入

---

    ①   朝鲜国王移部咨文稿,《奏稿》卷三十八,第 30~31 页。

水雷、电报各学堂,研求西法,这样"本末兼营,较为实际"。①

李鸿章在表示赞成的同时,也指出了朝鲜员匠来津学习的三点困难:第一,"无其器而不能用"。清军所用新式后膛枪炮,多从外洋订购,天津机器局因仿制成本比从国外购买高出几倍,早已停造,只接济枪炮所用子药;而朝鲜士兵使用土枪,没有现代化机器和后门枪炮,这样,即便来津学员尽娴制造方法,也无法在朝鲜国内应用。第二,"无其人而不能用"。西洋枪炮的准线、口令、步伍等应用方法,不经过几年的演练,难以纯熟。而朝鲜没有会使用现代化枪炮的人。第三,语言不通是最大的障碍。最后,李鸿章建议由礼部挑选通事人员(即翻译),与卞元圭等一起来津,详细商量办法。至于中国兵将前往朝鲜训练兵勇之事,李鸿章认为等朝鲜军队器械精良以后再考虑。② 10 月 9 日,光绪帝颁布了"俯如所请,善为指引"的上谕,③命李鸿章负责一切。

10 月 20 日,卞元圭一行人等来到天津。李鸿章让津海关道郑藻如、永定河道游智开、办理机器军械各局候补道许其光、刘含芳、侯选道王德均等人,先与卞元圭笔谈,随后带领卞元圭等人到天津机器局等处参观。26 日,李鸿章亲自接见卞元圭,具体商讨朝鲜派人来华学习事宜。卞元圭向李鸿章表示亟欲整练士卒、购造利器以备不虞的忧国决心,急切请求清政府给予声援和保护。卞元圭称朝鲜想从国外购买机器,在国内建厂,请中国教习到朝鲜教授制

---

① 妥筹朝鲜武备折,《奏稿》卷三十八,第 24~27 页。
② 妥筹朝鲜武备折,《奏稿》卷三十八,第 24~27 页。
③ 《清实录·德宗实录》第 53 册,中华书局,1987,第 730 页。以下该书简称《清实录·德宗实录》。

造方法,操练士兵,并经常派人来天津,"通声息,而便观摩"。① 李鸿章告诉卞元圭,从西洋购买机器至少需要一年时间,遂提出了"宜来学而后往教"的方法,②即朝鲜先挑选聪颖艺徒来津,利用天津机器局的现成机器先期学习,等朝鲜购买的机器运到时,学员已经粗得门径,再随机器一同回国。清政府再派人到朝鲜教授技法,这样"师众工之巧,可以事半功倍"。学习制器的同时,朝鲜再选派几十名兵弁随同工匠一起来津,分到淮军营中,朝夕操演,耳濡目染,待枪炮购到后,再回国帮教,"庶可递相传授"。③ 卞元圭表示赞同。李鸿章当即命令郑藻如、许其光等与卞元圭一起拟订学习章程。

章程规定:从朝鲜铜、铁、木匠中,挑选38名年龄在十五至二十岁之间、心思灵巧的来华,分入天津东、南两局,学习技艺。4名十五六岁,聪明而有悟性,能通文义者,分隶两局,学习画图本、诸算学,以通制器根源;4名二十岁左右优秀木工,进入木样厂,学习制作木样;4名年轻力壮,有膂力,有心思的,到翻砂厂学习熔化铜铁技能,练习眼力,分别火色,配别料作;4人进东局枪子厂、卷铜厂,专门学习应用机器制造;4名十五六岁者,分隶东、南两局机器厂,学习车床,换用车刀,分配齿轮;同时学习执锤、用凿、用锉,以手工制器、修枪等;4名二十岁上下者,分入汽机锅炉厂,学习汽机、煤炉之事;4名素习铁工者,分隶两局熟铁厂,学习制造锅炉及锅炉钉铁工夫;4名十五六岁者,分隶两局火器厂,学习配合拉火、爆药各料;

---

① 妥筹朝鲜制器练兵折,《奏稿》卷三十八,第 37~39 页。
② 妥筹朝鲜制器练兵折,《奏稿》卷三十八,第 37~39 页。
③ 妥筹朝鲜制器练兵折,《奏稿》卷三十八,第 37~39 页。

2 名不满二十岁者,专隶南局电器房,学习电引、电机、电表各种技艺,以备水雷引电之用;3 名稍为年长、素习制药者,专隶东局,学习制造火药;1 名二十岁上下、聪颖者,专隶东局镪水厂,学习制造镪水。① 并派 2 名朝鲜官员分别管理来津员匠,配备 3 名翻译,其中东局 2 名,南局 1 名。加上官员和翻译,共 43 人。同时,规定挑选 40 名朝鲜兵弁一起来津,向清军学习使用近代军事武器技能。②

由于此次朝鲜派人来津学习制器、练兵,"系属破例之举",③李鸿章还专程向清廷申请改变一些先前朝鲜人员来华必须遵守的规定,以便往来。如请求打破朝鲜使臣必须由陆路来华的惯例,允许员匠从海路来津,方便运输器械;发给凭票,制定来华人员的花名册,员匠可以凭票出入中国,既易于人员往来,又可凭票识别身份,便于管理;请求改变往来文函必须由礼部核转北洋衙门的常规,允许朝鲜凡是有关来津学习的文稿一式两份,分别转送礼部和北洋衙门,以免"盱折,而昭迅速";朝鲜员匠可以自备伙食资费,而由天津机器局无偿提供住房,"用示绥怀之谊"。④ 10 月 28 日,李鸿章派人从天津机器局内挑选 10 杆来福前膛枪,配备子药、铜帽;10 杆毛瑟后膛马枪,连同 2000 颗后门子弹,交给离津赴京候旨的卞元圭,让其带回朝鲜,"观其样式,梢知梗概"。⑤ 11 月 1 日,光绪帝在朝鲜来学条例和章程上批示,"尚属周妥,著照所议",要求礼部咨

① 朝鲜派人来学制器练兵条例,《奏稿》卷三十八,第 40~43 页。
② 朝鲜员弁来学制造操练章程,《奏稿》卷三十八,第 45 页。
③ 朝鲜员弁来学制造操练章程,《奏稿》卷三十八,第 45 页。
④ 拟议朝鲜来学章程片,《奏稿》卷三十八,第 44 页。
⑤ 妥筹朝鲜制器练兵折,《奏稿》卷三十八,第 37~39 页。

照朝鲜"自行酌办","照议办理",并命卞元圭等人即刻回国。① 卞元圭一行遂携带学习章程及枪支弹药离津回归朝鲜。

1881年2月18日,朝鲜派李容肃趁朝贡来华之机,专程到天津拜见李鸿章,商讨学习武备之事。4月16日,清政府礼部下发的允许朝鲜来津学习的正式文书传到朝鲜。26日,朝鲜决定派赵龙镐率队来津学习,并派李应浚先期来津谒见李鸿章,商定行期,探察海道。6月27日,李应浚携带朝鲜国书来到天津,会见李鸿章,称"津厂利器,即系武库密藏,特令选士而来学",②正式确定了朝鲜员匠来天津机器局学习的详细事宜。但是,由于朝鲜国内关于是否与西方通商事宜争论不休,赵龙镐又不幸病故,朝鲜来津学习一事也耽搁下来。直到10月,朝鲜改派金允植为领选使,负责选拔来津学习制造工艺的工匠。11月17日,金允植率领学徒、兵卒人等69人来华。考虑海道可能封冻,金允植、卞元圭等人还是由陆路来华。1882年1月17日,金允植一行人到达保定。正在保定办公的李鸿章召见了金允植,让其率领人员到天津,按照议定的条例、章程,将工匠分别派入机器、制造两局(即东局和南局),并负责管理。同时,李鸿章要求天津机器局派专人督饬局内工匠,"殚精竭虑,尽所知能,互相传习",③"尽心教导,以期技艺速成,俾得回国转相教授"。④ 还在机器局内专门修建了朝鲜馆,供朝鲜员匠居住。

但是,朝鲜员匠进入天津机器局不久,由于远离家乡,长途劳累,天气变化及饮食、水土不服等原因,时有人员生病,"学徒、工

① 《清实录·德宗实录》卷一二〇,第745页。
② 朝鲜来学制造折,《奏稿》卷四十二,第44页。
③ 《奏稿》卷四十二,第3~5页。
④ 朝鲜来学制造折,《奏稿》卷四十二,第44页。

匠、奴子得病委卧者八九人,挟滞感冒,皆成类伤寒,或有深虑者",①甚至还有因病身亡的,"午间,闻南局病匠洪万吉身故"。② 之后,陆续有工匠因各种原因归国。1882 年 4 月 5 日,朝鲜派鱼允中、李祖渊来津,查看朝鲜兵勇的学习情况,同时要求他们对"学徒工匠亦一一照检,就其有实病无实效者,亦令随官弁一体出送也"。③ 当年 7 月,朝鲜国内爆发"壬午兵变",政权更迭。在津员匠闻讯,"骚然心动,争欲还国。无一人赴厂。多般戒谕,终不帖(恬,原注)然"。④ 再也不想留下继续学习,纷纷要求回国。同年冬天,金允植因工匠"先后遭病东还,所存无几,因斋咨请撤回,别购小器,设局国中,自行制造计也"。⑤ 得到清政府的正式批准。1882 年 11 月 26 日,只留下从事官金祯均和一名翻译,其余在津朝鲜员匠人等在金允植的率领下乘船离津。12 月 14 日,金允植一行回到朝鲜国都。朝鲜派人来津局习艺就此告终。

朝鲜学员在津情况一览表

姓名	身份	所入局所	学习具体情况	离津时间
高永喆	学徒	东局	入天津水师学堂,专习洋文、洋语,学堂中颇推有才。	1882. 11. 26
李苾善	学徒	东局	入铜帽厂。初不入厂,后因故随李应浚回国。	1882. 4. 22

① [韩]金允植:《阴晴史》,转引自刘顺利:《王朝间的对话——朝鲜领选使天津来往日记导读》,宁夏人民出版社,2006,第 87 页。

② 刘顺利:《王朝间的对话——朝鲜领选使天津来往日记导读》,第 129 页。

③ 吴晗辑《朝鲜李朝实录中的中国史料》十二,第 5265 页。

④ 刘顺利:《王朝间的对话——朝鲜领选使天津来往日记导读》,第 334 页。

⑤ 《朝鲜李朝实录中的中国史料》十二,第 5272 页。

续表

姓名	身份	所入局所	学习具体情况	离津时间
尚 沄	学徒	南局	入电机厂。工头霍良顺称其"颇有才",制造出信子筒,携电箱试验。与官弁白兼山一起,运送21种天津机器局制造的电机器具归国。	1882.5.18
高永镒	学徒	东局	入铜帽厂。因其亲病重而归国。	1882.4.22
李熙民	学徒	东局	初入水师学堂,学习外语,未几以口钝自退。7月11日,跟随黄仲良学习化学。	1882.11.26
金光炼	学徒	东局	初入水师学堂学外语,未几自退,改入铜帽厂,又以无才自退。	1882.4.22
金台善	学徒	东局	初入镪水厂学习。后回国。1882年11月9日,以主簿身份再次随金允植来津,11月26日回国。	1882.11.26
赵汉根	学徒	东局	初入水师学堂,以记诵不足,陈请自退。3月19日,改进入电机厂,学习电气水雷技术。自己造成水雷试验成功。7月11日,入电报房学习。后随金允植归国。	1882.8.15
赵台源	学徒	南局	入画图厂,学习机器画图。与安昱相一起绘小汽机图样6件,机器零件图样13件。	1882.11.16前数日
安昱相	学徒	南局	入画图厂。人最聪明,已经能够听懂汉语,运用器具已入门径。画则能,苦未解理。	1882.11.16前数日
安浚	学徒	南局	入电机厂,专学电气。尚肯用心,随问随记,甚勤学。稍能通晓电理,自造水雷电引,自试,颇不差迟。后随金允植归国。	1882.8.15
李章焕	学徒	南局	以无才根本没有进厂。	1882.4.22

姓名	身份	所入局所	学习具体情况	离津时间
李南秀	学徒	东局	入火器厂,应学知识比较容易。但因自来火爆炸导致没有学习之所,只得优游无业。	1882.4.22
崔圭汉	学徒	东局	入水雷学堂。被称"颇有谋",因到处游荡,受到斥责。后因生病需要调治和才不及学而归国。	1882.4.22
安应龙	学徒	东局	入机械厂。不久即病,咳嗽,后又患痢疾。最终以痢疾甚危而离津。	1882.6.16
朴永祚	学徒	东局	初入水雷学堂,学习外语,后在水师学堂学习。因在堂吃苦而垂泣,不想再进堂学习。后因金允植请求学堂总办吴仲翔宽恕原谅,继续教导。	1882.11.26
金声	学徒	东局	未入厂学习,以信使身份送金允植与李鸿章在保定谈话内容的汇报信函离津回国。	1882.2.20
崔志亨	学徒	东局	入机械厂。曾因水土不服肚痛痢疾。	1882.11.26
金德弘	学徒	东局	初入火药厂。观看一二日后便谓不值得久学。曾因口病不食。	1882.11.26
郑在圭	学徒	南局	根本没有入厂。	1882.4.22
金圣孙	学徒	南局	因鲁钝不堪造就,未入厂而归国。	1882.4.22
金元永	工匠	南局	入入机器厂。	1882.11.16 前数日
河致淡	工匠头目	东局	入铜帽厂,学习拉火及制铜帽、枪子之法。在朝鲜国内素有手艺,但最初在改装机器时却熟视而不能下手。	1882.11.26
皮三成	工匠	南局	入木样厂。以无才出厂归国。	1882.4.22

续表

姓名	身份	所入局所	学习具体情况	离津时间
韩得俊	工匠	南局	入机器厂。	1882.11.16 前数日
张荣焕	工匠	东局	入木样厂。虽名为木手,却不知绳墨为何物。入此始学本事便是初学破蒙。以无才归。	1882.4.22
金圣元	工匠	南局	入木样厂。木工技术稍胜张荣焕。自己手造吸水机器木样2套12件、小汽桶木样1套4件、大小皮带轮木样2件、齿轮木样1件、小零件木样10件。	1882.11.16 前数日
洪万吉	工匠	南局	1882年2月20日未入厂前身亡。	1882.2.20
黄贵成	工匠	东局	入镪水厂。学习盐镪水、硝镪水制造方法,并试验成功。	1882.11.26
宋景和	工匠	东局	入机械厂。制造出铜帽手器数件,无一参差。被誉为朝鲜头等工匠,是很好的手,赞誉不已。	1882.11.26
金兴龙	工匠	东局	入火药厂。在烧炭所见习多日,多次要求进煮硝、和药房等继续学习,最终未被允许。5月30日,忽得心病,渐致狂易,或泣诉请死,或惧人谋己。后以疯狂送回国调理。	1882.6.16
崔同顺	工匠	南局	入翻砂厂,学习熔铸技术。比较其他工艺学起来稍为容易。后因淋疾久不愈被送回国。	1882.6.16
金泰贤	工匠	南局	入翻砂厂,学习翻砂熔铸。	1882.11.16 前数日
朴奎成	工匠	南局	先后入机器前、后厂学习。	1882.11.16 前数日

姓名	身份	所入局所	学习具体情况	离津时间
朴台荣	学徒	东局	未入厂,因病随卞元圭回国。	1882.1.30
李昌烈	学徒	东局	未入厂,因病随卞元圭回国。	1882.1.30
秦尚彦	学徒	东局	未入厂,告假回国。	1882.2.20
李礭	学徒	东局	未入厂,告假回国。	1882.2.20

资料来源:[韩]金允植:《阴晴史》,转引自刘顺利:《王朝间的对话——朝鲜领选使天津来往日记导读》,宁夏人民出版社,2006。

四

通过上述朝鲜派人来津习艺事件的具体细节可知,因循守旧的朝鲜派遣工匠来天津机器局学习现代化机器制造军事工艺,"外藩来华习武,本属创举",①对于已经落伍的中、朝两国而言都是极为少见的。它是李鸿章顺应朝鲜抵御外侮以图自强的民族氛围,积极策划和主持的,是其向弱小的藩属国炫耀大国风范、显示强国威严的一种手段,也是为了抵制日、俄两国争夺朝鲜为侵华基地的企图而实施牵制政策的一种外在表现,企图通过增强朝鲜自身的军事实力,保持朝鲜政权的独立地位,避免其被一国独占,以维持清政府对朝鲜的宗主控制权,进而稳固东北边防。

以李鸿章和李裕元为首的中、朝两国革新派,企图通过引进、应用现代化军事科技,增强自身军事实力,抵抗外来侵略,以维持传统守旧的中朝两国政治格局。从社会进化的角度来看,尽管朝鲜员匠来津所学的内容仅仅局限在军事科技方面,有一定的历史

---

① 拟议朝鲜来学章程片,《奏稿》卷三十八,第44页。

局限性,但是,同中国的自强运动一样,毕竟通过这一事件朝鲜也接触到了一些近代科技,在传统的自然经济土壤里开始培植现代化科技的种子,具有一定的积极意义。然而,由于长期受传统思想的禁锢,这次朝鲜员匠来津习艺活动,并没有能够取得良好的效果。在短短不到一年的时间里,对近代西方文化带有强烈抵触情绪的朝鲜学徒,根本不可能在天津机器局内领悟到现代科技的内涵。陈伟芳先生认为:"整个说来,在这方面并没有什么成就,其情况比中国的洋务运动学习西方军事技术的成果更糟。中、朝两国腐败的封建统治者,单纯从军事方面着眼,是不可能使国家真正强大起来的。"[1]这一总结可谓精辟,但较笼统。笔者认为导致这次朝鲜来津习艺效果不佳的具体原因有三个方面:

第一,受朝鲜国内封建守旧的传统文化氛围以及政治派别之间因为是依赖清政府还是依赖日本而争论不休的影响,来津学艺并未得到朝鲜上下的真正认同,只是在李裕元和金允植等少数人的极力推动下,才得以成行。这是学习效果不佳的思想、政治根源,也是最根本原因。主要表现在:

1. 朝鲜国内上下对来津学艺并非一致倾心,组织拖沓、
   管理无序

李鸿章早在1879年8月就已经建议朝鲜派人来津学习,但是,直到1882年1月,朝鲜员匠才到天津,准备时间有两年半之久。期间从1880年5月到10月,朝鲜上层关于是否来津学习的争论就有半年。相对前期两年半的准备时间,来津员匠的学习时间最长的

---

① 陈伟芳:《朝鲜问题与甲午战争》,第41页。

也不足一年,况且期间"遭病东还者,前后相踵",①由于各种原因提前回国的接连不断,才两个多月,就已经有十多个人先后离津回国,其中有多名学员根本就没有被安排进厂学习。面对朝鲜员匠在津学习的糟糕状况,一贯主张来华学习机器技术的领选使金允植也发生了动摇,很快就向李鸿章提出学徒回国、国内建厂的建议,"欲得其紧要梗概,从速归国"。② 加之,受 1882 年 7 月朝鲜国内"壬午兵变"的干扰,学员们"各念室家,用志不专",③"自闻国内有乱,学习之事停工已久矣。"④糟糕的组织和松散的管理,致使来津学员真正用于学习的时间实际上很短。

2. 朝鲜在国内选拔学徒十分困难

在闭关自守思想的长久笼罩下,正如前文所引李裕元言,"泰西之学,有异吾道,实乖民彝,则尝畏之如烈火,避之如毒矢,敬而远之如鬼神",几乎与外界隔绝的朝鲜普通民众,不仅对现代科技知识茫然不知,更为甚者是思想上的反感。心理上对西方文化的抵触情绪,以致朝方在挑选学徒时困难重重。直到1881 年 12 月 24 日朝鲜来津队伍到达中朝边界时,才刚刚凑齐学徒人数,"驰到湾上,加选工徒,恰满十人之数,今将俶装渡江矣"。⑤

3. 来津学徒的学习激情普遍不高

朝鲜来华学习员匠中,除了个别人,像工匠宋景和、安浚学习

---

① 《北洋衙门咨文草》,刘顺利:《王朝间的对话——朝鲜领选使天津来往日记导读》,第 376 页。

② 刘顺利:《王朝间的对话——朝鲜领选使天津来往日记导读》,第 230 页。

③ 《北洋衙门咨文草》,刘顺利:《王朝间的对话——朝鲜领选使天津来往日记导读》,第 376 页。

④ 刘顺利:《王朝间的对话——朝鲜领选使天津来往日记导读》,第 351 页。

⑤ 吴晗辑《朝鲜李朝实录中的中国史料》十二,第 5264 页。

比较认真外,大多数人对于学习机器制造工艺并不积极。例如,最初被分到天津水师学堂学习外语的赵汉根、高永喆、金光练、李熙民四人,金、赵、李三人"未几皆自退,惟高君在焉,不治汉文,不习洋枪队,专习洋文、洋语"。① 对学习内容的抵触,决定了他们散漫的学习态度,学徒崔圭汉就因到处游逛受到水雷局总管文瑞的"当面切责",②另外两名东局学匠也因为"擅离业所"受到了金允植的责罚;③铜帽厂内的高永镒"闻其亲病重之报",立即放弃学业匆匆回国;火器厂的李南秀也因"优游无业","有故"未学先归。④ 其余留津学员看到同行人归国,也是思乡心切,离别时"皆黯然欲下泪"。⑤ 思想上对机器制造工业的抵触和因远离故乡的思乡之情导致在津员匠的学习效果不佳。如东局总办许其光在汇报朝鲜学徒的学习情况时称:"儒雅之气似优,疆毅之资甚少。现在留者,每图速效,未有恒心。职道严督委员工匠,时加申饬、开导。其扑(朴)拙者,尚可激励有为;其文弱者,仍恐难期持久。"⑥"辞意概多贬抑",⑦则直言在津朝鲜员匠学习态度并不专心,学习效率低下。

第二,朝鲜来华学徒的自身素质根本达不到现代化机器制造技术的要求。

---

① 刘顺利:《王朝间的对话——朝鲜领选使天津来往日记导读》,第 168 页。
② 刘顺利:《王朝间的对话——朝鲜领选使天津来往日记导读》,第 139 页。
③ 刘顺利:《王朝间的对话——朝鲜领选使天津来往日记导读》,第 155 页。
④ 刘顺利:《王朝间的对话——朝鲜领选使天津来往日记导读》,第 174、219 页。
⑤ 刘顺利:《王朝间的对话——朝鲜领选使天津来往日记导读》,第 238 页。
⑥ 《东局总办详报朝鲜学徒勤慢草》,刘顺利:《王朝间的对话——朝鲜领选使天津来往日记导读》,第 247 页。
⑦ 刘顺利:《王朝间的对话——朝鲜领选使天津来往日记导读》,第 243 页。

　　根据章程,38 名朝鲜来津学员,年龄在十五六岁的有 12 名,其余大多为二十岁上下的传统工匠:"一半少年书生,一半素习工匠。"①这多少与中国幼童留学欧洲学习军事有些相似。但是,中国留学人员在出国之前已经接触了一些近代科技知识,对西方科技有了浅显的认识,留欧实际上是进一步强化学习。因此,也培养了一批军事人才。来津习艺的朝鲜员匠则不然,他们不是年龄偏小,就是传统工匠,此前又没有接触过近代科技知识,普遍缺少学习机器制造工艺的素质储备。如被誉为"素有手艺"的工匠头目河致淡,每次谈论起现代机器制造总是夸口称没有什么难学的,以致不认真学习:"执业不专,今日入铜帽厂,驰散压铜板,适令河工改妆(装),熟视而不能下手。"②真正操作时却不知从何入手。学徒李章焕、郑在圭、李苾善、金光练、崔圭汉、张荣焕、皮三成等人则因为"无才"或"才不及",根本就没有被安排进车间学习。③ 朝鲜员匠个人自身素养的局限,致使在决定其分配何厂、学习何种技能时都比较困难,"分隶学徒,苦未允当"。④ 自身素养与时代技术要求的差距无形中增加了学习的难度,直接影响了学习效果。

　　况且,自到津之日起,工匠因故频繁归国,不断减员。刚刚到津一个多月,就已有多人因病回国。如朝鲜领选使金允植光绪八年正月初二日日记记载:"明日拟专送学徒金声、李礀及卞加平奴子石伊(以病落后者)、李礀奴子基周、李熙民奴子龙卜还国。"⑤之

---

① 刘顺利:《王朝间的对话——朝鲜领选使天津来往日记导读》,第 63 页。
② 刘顺利:《王朝间的对话——朝鲜领选使天津来往日记导读》,第 158 页。
③ 刘顺利:《王朝间的对话——朝鲜领选使天津来往日记导读》,第 219 页。
④ 刘顺利:《王朝间的对话——朝鲜领选使天津来往日记导读》,第 98 页。
⑤ 刘顺利:《王朝间的对话——朝鲜领选使天津来往日记导读》,第 129 页。

后,又有人陆续因病回国,"水土为祟,疾病渐生。现病工三人,或狂,或痢,或淋,俱系非轻,不可不出送"。① "其余学徒亦皆吟病",②到年底回国时,"先后遭病东还,所存无几"。即使像尚沄那样的个别学员,态度比较认真,学习"稍得门径",可惜也是中途归国了。③ 真正从头至尾一直学习的人几乎没有。

第三,清朝官员对朝鲜来津学习的意义缺乏深刻认识,在思想上、行为上并不重视。

尽管朝鲜来津学习是由李鸿章一手策划,经过光绪帝批准的国家间的政府行为,但是,大多数天津的下级官员并不能理解李鸿章此举的深层目的,在思想上也没有给予充分重视。如东局总办许其光、南局总办潘骏德、天津镇总兵文瑞等人都持"军器学习之无用论",认为朝鲜国内没有配置现代化机器和枪炮,学习技术也没有用途,在津学习"惟炮子也、铜帽儿也、火药也、语学也。此数者,精学而归,则足为紧用"。④ 又如,朝鲜员匠从1882年1月17日起就陆续到津,竟然在之后的10多天内无所事事,又逢春节机器局各厂放假,直到2月25日,才开始被安排进厂学习,3月6日才完毕。⑤ 学徒金台善、黄贵成已经在锰水厂内"学习数月,苦无可试之器",仍然没有实践操作的机器。他们闲着无事,无奈请求再进火药厂继续学习,"缘彼厂事闲,优游日多,虚抛光阴,为可惜故

---

① 刘顺利:《王朝间的对话——朝鲜领选使天津来往日记导读》,第272页。
② 刘顺利:《王朝间的对话——朝鲜领选使天津来往日记导读》,第311页。
③ 刘顺利:《王朝间的对话——朝鲜领选使天津来往日记导读》,第261页。
④ 刘顺利:《王朝间的对话——朝鲜领选使天津来往日记导读》,第89页。
⑤ 刘顺利:《王朝间的对话——朝鲜领选使天津来往日记导读》第234、142页。

耳"。① 金允植多次请求由天津机器局替朝鲜制造回朝建厂所需的设备、工具,南局总办潘骏德"诺而不践"。② 工匠如此,来津学习军事的朝鲜兵卒也一样。按照学习章程,随同学员来津学习军事的几十名朝鲜兵卒,本该被分到军队中学习操法、枪艺。但是,已到津一个多月,朝鲜兵卒却一直没有拿到用于训练的枪炮。不能持械练习,最终不得不提前回国,"官弁则现无所领,兵卒不必久留,与领选使相议,即令还国"。③ 另外,尽管东局专为朝鲜人员修建了"用示绥怀之谊"的朝鲜馆,但是,清朝官员对他们的日常生活并不关心,管理松散,甚至出现了朝鲜馆被盗的事情,学徒金台善的钱物被洗劫一空。④ 朝鲜学徒、工匠屡因水土不服而病,甚至身亡,也不能完全否定与其在局内的生存环境无关。这些说明清方官员对于朝鲜来津学艺并不上心,对朝鲜学员缺少必要的监督和管理。

总之,李鸿章精心谋划的这次朝鲜员匠来津学艺,是他在列强之间实行牵制政策的一种外在表现,企图以此发展朝鲜的军事工业,提高朝方军事实力,避免其被列强(主要指俄国和日本)独占,进而稳定中国东北边防。但是,中、朝两国当时没落的国势和复杂的国际局势以及相关人员自身素质的缺陷,都与李鸿章的预想目标相差甚远,致使朝方员匠来津学艺效果不佳,无功而返。这似乎也昭示着李鸿章的牵制策略同样会以失败而告终。虽说朝鲜派人来津学艺,并没有能够促使朝鲜走上富强之路,但也反映了中、朝两国不畏强权、奋发自强的民族精神,是两国友好往来的历史见证。

---

① 刘顺利:《王朝间的对话——朝鲜领选使天津来往日记导读》第302页。
② 刘顺利:《王朝间的对话——朝鲜领选使天津来往日记导读》第198页。
③ 吴晗辑《朝鲜李朝实录中的中国史料》十二,第5265页。
④ 刘顺利:《王朝间的对话——朝鲜领选使天津来往日记导读》,第326页。

李鸿章筹划天津机器局经费述论

运营经费关乎一个企业的生存和发展。中国早期的近代化工业大多属于军工企业，由政府出资营办。本文以天津机器局为个案，通过叙述李鸿章采取开源节流、强化资金的管理和保护、设立专项经费等苦心筹款行为，分析天津机器局的资金构成，透视中国早期近代化机器工业发展暨社会生产方式近代化转型的艰难历程。

一

根据时任三口通商大臣崇厚的奏请，天津机器局以津海（今天津）、东海（今烟台）海关四成洋税（即外国轮船进口船税）为固定经费来源。名目虽定，但由于每年海关洋税收入的多少不同，天津机器局经费也随之变化不定。如逢战事之年，受战争的影响，洋税收入减少，而机器局消耗却增，致使经费更为紧张。李鸿章在刚刚接手天津机器局时，局内只有剩银 1358 两和价值几千两银的存料，[①]余款有限，且机器局规模还要扩充，"需用浩繁"，[②]从此，他也就开始了苦心筹措天津机器局经费的生活。

---

① 吴汝纶编《李文忠公全书·奏稿》卷二十，光绪乙巳（1905）年金陵刻本，第 12 页。以下该书简称《奏稿》。
② 《奏稿》卷十七，第 57 页。

第一,加强对海关和天津机器局的管理,开源节流。李鸿章调来素有外交经验的刑部侍郎陈钦任津海关道,加强对天津海关事务的管理,提高关税收入,从根源上增加经费数额。由于战乱刚过,局势稳定,且北洋地区重新布置防务和天津租界的开辟,来津贸易的外洋轮船增多,海关洋税收入增加,机器局经费随之增长。同治九年八月至同治十年十二月(1870 年 9 月至 1872 年 1 月)的17 个月中,天津机器局共收银 25 万 6 千余两。在天津机器局内部,他调素有办理机器局经验的湖北补用道沈保靖来津主持,追缴密妥士订购物料钱款;辞退技艺不精的外国顾问,节省开支;要求"以动拨之款,核制成之数","撙节变通",①降低制造成本。同时"随事督察,日省月试",②加强对机器局用款的监督。

到同治十年底(1871),在李鸿章的监管下,尽管开拓工程繁巨,需费甚多,但是,天津机器局仍有剩银 12566 两,且有价值银五万几千两的存料。此后的四年,到光绪元年(1876)十二月,天津机器局共收入四成洋税 979556 余两,不仅完成增雇匠徒、兴造厂库、培厂筑堤等事,扩大了厂库规模,且存银 27341 两,还有价值银193000 两的存料。③ 李鸿章的管理举措初见成效。

光绪九年(1883),清政府责令各地机器局此后经费实行造册注销,添购机器也要事先奏明立案,最后由户部、兵部、工部核销,④

---

① 《奏稿》卷三十九,第 11 页。
② 《中国近代兵器工业档案史料》编委会编《中国近代兵器工业档案史料》一,兵器工业出版社,1993,第 707 页。以下该书简称《中国近代兵器工业档案史料》一。
③ 《奏稿》卷二十八,第 1~5 页。
④ 《奏稿》卷五十四,第 40 页。

也加强了对各地机器局的监管。光绪九、十两年,受中法战争的影响,津海、东海两地海关收入缩减,天津机器局收海关洋税和户部拨银合计只有 65 万两。但由于李鸿章举措得力,到光绪十年底(1884),天津机器局仍存银 40768 两。[①] 至光绪十一年十二月(1885),尽管海疆未靖,"用款较常年稍增",但仍有存银103381 两。[②]

　　第二,据理力争,尽可能保证机器局的固定收入。招商局成立后,根据规定海关征收的招商局船税(即局税)全部上交户部。起初,招商局轮船货运较少,对天津、烟台两地海关的进口洋税影响不大。但是,自光绪三年(1877)二月招商局收购美国旗昌洋行船只后,"从此中国涉江浮海之火船,半皆招商局旗帜",[③]原旗昌洋行船只所纳洋税遂成局税。由于津海、东海海关进口船只多属旗昌洋行,两地所得洋税顿减。光绪二、三两年(1876、1877),机器局共收四成洋税 445608 两。光绪四年(1878)二月,兵部左侍郎黄体芳奏请将海防经费、制造机器之厘税酌留数万,以充京饷;给事中李宏谟又奏请将各省协解轮船、机器各局用款暂提十分之五,分解晋豫为赋。李鸿章趁机上书,指出津海、东海洋税收数短绌,天津机器局经费"日形竭蹷",四成洋税"早已告罄";订购物料"尚多悬欠",请求"暂由海防项下通融匀借",还请将海关洋税连同四成局税"并计军火局用"。[④] 得到批准。经过李鸿章的努力,不仅洋税固定收入未受损失,还增加了四成招商局船税,此后并可以名正言顺

---

① 《奏稿》卷五十八,第 38 页。
② 《奏稿》卷六十一,第 59 页。
③ 《申报》1877 年 3 月 2 日。
④ 《奏稿》卷三十,第 10 页。

地从北洋海防经费内拨银援局。从光绪元年至六年十二月（1875年2月至1880年1月），李鸿章共从海防经费内拨给天津机器局银20万两。①

此事过后不久，户部令江汉海关将二成招商局税专解户部，其余八成局税再按十成计算，以四成解部，六成留作京协各种饷需，并要求其他海关也照此办理。按照这一规定，天津机器局又将失去刚刚争取到的四成局税。李鸿章立即上书清廷，指出江汉海关与津海、东海两关不同，江汉海关的四成洋税一向是上交户部，而津海、东海两关的是用于机器局，所以，四成局税也理应充作机器局经费。假若于提解部库二成之外，再将四成拨解户部，机器局"要需无著，势将作废"，"似非通筹出入缓急之宜"，请求仍将津海、东海海关四成局税和洋税"一并留充机器局经费"。② 得到光绪帝的批准。尽管天津机器局经费在名目上增加了四成招商局税，但光绪四、五两年（1878、1879）仅收银338910两，除存价值银162000两物料外，仅剩银2101两。③ 若不是李鸿章据理力争，后果可想而知。

光绪九年（1883），户部巡视中城给事中安详等奏请，由李鸿章从天津机器局经费内拨银4万两，再拨洋药（即进口鸦片）税银6万两，购粮运京平粜，救济水灾难民。尽管机器局当时还有几万两的余款，李鸿章仍上书称"不敷甚巨"，户部所拨银两只能"勉应急

① 《奏稿》卷四十八，第40页。
② 《奏稿》卷三十二，第11～12页。
③ 《中国舰艇工业历史资料丛书》编辑部编纂《中国近代舰艇工业史料集》，上海人民出版社，1994，第480页。以下该书简称《中国近代舰艇工业史料集》。

需,仍时形短绌"。津海海关洋药税一向是汇入洋税、局税并算,除统提四成归机器局外,其余本已不多,"入不敷出","实属无从分拨",请求从天津支应局练饷制钱内提拨制钱165000串,合银10万两,赈抚灾情。① 获准。同年十月,御史张人骏请求每年从直隶洋药税内拨银6000两添补捕务经费。李鸿章奏折请求另行筹拨。天津机器局保住了应得经费。

光绪十一年(1885),为了偿还神机营所借外债,户部奏令江海、津海、东海、江汉四海关分摊借款、按期归还。其中,津海关摊银157万两,十年还清。李鸿章连忙指出,天津机器局经费一向是以津海、东海四成洋税、局税专拨,"不可一日缺乏,历年以来,入不敷出","实未便专顾洋债,而置本地要防于不顾","限于力量",请求从别处凑拨银两。② 未能获准。光绪十三年(1887),总理衙门与户部会奏,洋药厘金与海关洋税自正月初九日(2月1日)起在各海关并征。这也可能导致天津机器局经费收入减少。李鸿章以洋药厘税并征可能加剧土药偷税漏税、减少洋药厘税,进而影响机器局经费,请求取消并征制度。③ 亦未获准。

第三,从其他省份争取款项,扩充经费来源。光绪六年(1880),中俄边防紧张之际,户部令从当年起,津海关每年拨银8万两给东北边防。八月,李鸿章先以津海关收入日减为由,请求暂缓筹办。④ 九月,又称东北、西北抽拨军火日增且拖欠钱款,天津机器局"入不敷出,更属自顾不暇",请求从当年九月起,户部从西北

① 《奏稿》卷四十七,第31页。
② 《奏稿》卷五十七,第4页。
③ 《奏稿》卷五十九,第35页。
④ 《奏稿》卷三十八,第12页。

边防经费内每月拨银 1 万两给天津机器局,以资添造分拨。① 得到批准。天津机器局经费日渐充裕。光绪七年(1881),存银 30011两,且有价值银 202000 两存料。光绪八年(1882),存银 60800 余两,剩料价值银 205000 两。② 次年,西北局势稳定后,李鸿章又请求户部从东北边防经费中继续拨银给天津机器局。③ 光绪十二年(1886),吉林机器局方面请求户部将每年从绥、巩各军军费中拨给天津机器局的银 2 万两,划归其使用。④ 于是,户部不再每月从边防款中拨银,而改为从海关洋药厘税银中每年拨 10 万两。但,并没有明确由哪个海关拨给,且迟迟不拨。

由于以洋税偿还债务、洋药厘税并征、户部停拨边防款项的原因,天津机器局可用经费收入骤减。光绪十三年(1887),天津机器局共收 13 个月(包括闰月)的洋税和各省拨还军火银共 300201两,而支出 345966 两。⑤ 李鸿章连呼"顿形支绌",⑥"所短甚多,弥形竭蹷"。⑦ 遂以帮办身份,建议海军衙门上奏清廷,请求从闽海、粤海、江海、浙海四海关洋药厘税银中各拨给天津机器局 25000 两。最后,清廷决定由户部从洋药厘税中每年拨银 10 万两,声明拨款未到之前,先由李鸿章筹款。⑧ 于是,李鸿章将天津支应局存各省军

---

① 《中国近代兵器工业档案史料》一,第 716 页;《奏稿》卷四十三,第 15 页。

② 《奏稿》卷四十九,第 6 页。

③ 《中国近代舰艇工业史料集》,第 482 页。

④ 《李文忠公全书·海军函稿》卷三,第 4 页。

⑤ 《奏稿》卷六十六,第 45 页。

⑥ 《中国近代兵器工业档案史料》一,第 724 页。

⑦ 《奏稿》卷六十一,第 59 页。

⑧ 《李文忠公全书·海军函稿》卷三,第 4 页。

火银中的79551两出使经费,拨给天津机器局,并辩解说这些银两本来就是用来购买军火的,用于制造,"尚于事理不背","只不过暂时挪移"罢了。① 次年,户部拨给天津机器局的银两落实到位。② 他却迟迟不还这笔出使钱款。光绪十六年(1890),尽管天津机器局存银已达127889两,他还是说,"左右筹思,实系无力筹还","与其日久悬拖,徒烦催牍,何如作正开销,早清案款",并以福建、吉林、云南等地免缴为例,请将垫款作正常开销,"以公济公,于币项并无出入"。③ 这笔钱款也被其正式纳入天津机器局经费当中。

第四,以申请研发高新产品专项经费的方式,获取额外资金。李鸿章十分重视高新军工产品的研制,尽量跟随世界近代工业发展的时代步伐。如从光绪十一年(1885)十月起,他每月都从北洋海防经费中拨银4000两给天津机器局西局,专门制造格林炮子和呋啫士得枪子。④ 光绪十四年(1888),李鸿章又申请拨银8万两,专作研发长炮钢弹和栗色火药经费。清廷命由各省海关拨给。⑤ 尽管各海关未能及时拨给,天津机器局还是自行垫款进行研发。光绪十六年(1890),天津机器局成功研制出长炮钢弹和栗色火药,并开始生产。⑥ 这笔钱款则由江海关和海防支应局各拨银4万两抵消,还由津海关拨专款添购制造栗色火药机器。⑦ 专项钱款扩充了机器局经费。

---

① 《中国近代舰艇工业史料集》,第487页。
② 《中国近代兵器工业档案史料》一,第726页。
③ 《奏稿》卷六十八,第18页。
④ 《海军函稿》卷一,第6页。
⑤ 《奏稿》卷六十三,第73页。
⑥ 《奏稿》卷七十六,第51页。
⑦ 《奏稿》卷七十七,第55页。

二

从上述李鸿章筹措天津机器局经费的实际情况可知，以往学界普遍根据文献记载，认为其只是以津海、东海两海关四成洋税为运行经费，实则并非如此。

从实际来源情况来看，天津机器局的资金构成比较复杂。同治六年四月至同治十三年年底（1867 年 5 月至 1875 年 1 月），主要是津海、东海两海关四成洋税。由于天津开埠不久，进口洋税不多，机器局收入较少；而创办初期，需费繁多，购买物料又常被外洋牵制、欺骗，导致机器局经费紧张。这也是导致崇厚经办期间天津机器局规模较小的主要原因。光绪元年至四年二月（1875 年 2 月至 1878 年 3 月），除了四成洋税外，还包括从北洋海防经费内拨济的钱款。光绪四年三月至光绪六年八月（1878 年 4 月至 1880 年 9 月），除四成洋税、海防拨款外，经费又增加了四成招商局税。光绪六年九月至光绪十二年（1880 年 10 月至 1887 年 1 月），天津机器局增加了由户部每月拨给的边防饷银，而失去了北洋海防的拨款。光绪十三年（1887），户部停止边防拨款，机器局专赖海关四成洋税、局税及李鸿章挪用的出使经费，入不敷出。光绪十四年（1888），除四成洋税、局税外，每年增加了江海关洋药厘税并征款银 10 万两。除以上固定名目外，光绪十一年（1885）十月，增加制造格林炮子和呋啫士得枪子的专项经费。光绪十六年（1890），获得长炮钢弹和栗色火药的研发经费。此外，还包括淮军每年拨还行营制造局（即西局）制造经费及外省领用军火少数拨还款。

1867—1892 年天津机器局收入支出情况表

单位:两

年份	收入					支出
	津海关东海关四成洋税（包括招商局轮船税）	户部拨边防饷银	北洋海防经费协款	各省划还军火筹价银	共计	
1867—1870	485333				483974	
1870—1871	256080				256080	244988
1872—1873	395269				395269	394700
1874—1875	584287			330	584617	575494
1876—1877	445608		34000	4511	484119	488364
1878—1879	338910	——	122632	——	461542	482539
1880—1881	453999		217668		671667	643757
1882	266000		——	31768	297768	266969
1883	281697		——	31739	313436	277078
1884	369000			29067	398067	454468
1885					356679	294066
1886					320332	296212
1887					300201	345966
1888					367321	296800
1889					358706	383074
1890					317713	328679
1891					421572	316419
1892					456472	509911

资料来源:李鸿章历年经费报销奏稿;《中国近代工业史资料》第一辑(上)。

从李鸿章上报的天津机器局收支的总体状况来看,尽管他连年都称"局用竭蹶",但在光绪十四年(1888)以前,除了光绪二、三年(1876、1877)收支基本平衡外,经费只有三次入不敷出。一次是光绪四、五年(1878、1879)。这两年共收银461546两多,而用银482539两。这主要因为机器局"成造日伙",还需支付电报水雷学堂、挖河机器船及行营制造局等款项,"动款较繁"所致。① 第二次是光绪十年(1884),当年收银396067两,而支出高达银454468两,是李鸿章经办天津机器局期间支出最多的一年。这主要因为当年中法战争激战正酣,海关收入减少,而各地拨用军火繁巨,天津机器局购器购料,加夜赶造,导致入不敷出。尽管如此,由于前年存银较多,最终仍剩银40768两。② 第三次是光绪十三年(1887),当年所有进银为300201两,支银345966两。这是因为海关拨出部分洋税偿还债务,海关洋药厘税并征,海关洋税收入减少;户部停拨每月边防款项,机器局总收入大减。而大连、营口、威海等处增设炮台,北洋船舰增多,需用尤繁,机器局开销较多。

尽管天津机器局的经费存在当年入不敷出的现象,尤其是光绪十五年(1889)以后,年年都是入不敷出,这虽与战争和沿海军事防务的增多导致军需剧增有关,但更与清政府修筑黄河大堤和筹建颐和园等庆典工程,致使南北海防用款"撙节匀拨,已有告竭之势,设使全数拨发,更成无米之炊",③李鸿章也实在无处再为天津机器局筹措额外款项有关。但是,从总体上来考察,天津机器局经

---

① 《中国近代舰艇工业史料集》,第480页。

② 《奏稿》卷五十八,第38页。

③ 张侠、杨志本、罗澍伟、王苏波、张利民合编《清末海军史料》,海洋出版社,1982,第638页。

费仍是年年都有节余,其中光绪十六年(1890)存银高达 222076 两,①光绪二十年(1894),尽管已经有多年入不敷出,但仍有存银 15680 两。② 这与李鸿章处心积虑、开源节流、八方迎援密不可分,但也说明:天津机器局后期的军火制造并不是根据国内的军事、科技的时代需求而开展,而是依据实际制造经费的多少而定量、定制,已经完全丧失了主动权,根本不可能再跟上时代的步伐。

三

天津机器局由政府拨款、不计盈亏的财政事实,很难避免官员的营私舞弊现象。李鸿章十分注重对用款和官员的监管,要求各级人员"变通斟酌,总以节经费、利工作为主,俾币项不致虚糜",③尽可能地节省钱款。他对机器局的每份用银都有精细到"丝",甚至到"忽""微"的记录,且年年都有节余。正如美国人史密斯评价李鸿章管理洋枪队时所言:"李对账目一定略有篡改以适合自己的特殊需要,不过他又以由来已久的方式平衡预算并使之精确到'毛'。"④这说明李鸿章是一个非常精明的理财好手,能够很好地掌控各类收支平衡,但也难免有其为政治目的而做假账的嫌疑。

从李鸿章多年经营机器局经费的情况来看,尽管年年都有剩

---

① 《奏稿》卷七十七,第 55 页。

② 《中国近代兵器工业档案史料》一,第 736 页。

③ 《中国近代兵器工业档案史料》一,第 719 页。

④ [美]R. J. 史密斯著,汝企和译:《十九世纪中国的长胜军:外国雇佣兵与清帝国官员》(中国近代史研究译丛/王庆成、虞和平主编),中国社会科学出版社,2003,第 170 页。

银,他仍年年以机器局事关国家安危而经费短缺为由,低声下气地祈求朝廷增加额外钱款,并利用自己显赫的官场身份,与黄体芳等官员辩争,以求取消或变通可能缩减机器局经费的举措,尽可能避免固定经费的流失。这突显了他对军事工业的高度重视以及上下逢迎的为官之道。

用专项经费研发高新产品,既体现了李鸿章灵活多样的处世方法,也突显了他紧追世界先进科技潮流的时代意识,这一点是难能可贵的。但这并不可能改变整个晚清朝廷内部故步自封的官场环境。而他经常以调用军火为名,请求从他省拨济钱款的行为,则带有一定的本位主义色彩,也突出了晚清中央财政与地方自办军队相互脱节的矛盾。

像李鸿章这样的晚清重臣,为关乎国防安危的军事企业——天津机器局筹措经费,还需如此费心竭虑的现象说明:晚清政府在财政方面已是百孔千疮,根本无力满足近代化机器工业的发展需求,根本无法独立完成社会生产方式的近代化转型这一历史使命。这也透视出近代中国"官督商办""官商合办"企业管理方式产生的政治、经济原因及其历史意义。

严复初任天津水师学堂"洋文正教习"

关于严复最初在天津水师学堂所任职务问题,2002 年姜鸣先生在其著作中指出,严复最初在天津水师学堂的职务"不是人们常说的'总教习',而是驾驶学堂'洋文正教习'","直到 1887 年底,我们从文献上看到他的职务仍只是天津水师学堂洋文正教习。"[①]首次对严复任天津水师学堂"总教习"的传统说法提出疑问。2004、2006 年,马自毅先生根据中国第一历史档案馆藏光绪十年(1884)十一月初五日李鸿章上《水师学堂著有成效请援案奖励折》原件的记载:"参将衔留闽尽先补用都司严宗光⋯⋯派充该堂洋文正教习,参酌闽厂及英国格林书院课程,教导诸生,造诣精进,洵属异常出力⋯⋯",先后发表两篇文章,强调"严复到北洋水师学堂以及后数年中,所任职务是'洋文正教习'",直到 1889 年秋天才升为"总教习"。[②] 2005 年,史春林先生依据北洋水师学生林献炘、梁诚的回忆史料,指出:"严复是'总教习'或'洋文正教习'这两种说法都有一定的根据,至于孰是孰非还有待于史料的进一步挖掘和考

---

① 姜鸣:《龙旗飘扬的舰队——中国近代海军兴衰史》增订本,生活·读书·新知 三联书店,2002,第 148、162 页。

② 马自毅:《"总教习"还是"洋文正教习"——严复任职北洋水师学堂期间若干史实考证》,《中国近代史》2004 年第 6 期。《历史研究以"史料"还是以"常理"为据——与史春林先生商榷》,《福建论坛》2006 年第 1 期。

证。"①2008 年,姜鸣先生利用档案资料《北洋纪事》中关于天津水师学堂的记载,再次撰文详细阐述了严复任天津水师学堂"洋文正教习"的个人观点,并指出:"由于史料的缺乏,后人对严复在这个时期实际的工作状况所知甚少。"②笔者也曾依据《天津水师学堂事略稿》关于天津水师学堂人事编制情况的记载,撰文为严复任天津水师学堂"洋文正教习"这一史实提供了一些佐证,并简单介绍了他在任此职期间的主要事迹。③ 但是,鉴于刊物篇幅局限未能展开讨论。

一、"正教习""总教习"之辨

天津水师学堂实际上包括驾驶和管轮两座学堂,或称两个班或科,分别培养驾驶和管轮人才。另外,还配有一艘练船,专供北洋水师培养轮船水手和学生实习之用。但是,两座学堂及练船正式运行的时间并不一样。光绪七年(1881)七月,天津水师学堂在天津机器局内正式开课,同时学堂练船也已配置完毕,但,此时只有一座驾驶学堂,并没有管轮学堂(后文有详细论述)。次年四月,水师学堂将与其毗邻的电气水雷局(即水雷学堂)改组为管轮学堂,④这才正式分为驾驶和管轮两班。多种历史文献记载,无论是

① 史春林:《严复任职北洋水师学堂期间若干史实再考证——兼与马自毅先生商榷》,《中国近代史》2005 年第 7 期。

② 姜鸣:《严复任职天津水师学堂史实再证》,《历史研究》2008 年第 3 期。

③ 拙作:《严复初任天津水师学堂"洋文正教习"》,《今晚报》2005 年 2 月 17 日。

④ 学堂学员一体乡试片,《李文忠公全书·奏稿》卷六十;查覆海防报销折,《李文忠公全书·奏稿》卷六十二。光绪乙巳(1905)年金陵刻本。以下该书简称《奏稿》。

驾驶学堂还是管轮学堂,在人事编制方面都只是配置了"正教习",而没有"总教习"。包遵彭先生著,台湾国防研究院出版的《清季海军教育史》收录一则《天津水师学堂事略稿》档案资料,详细记载了两学堂的人事编制情况:"驾驶学堂,计设总办一员,监督一员,正教习一员,副教习无定数,文案一员,操教习一员,司事一员,汉文教习一员,医官一员,书识二名,洋号手一名,洋鼓手一名,三班学生数额一百二十名。管轮学堂,计设总办一员(驾驶学堂总办管理),监督一员,正教习一员,副教习无定数,司事一名,其余均由驾驶学堂兼理,三班学生数额与驾驶学堂相同,设一百二十名。"据包先生介绍:《天津水师学堂事略稿》"上标卅二号,下署李照恒、郑伦、汤文、薛昌南同辑。存海军部旧档军学类编译第三六一号卷。"①笔者考察四名作者,其中郑伦为天津水师学堂驾驶班第一届(光绪十年)毕业生,薛昌南为天津水师学堂驾驶班第五届(光绪二十一年)毕业生。可见,该文献为曾经就读于天津水师学堂的学生根据亲身经历事综合辑录而成,而内容仅是关于学堂学制等方面的情况,不涉及个人隐私,所以可信度较高。档案资料《北洋纪事》关于天津水师学堂的内容也未记载有"总教习"一职。② 另外,光绪十三年(1887),由曾经管理天津水师学堂多年的吴仲翔创办的南洋水陆师学堂开课,其在人事方面也没有设置"总教习"一职,③这

---

① 罗澍伟:《关于〈天津水师学堂事略稿〉》,政协天津市河东区委员会文史资料委员会编《洋务运动在河东》,1994,第39~40页。

② 《谨将〈管轮学堂章程〉应视水师学堂稍为变通各条开列清折呈送钧定》、《谨将〈管轮学堂章程〉应照水师学堂办理各条开折呈送钧览》,上海图书馆藏《北洋纪事》第十本《水师学堂》。

③ 张之洞奏创办水陆师学堂折,张侠、杨志本、罗澍伟、王苏波、张利民合编《清末海军史料》,海洋出版社,1982,第400页。

是否也从侧面进一步证实，天津水师学堂在人事安排上并没有设置"总教习"一职呢？既然北洋水师学堂内并没有设置"总教习"一职，那么学堂"总教习"又究竟是怎么回事呢？

天津水师学堂的"总教习"，实际上是水师学堂练船上负责指导学员练习操作的"总教习"，而并非两座学堂内部教授理论知识的"总教习"。

学堂和练船是培养水师人才的两个途径，学堂主要教授理论，以培养高层指挥人才为主；练船训练操作技巧，主要以培养水手等低级人才为主。同时，结业学生也需先上练船实践，"水师之有练船所以与学堂相辅而行，学生在堂即备习水师诸学之理，派登练船，乃以使即平时在堂所学者，一一征诸实践，以备娴其法"，①最后再上轮船正式任职。严复等福建船政学堂的学生都曾在"扬武"练船上实习，后来成立的江南水师学堂也有"寰泰"练船，"专为教练水师学堂学生而设"。② 光绪八年（1882）九月的北洋水师学堂新招生章程中也规定，"在堂应授功课毕业后，均上练船历练"。③

早在光绪五年李鸿章计划开办水师学堂的时候，已经准备同时设置练船，"目下带船将才固少，即管轮机、管炮之弁、驾船之水手皆须逐渐陶镕。西国以学堂练船为根基，故人才辈出，明年臣拟另设练船一支，遴派干员，选募北省丁壮素习风涛者上船练习……"。④ 他认为可以把练船直接作为培养轮船水手的学堂，而

---

① 张之洞奏办理水陆师学堂情形折，张侠等合编《清末海军史料》，第403页。
② 李鸿章奏特参管带练船参将折，张侠等合编《清末海军史料》，第413页。
③ （清）张焘：《津门杂记》卷中。
④ 筹议购船选将折，《奏稿》卷三五。

没必要再设立管轮学堂："若以练船为水手学堂,似更妥便。水手先要习惯风涛、桅篷各事,则在船练习为宜。……现亦拟另设水手练船,就地储材,不得不尔。"①这也是天津水师学堂最初只设立一座驾驶学堂而没有设置管轮学堂的原因。光绪七年六月十九日,学堂练船"威远"号由福建到达天津,"'威远'昨已到津",②福建船政学堂学习驾驶的许兆箕等四人也被调来津,分别担任天津水师学堂和"威远"练船的教习。七月,天津水师驾驶学堂正式开课,练船也开始运行。根据《北洋水师练船章程》的规定:"练船系归水师统领及学堂总办节制,""在津沽,归学堂总办照料;出海巡操,归水师统领调遣。"③李鸿章在筹办水师学堂的多个奏折中,都明确提到由吴赞诚或吴仲翔督办或总办北洋"水师学堂练船事宜",④可见,在北洋水师练船和学堂的初建阶段,水师学堂的总办同时负责练船事宜。

《北洋水师练船章程》规定,练船上设有正教习、枪炮、帆缆、测量等四名洋教习,如最初草定《北洋水师练船章程》的英国水兵葛雷森,就是在光绪六年经赫德推荐,以北洋练船教习的身份在北洋任职的:"臣前拟设立练船,选派熟谙兵船规制西员教习,据总税务

① 复黎召民京卿,光绪六年七月二十一日,《李文忠公全书·朋僚函稿》卷十九。

② 复黎召民京卿,光绪七年六月二十日,《李文忠公全书·朋僚函稿》卷二十;轮船薪粮不凭马力片,《奏稿》卷四十七。

③ 《谨将酌拟〈北洋水师练船章程〉开折呈送钧定》,《北洋纪事》第十本《水师学堂》。

④ 筹办天津水师学堂片,《清末海军史料》,第389页;吴仲翔办理学堂片,《奏稿》卷四十;奏留吴仲翔片,《奏稿》卷五十三;海防经费报销折,光绪十二年十一月初三日,《奏稿》卷五十八。

司赫德保荐四品衔英弁葛雷森堪膺是选。当饬该员妥拟章程，并令其照料北洋前购蚊船随时出洋操巡。"①后来逐渐成为"镇东"等六镇炮船的总教习、水师总教习。② 光绪九、十年的水师总教习为倪乐顺③。等等。既然北洋水师军舰设置有"总教习"一职，那么，天津水师学堂的练船配置"总教习"，也就不足为怪了。那么，最初的天津水师学堂练船"总教习"又是谁呢？这在前引《天津水师学堂事略稿》中也有明确的记载："天津水师学堂除吴仲翔任总办外，道员吴耀斗复先后办理水师学堂练船事宜。总教习为洋员高文，正、副管轮教习洋员霍克尔、希耳顺，驾驶副教习为洋员麦赖斯等。"另外，还可以从光绪十二年（1886）李鸿章报销海防经费（光绪七年正月至光绪八年十二月）清单中找到旁证，该清单中明确写道，"水师学堂总教习洋员高文薪水、川资银一万八百三十八两七钱九分"。④ 这说明至少在光绪七、八年间，天津水师学堂练船"总教习"是外国人高文。笔者在此后几年北洋海防经费的清单中再也没有发现高文的名字，而由严复在光绪十年招聘的正、副管轮教习霍克尔、希耳顺的名字则频繁出现，这是否说明由于管轮学堂的开办，练船事宜由管轮学堂的教习承担，而导致"总教习"高文的离职呢？这有待进一步考证。

关于严复在天津水师学堂任职问题，除了《北洋纪事》的记载

---

① 直隶总督李鸿章片，光绪六年八月初三日，中国史学会主编《洋务运动》二，上海人民出版社，1956，第 461～462 页。

② 操演水兵备用折《奏稿》卷三十八；订购快船来华折《奏稿》卷四十二；海防收支清册折《奏稿》卷六十四。

③ 海防经费报销折，光绪十三年十一月二十六日，《奏稿》卷六十一。

④ 海防经费报销折，光绪十二年十一月初四日，《奏稿》卷五十八。

外,曾经带领员匠到天津机器局学习制造工艺的朝鲜领选使金允植的日记,也证明严复最初在天津水师学堂所任职务就是"洋文正教习"。光绪八年元月,朝鲜领选使金允植在刚刚开课不久的天津水师学堂中见到了严复,他在日记中写道:"又洋文正教习严游戎,名宗光,号幼陵(年三十一。原注),亦福建人。十五六进学堂,二十四五学成,到英国学习三年,前年始回华,学问极好云。"日记中还记载同为水师学堂洋文教习的有许兆基、曹廉正。①

二、严复对早期天津水师学堂的贡献

从《天津水师学堂事略稿》记载的人事编制来看,驾驶学堂中仅有一名"正教习","实际上是第一班英语暨各项西学基础课的授课教师,并有'课督'的责任"。② 其余的皆为副教习或教习,如曹廉正、王凤喈、陈燕年等人,"派充洋文教习,帮同课导",只是协助教导。这可以看出"正教习"的地位明显高于学堂里的其他教习,应是理论教习中的领军人物。从学堂章程上规定的"洋文正教习"所承担的职责考察如此,而从对天津水师学堂的实际作用来看,严复也是贡献颇多,功不可没。

首先,参与了天津水师学堂的早期筹建。马自毅先生用大量的文献史料证明吴赞诚和吴仲翔都具备了筹建学堂的实践经验和能力,这无可非议。但是,值得指出的是,担任天津水师学堂总办

① ［韩］金允植:《阴晴史》,载刘顺利:《王朝间的对话》,宁夏人民出版社,2006,第 94、144 页。
② 姜鸣:《严复任职天津水师学堂史实再证》,《历史研究》2008 年第 3 期。

的吴仲翔是在光绪七年四月才到达天津的，①而在光绪七年正月的《万国公报》上已经刊登了水师学堂的招生章程。可见，天津水师学堂最初的各项规章制度在光绪七年正月以前已经拟订，而当年四月才到天津的吴仲翔肯定没有参与制订最初的学堂章程。再看看另外一位的情况，此前光绪六年来津的吴赞诚当时已是年迈多病，李鸿章就是以"来津就医"的名义，函请吴赞诚来津的。但是，当时吴赞诚的身体状况也并不是很好，只是如李鸿章所言，"稍就痊可，精神尚健"，②更何况这是恳请皇帝批准吴赞诚担任学堂总办的奏折中所说，并不一定是吴赞诚的真实病情，也许更差。否则，李鸿章也不会建议吴赞诚要乘车活动，保养身体，"局中东洋车轻便，早晚乘坐游观，尊体血脉借稍活动，胜于终日枯坐多矣"。③ 况且吴赞诚"在津督同局员筹办水师学堂练船事宜"，"并请其驻局兼督机器制器"，④这些烦琐的经营管理工作对于一个年迈多病、行动不便的人而言承担起来是比较困难的，否则吴赞诚也不会"宿恙增剧，力辞差使"⑤。严复之所以在筹建天津水师学堂时先期来津，无疑与吴赞诚等人的举荐有一定的关系，不要忽略了当年正是吴赞诚"以工次教习需才"为由，调严复提前归国在福建船政学堂担任教习的。严复到津时，天津水师学堂的建设"尚未就绪"，须到"明春当可竣工"。李鸿章让严复拿着自己的手书到吴赞诚那里报到，

---

① 吴仲翔办理学堂片，《奏稿》卷四十；复黎召民京卿，光绪七年四月二十五日，《朋僚函稿》卷二十。

② 张侠等合编《清末海军史料》，第 389 页。

③ 戴健：《从新发现的史料看李鸿章与严复》，《历史档案》1988 年 2 期。

④ 张侠等合编《清末海军史料》，第 389 页。

⑤ 复黎召民京卿，光绪七年四月二十五日，《朋僚函稿》卷二十。

"留局暂住,讨论一切"。① 一位年老多病、行动不便的主办,既要督办水师学堂和练船事宜,又要兼管天津机器局的制造事务,这时,学堂里来了一位自己熟悉、赏识且有能力的年轻专业人士,又有上司的信函叮嘱,假若闲置不用,从情理上看难以理解。而实际上,严复也确实终日忙于学堂事务。例如,光绪八年二月初四日,朝鲜领选使金允植就目睹了严复为开办管轮学堂挑选学员主持水雷电气局洋文考试的情景:"今日水雷局考试洋文,水师学堂洋文先生严宗光来主皋比。正中椅子前置大卓(桌),前垂红袱。学生三十余人,俯书洋文来呈,肃然无哗。"②姜鸣先生文章中引用的《北洋纪事》也记载了此事,"会同原管各道逐加考校,认真遴选,将其中资质学业略可造就者,提归水师学堂,照章分班肄业","拔其尤者令充水师学生;次者即留备管轮之选;又其次者商酌位置,或遣归水雷营"。③ 甚至与学堂无关的审察北洋购买军舰图样的事情,李鸿章也让吴赞诚与严复一起商量:"赫德送到碰快船图说,甚为详备,呈方家鉴阅,严宗光如尚未行,令即随同考究。"④而严复自己在给家人的书信中所述,"饥驱贫役,何时休息? 拟二三年后,堂功告成,便当沥求上宪许我还乡",⑤表露出的浓烈思乡之情,更直接道明了他在天津终日劳累的事实。

其次,教授各种理论知识、设置学堂学科。严复担任"洋文正

戴健:《从新发现的史料看李鸿章与严复》,《历史档案》1988年2期。

② [韩]金允植:《阴晴史》,载刘顺利:《王朝间的对话》,宁夏人民出版社,2006,第156页。

③ 光绪八年三月,机器局潘骏德等禀北洋大臣李鸿章,《北洋纪事》第10本《水师学堂》。

④ 戴健:《从新发现的史料看李鸿章与严复》,《历史档案》1988年第2期。

⑤ 王栻主编《严复集》(3),中华书局,1986,第730页。

教习"，肯定要教授"洋文"。所谓的"洋文"，应该不仅仅是指英语，而应是指广义的外国文化，或者说西方文化，即包括语言在内的所有西方理论知识，如外国语言、数学、物理、化学、航海学、天文学等，并非专指英语。这些知识对于当时的中国人来说都是西洋的东西，就如同在很长一段时间内人们总习惯在前面加一个"洋"字称呼外国的东西一样，如"洋片""洋车""洋火""洋蜡""洋枪""洋炮"，这些语言、文化被称为"洋文"，也是可以理解的。

光绪八年正月，朝鲜领选使金允植简略记录了《续定天津水师学堂章程》的主要内容："学堂之规，选取十三岁以上、二十岁以下聪明有力气、曾读过二三经者入学。午前学习西文、西语，午后学习汉文。各有教习之师。学生兼治算术。第二三年则以算学为要领，而中西海道、星辰部位等项又在兼习之例。第四五年，换以弧三角、重学、微积、驾驶、御风、测量、躔晷等诸法。进境精诣，则帆缆、枪炮、水雷、轮机理要与格致化学、台垒学中有关水师者，均可在堂。洋文正教习循序指换，以期日起有功。学生入堂，隔日傍晚洋文教习带学堂外，仿外国水师操法，排列整齐，训练步伐，并令练习手足，以壮筋力。并训练枪炮。至第五年，随同外国练船教习，早晚上学堂前样船学操帆、缆诸事。五年期满后，洋文正教习并各生所造浅深，按名呈请中堂详加校考后，送上练船出洋，历练风涛纱线及海上行军布阵诸事。毕业后，应请量材器便，其最为翘楚者，派赴泰西，益求精密，以备大用。"①这些记载比姜鸣先生引用的《北洋纪事》收录的《续定天津水师学堂章程》简略，但主要内容大

① ［韩］金允植:《阴晴史》上卷，载刘顺利:《王朝间的对话》，宁夏人民出版社，2006，第91~92页。

致相同。前引《北洋水师学堂事略稿》记载得更为详细："驾驶学堂课程规定,分内堂课目、外场课目两种。内堂课目计有国文(读经、论说),英国语文文字(文法、信札),国家读本(各国地理大要、中国地理、中国历史大要),数学(代数、几何学、立体几何、三角),天文学,航海学、海上测绘,大(?)量学,静力学,静水学等。外场课目,计单人数练步兵操法,信号学,成队教练,成营教习(练?),枪炮教练,升桅操练,炮弹及引信理法。管轮学堂课程,亦分内堂课目与外场课目。前者计有:英国语文文字、地舆、数学(几何、代数、三角),化学,格致学,重学术,重学理,物质学,水学,火学,汽学,力学,马力学,锅炉学,制造桥梁学,制图配造机件学,轮机全书,煤质学,绘式几何学,绘图学,手艺工作学,鱼雷学等。外场课与驾驶学堂同。"①光绪十年,吴仲翔、罗丰禄向李鸿章汇报学堂情况时称:"除英国语言文字外,于算学、代数、几何、平弧三角、驾驶积算、推步阐理、重学、地舆均已授课。"②李鸿章在汇报天津水师学堂情况的奏折中也说:"其习驾驶者则授以天文、地理、几何、代数、平弧三角、重学、微积、驾驶、御风、测量、演放鱼雷等项。其习管轮者,则授以算学、几何、三角、代数、重学、物力(理)、汽理、行船、汽机、机器画法、机器实艺、修定鱼雷等项。"③上述多种资料证明,水师学堂中需要学习的所谓"洋文"广博庞杂。

而对于严复本人而言,上述知识他在欧洲留学时早有接触,

---

① 政协天津市河东区委员会文史资料委员会编《洋务运动在河东》,"天津市河东区文史资料第七辑",1994,第40页。

② 光绪十年九月二十二日,水师学堂吴仲翔会同罗丰禄详北洋大臣,《北洋纪事》第10本《水师学堂》。

③ 学堂学员一体乡试片,《奏稿》卷六十。

"精习西学,于测算格致具有根柢",①"以为传授生徒之资,足胜水师学堂教习之任",②完全具备教授这些知识的能力。况且在天津水师学堂"创办伊始,师徒均少"的情况下,③作为学堂的"总教习",仅仅教授一门英语课也是不可能的。在天津水师学堂学习的梁诚就详细提到了严复讲授几何、代数的情况。④ 吴仲翔则直言严复"不惮繁难,苦心启牖",⑤对严复认真、负责的教学态度给予肯定。严复的付出也得到了普遍认可,例如,水师学堂教授的"阐理"中的多数知识甚至连罗丰禄都没有接触过,"从前所未见";光绪十年秋考,俄国水师官看了考题之后,"诧其精审,疑为英国算家所出"。⑥ 天津水师学堂前几届毕业学员的考核成绩也显示严复的教学效果还是不错的,如,光绪十三年秋考时,英国水师兵官马图林等感叹学生"造诣精纯","意料所不及";甚至连一向看不起中国水师学生的英国领事璧利南看完考题后也"推为仅见",⑦都给予了很高的评价。李鸿章也称赞严复"教导诸生,造诣精进,洵属异常出

---

① 光绪八年三月,机器局潘骏德等禀北洋大臣李,《北洋纪事》第 10 本《水师学堂》。

② 薛福成:《出使英法义比四国日记》,岳麓出版社,1985,第 205 页。

③ 复黎召民京卿,光绪六年三月二十日,《李鸿章全集》(5),海南出版社,1997,第 2758 页。

④ 梁诚(丕旭)致肖(Shaw),1882 年 3 月 6 日,高宗鲁译著:《中国留美幼童书信集》,台北台湾传记文学出版社,1986,第 64 页。

⑤ 光绪八年三月二十三日,水师学堂吴仲翔详北洋大臣李,《北洋纪事》第 10 本《水师学堂》。

⑥ 光绪十年九月二十二日,水师学堂吴仲翔会同罗丰禄详北洋大臣,《北洋纪事》第 10 本《水师学堂》。

⑦ 光绪十三年十月二十九日,水师学堂吕耀斗会同沈保靖、罗丰禄详北洋大臣,《北洋纪事》第 10 本《水师学堂》。

力"。

另外，北洋水师学堂的招生章程明确规定："驾驶学生在堂，每七日中，两日习汉文，归汉文教习辅导；每日傍晚，由洋文教习带赴学堂外，训演外国水师操法。"①这里面势必也少不了严复的身影。

至于天津水师学堂课程的设置，虽说也参考了福建船政学堂的章程，"闽厂练船及后学堂章程，乞先饬承抄录一分速寄，以便参酌举办为幸"。② 但是，光绪十年，罗丰禄和英、俄两国水师兵官对天津水师学堂的学生进行春、秋季会试后，罗丰禄说："堂中所授繁难诸学，多为从前闽厂驾驶学堂洋教习所未及课。"可见，天津水师学堂的课程设置并非与福建船政学堂的完全一样；而英、俄两国的官兵则称："欧洲水师学堂所留以俟上练船后指授之学，此堂均已先时授课。"③这又说明与欧洲学堂的课程也有所不同。可见，天津水师学堂的课程设置是综合中外学堂的课程情况而制定的，这对于未曾出洋留学的，无论是吴赞诚，还是吴仲翔，都不可能独自一个人能够制定出来的。而对于严复而言，既曾在福建船政学堂学习和任教，又曾出洋留学，非常了解两处学堂的情况，欧洲水师官兵的评价又恰恰符合他只在欧洲学堂内学习却未曾上外国兵舰实习的经历。这些是否可以推断天津水师学堂的课程设置是由严复参照中外学堂情况亲手制定而由吴赞诚或吴仲翔批准的呢？更何况，严复早在留学英国期间就已经具备了这样的能力："偶检严又陵开示英、法两国学馆课程，摘取其大要，已若浩如烟海，使中土人

---

① 张焘：《津门杂记》卷中。

② 复黎召民京卿，光绪六年三月二十日，《朋僚函稿》卷十九；中国史学会主编《洋务运动》三，上海人民出版社，1956，第 302 页。

③ 天津水师学堂请奖折，《奏稿》卷五十二。

视之茫然,莫知其涯涘。"①严复所做的课程摘要让郭嵩焘都赞叹不已,也难怪水师学堂所教授的知识令罗丰禄等人耳目一新,交口称赞。李鸿章在学堂请奖折清单中称:"派充该堂洋文正教习,参酌闽厂及英国格林书院课程,教导诸生……"则明确表明天津水师学堂的课程实际是由严复一手制定。

除了教授文化课程以外,每次考试之后,严复还负责校阅试卷,统核分数,酌定甲、乙等级;学生毕业前期,还需要根据学生的造诣深浅、才气如何,分别名次,撰写毕业评定意见。②

第三,严复直接主持了水师学堂招收学员和招聘教员的事务。在创办天津水师学堂之时,社会上仍然盛行以科举考试为内容的私塾教育,很少有人愿意学习西方的自然科学和技艺,即所谓的"风气未开",以致学堂在天津的招生工作非常困难。面对困境,光绪六年十一月,吴赞诚预支给严复两个月的薪水和五十两船费,让其南下福建招收学员,"严宗光是否从明正超支预借两月薪资及船费五十两,均属可行"。③ 之后,吴赞诚也以治病和招生为由回沪,不久"力辞差使",再也没回天津。光绪七年春天,严复在福建招收了 27 名学生后,先于学员回到天津,向李鸿章汇报了招生情况,并为学生准备来津船票。"到津后,已将此节情形禀之相国,请其给发各生在闽到津盘费,委兄护送来堂,谅可邀准。(此节十七日已奉批准照办,弟注)弟在闽时所招学生,旧腊已定者二十四人,正月

---

① 《郭嵩焘日记》3,湖南人民出版社,1983,第 907 页。

② 《续定天津水师学堂章程》,光绪十年九月二十二日水师学堂吴仲翔会同罗丰禄详北洋大臣,《北洋纪事》第十本《水师学堂》。

③ 戴健:《从新发现的史料看李鸿章与严复》,《历史档案》1988 年第 2 期。

招得镜秋表弟冯姓,并苐藩妹夫与弟妇姊侄薛姓,共成二十七人。"①后来,这批学员由他的堂兄严观涛带领乘招商局轮船来津入堂。天津水师学堂的首届学生伍光建的后人就曾详细叙述了严复此次在福建招生的情况。② 天津水师学堂驾驶班首届毕业生只有30名,假如没有严复此次回乡招收的27名学生,可以想象后果如何。前文所述从天津水雷电气局中鉴选学员的事情也进一步证明严复招收学生的事实。

除了负责招收学生外,严复还帮助完成了管轮学堂洋教习的招聘工作。管轮学堂开办后,缺少教习,李鸿章派萨镇冰暂时担任正教习,但并不满意,要求严复和萨镇冰二人随时准备招聘洋教员。光绪十年,严复利用自己曾在英国留学的优势,致函英国格林回次水师官学院(即格林威治海军学院)掌教蓝博德代为招聘,这才有后来英国水师官霍克尔、希耳顺一起来津,分别担任管轮学堂的正、副教习,③解了学堂的燃眉之急。

总之,在天津水师学堂创办与初期建设阶段,严复在众多官员的推荐下来到天津,担任驾驶学堂的"洋文正教习",以教授外文和数学等西方自然科学理论为主,在学堂的初期筹建、学科的设置以及学员的招收、洋教习的招聘等重要事务中,都作出了重大贡献。

---

① 严复:《与伯兄观涛书》,载王栻主编《严复集》3,中华书局,1986,第729页。

② 伍季直:《回忆前辈翻译家、先父伍光建》,载福建省严复研究会编《1993严复国际学术研讨会论文集》,海峡文艺出版社,1995,第522页。

③ 寄使英曾侯,光绪十年闰五月十八日,顾廷龙、叶亚廉主编《李鸿章全集·电稿》一,上海人民出版社,1985,第159页;中国史学会主编《洋务运动》三,上海人民出版社,1956,第82页。

当时天津的《中国时报》就曾公开地称"严先生是这个学校的支柱"。[1] 严璩所言,"该学堂之组织及教授法,实由府君一人主之",[2]虽有"高抬其尊人"之嫌,却有一定的道理。

---

[1]　The Imperial Naval College at Tientsin ,*The Chinese Times* ,June 28th ,1890。

[2]　严璩:《侯官严先生年谱》,王栻主编《严复集》5,中华书局,1986,第 1547页。

李鸿章与大沽炮台的修建

如今我们在天津滨海新区看到的大沽炮台遗址，是 19 世纪 70 年代由直隶总督李鸿章重修，经过八国联军炮火的洗礼，最后根据屈辱的《辛丑条约》被列强毁坏而遗留下来的。经历了一百多年，细看那乳白色的炮台台身，有枪炮轰击、风雨剥蚀留下的点点坑洼，却不见有塌裂的痕迹。可见，李鸿章修建的大沽炮台较两次鸦片战争时期的更为坚固，建筑工艺有了新的发展。

一

1870 年，"天津教案"发生后，中外关系骤然紧张，法国公使联合英、美、俄、比、西等国照会清政府提出抗议，英、法军舰驻泊大沽口外，炮舰时常驶入海河进行武力威胁。清政府急派直隶总督曾国藩从省城保定奔赴天津查办教案。不料，曾国藩身患重病，左右又缺少品级高、懂军事、善外交的得力官员。恰在这时，两江总督马新贻遇刺身亡，职位空缺。清政府权衡两江、直隶皆为沿海封疆大省，遂命曾国藩补任两江总督兼南洋大臣，调遣正在陕西途中镇压农民起义的湖广总督李鸿章继任直隶总督，处理教案事宜。9 月中旬，李鸿章到达了天津。

李鸿章此时到津，正值外交、海防吃紧之际，在与曾国藩共商如何最后处理教案、完成了撤销三口通商大臣、接办各项洋务、组建海关等行政变革的同时，千头万绪，首先考虑的是拱卫皇都北京安全的根本大计。对此，他对天津地位的重要性认为：自从各国在华通商开埠后，公使进驻北京，天津是外人往来进出北京的要道，形同京师门户，关系极重，而要保卫天津门户，"大沽海口南北炮台最为扼要"，①必须重新修建，加强布防。12月，他派亲军部属、淮军干将广西右江镇总兵周盛传，即刻从山东济宁驻地单骑来津，遍察大沽、北塘海口及天津至通州的地理形势。根据周盛传"海口炮台，但求土木兴筑均宜，不在兵数过多，而后路数百里间，必须重兵坚垒巨炮相望，节节布置联络"②的勘察报告和建议，李鸿章最终制定了坚筑海口炮台少驻兵，后路增建炮台驻重兵（指新城、三岔口两地炮台）的战略方案。

　　1871年5月30日，李鸿章轻骑简从，亲自视察大沽、北塘炮台旧迹，历时六天。他看到大沽口南岸只剩下三座炮台，原来位于郝家庄河口的炮台已经被英法联军拆除，联军在那里搭建起许多兵房；北岸也只有两座炮台。两岸所有炮台的兵房、枪洞，木板单薄，土质疏松，且没有任何遮蔽之物作为防护掩体，一旦有战事爆发，守台兵勇四面受敌，根本无处掩护；环绕炮台四周的营墙是用木桩、土坯建成的，根本禁不住西方新式枪炮的轰击，并且濒临海水，非常可能被海潮冲毁，炮台布局零散，缺乏呼应，极不合理。炮台配备的大炮大多是广东造旧式土炮，攻击性能较弱，架具也多不齐全，不能充分发挥炮台居高临下的攻击作用。另外，还时常有外国人靠近炮台，窥视防营军队的部署情况。看到这样建筑单薄、器具

---

　　①　裁并通商大臣酌议应办事宜折，《李文忠公全书·奏稿》卷十七，第12页。以下该书简称《奏稿》。

　　②　筹议天津设备事宜折，《奏稿》卷十七，第51页。

残缺、装备落后的炮台,孤孤单单地耸立在海滩边,李鸿章觉得僧格林沁、崇厚时期所修整的大沽炮台,只有炮台台基布局还算合理,虽可稍壮声势,但也只是表面好看而已,实际上起不到丝毫的防御作用,"大沽炮台孤立海滩,徒饰外观,毫无实际",①"断不足以御外侮"。② 至于北塘海口南、北两岸的三座炮台,因为在几年内都没有清军驻守,已经损坏严重,根本不能再利用。

经过实地查看之后,李鸿章本着"海口炮台必须坚筑,兵勇不必多"③的战略原则,决定借鉴西方经验,结合炮台实际,开始着手大沽、北塘海口炮台的重新加固工程。他计划命大沽协副将罗荣光先将大沽炮台旧有的兵垒营墙加挑坚厚,增筑里外加墙,作为兵勇藏身之所;在各炮台的前面,仿照西方炮台式样加筑高出平地数丈的防护台,作为攻敌守军护身之地,里面暗藏巨炮,与炮台顶上的守军相呼应,协助攻击敌军,同时提高了炮台自身抵御炮弹轰击的承受能力;并在原有营墙外添筑一道拦潮土坝,阻挡海水潮汐冲刷营墙。④ 李鸿章认为这些仅是炮台急需增修的必需工程,即使完成了,也只是稍壮声势而已,并不是说仅仅凭借这些就能够抵御强大的敌人。要想抗击强敌,日后仍需不断完善炮台格局。巡视归来,李鸿章迅速将重新修整大沽炮台的工程计划上报给清政府。6月12日,同治皇帝批准了重修炮台计划,并下诏要求李鸿章"妥善

---

① 同治十年四月二十三日复曾相,《李文忠公全书·朋僚函稿》卷十一,第5页。以下该书简称《朋僚函稿》。

② 查阅大沽炮台折,《奏稿》卷十八,第20页。

③ 同治十三年六月十六日复王补帆中丞,《朋僚函稿》卷十四,第18页。

④ 查阅大沽炮台折,《奏稿》卷十八,第20页。

经理,行之以渐,持之以恒,务令海疆要地屹若长城",①逐渐完善,令其迅速筹集经费,尽快开工,不可畏惧困难而中途放弃,以误时局。李鸿章得旨后,让天津知府马绳武将当年春天整顿津郡义馆厘捐(即百货厘金,百货加征百分之一的税款,同治元年开始征收)和裁减芦团义勇所存厘捐两万余两白银拨出,作为修整需经费,先后批给大沽协副将罗荣光和驻守北塘的通永镇总兵周得胜,购买物料,要求他们先将大沽、北塘两处炮台的壕墙、拦潮坝等紧要工程核实整理。并且规定此后每年从天津所收百货厘金中提出白银六万两,作为修整大沽、北塘炮台的专项经费。② 一切都已准备妥当,不料,当时北方已经进入雨季,天津、河北一带连降大雨,直隶地区遭受了几十年不遇的水灾,不仅大沽海口炮台、营墙遭雨而大半倾圮,修整工程也因霪雨积潦而拖延下来。刚刚任职直隶,就遭遇如此巨大灾祸,李鸿章只能哀叹自己运气不佳,"德薄运蹇,适罹此厄,祗增悚疚"。③

1871年秋,大沽炮台大规模的整修工程正式开始,罗荣光率领几千名士兵和民夫,按照原来的修整计划,在旧存炮台的台基上重新建筑。考虑到中国传统炮台所用砖石质坚而脆,一旦遭到炸弹的轰击,砖石横飞,容易击伤炮台守军,参照中、外炮台材料,这次重修采用三合土(也称灰土)作为建筑材料,即把沙、土和石灰掺和在一起,用糯米汁搅拌而成。这样的三合土"融成一片,其力凝重,

① 《重修天津府志》卷三,《皇言·诏谕》。天津市地方志编修委员会编著《天津通志·旧志点校卷》上,南开大学出版社,1999,第664页。
② 货厘收支数目折,《奏稿》卷三十七,第10页。
③ 同治十年八月二十七日复曾相,《朋僚函稿》卷十一,第17页。

其性粘绵,风雨不能坍颓,炮火亦难摧陷".① 此时,修筑大沽炮台使用的三合土与其他地区的又有所区别,较以前的更为讲究。由于大沽一带沿海地区土质疏松,并且修筑海口和新城两地炮台工程浩大,需要大量的石灰。且需到几百里外的直隶房山县(今北京房山区)韩继村收购,②长途运输,不仅费用高昂,费力费时,且供给不足。后来承修炮台人员从大沽渔民口中得知,附近人们有把蛤蜊壳烧成白灰用来建造房屋的。蛤蜊壳灰质坚固,功用和石灰一样"蛤蜊可以烧灰,功用与石灰相埒".③ 蛤蜊壳沿海一带遍地皆是,既省力又廉价。于是,雇募三四百只渔船在沿海收集贝壳,并在新城附近修建60座烧石灰土窑,④从浙江宁波、福建、广东招募熟练窑师,⑤日夜赶烧,供大沽、新城两地修建炮台、城墙使用。又考虑到蚌蛤灰、糯米汤等原料都可能会吸引虫蚁蛀洞,时间久了,炮台可能会出现虫洞,甚至坍塌。为了防止虫蚁等在炮台上蛀洞,在将土、沙、蚌蛤灰、糯米汤等搅拌成灰时,又添加了杨树条汁、藤条汁等,利用这些枝条汁液的毒素、异味,预防、驱赶虫蚁,"以土沙、石灰、蛎粉匀拌坚捶,合以糯米、杨条、藤条等汁".⑥ 这是海口营官遍询渔民、共同商讨的办法,是民间传统工艺方法和创新意识的结合。大沽炮台更加坚固厚重,足以防御后膛炮弹的轰击。考虑到修筑炮台属于军事工程,非同一般,李鸿章打破了以往由工头

---

① 详陈新城藏事情形,《周武壮公遗书》卷六,城工编,第8页。
② 请报欠饷筑城禀,《周武壮公遗书》卷六,城工编,第1~3页。
③ 津郡新城竣工折,《奏稿》卷二十六,第38页。
④ 详陈新城藏事情形,《周武壮公遗书》卷六,城工编,第8页。
⑤ 变通办理城工禀,《周武壮公遗书》卷六,城工编,第5~7页。
⑥ 同治十三年六月十六日复林颖叔方伯,《朋僚函稿》卷十四,第17页。

承包工程的惯行办法,专门设立了大沽炮台工程营务处,由军队营官负责专门督促匠工、营兵,统筹管理,监督施工情况,确保工程顺利进行。

经过几千人三个月的辛勤劳作,到当年河水封冻时,大沽炮台守军对海口两岸原有的 5 座大炮台、10 座平炮台、375 间炮洞连房、53 间军械火药库、住房、45 架窝棚及 994 丈营墙进行了修整;重新在营墙内、外修筑了 428 丈护身加墙,修建了 4 座营门;还在营墙外添筑了 400 丈拦潮坝,新挖了 1800 丈护台壕沟,并在壕沟上搭建了 4 座木桥,以便出行。原本计划在炮台前面修筑高出平地几丈的护台和在海口形势扼要的地方添筑炮台、炮营等工程,因需费太多,且冰冻封河,只有等到来年春暖花开之后,逐渐经营。① 由于种种原因,尽管在之后的 2 年时间里,大沽炮台的充实、增建工程始终没有间断,但大沽、新城及三岔口炮台工程规模过于庞大,一直到 1873 年仍不足一半,"穷年工作,尚未及半。"②直到 1874 年夏天,因海疆再起危机,大沽海口增修护台、添筑炮台等工程才"修筑甫竣"。③ 经过大沽协兵将及民夫近 3 年的艰辛劳作,在咸丰年间原有炮台台基上修建起来的中西合璧式大沽海口炮台主体工程基本完成。这是李鸿章随着国内、外时局的变化,不断扩充、完善大沽海口两岸炮台、营垒布局的结果。在之后的若干年内,他基本沿袭了这一做法。

---

① 大沽海口酌定营制章程折,《奏稿》卷十八,第 67 页。
② 同治十二年闰六月十二日复李雨亭制军,《朋僚函稿》卷十三,第 14 页。
③ 海防请催川饷折,《奏稿》卷二十三,第 37 页。

二

　　1874年,日本借口琉球(今冲绳岛)船民在台湾遇难事件,出兵侵犯中国领土台湾岛,遭到台湾人民的英勇抵抗。清政府连忙调兵增援,并令东部沿海各省加强布防。此时,大沽炮台经过多年的修整,已经具备了一定规模。但是,李鸿章认为"各海口仿照洋式修筑沙土炮台,以地步宽展椭圆坚厚为要",①在他看来,"大沽南北炮台多因僧邸旧基加筑,未尽合式",②还应该不断扩充、改造。于是,他命大沽炮台工程营务处道员吴秉权、大沽协副将罗荣光、海防支应局会办周馥、海防营务处道员吴毓蘭和天津镇总兵周盛传等人先后在大沽勘察地势,巡视炮台,要求每个人都拿出各自的扩建方案。

　　吴秉权、周馥、周盛传等人通过实地通察后,各抒己见,纷纷发表各自的扩充意见,对大沽炮台的总体布局和改造内容争论不休。最后,李鸿章集思广益,综合众人建议,命令在南岸,将大炮台前面的营墙加厚,内设券洞(有弧拱状门的窑洞),用以兵勇藏身;在营墙上面修筑隔堆,建成平炮台,布置大炮,协助大炮台控制海面、河道;将三座大炮台(即"威""镇""海"字炮台)后面(即南面)的原有营墙加挑坚厚、扩宽,在上面配备巨炮,在外面加筑护墙,内设炮洞,将原有营墙改造成一座长炮台。这样,在"威""镇"字两座炮台后面就形成了一座长约一里的长炮台,与前面三座大炮台相呼应。

---

① 筹议海防折,《奏稿》卷二十四,第14页。
② 光绪元年正月二十日复丁雅璜宫保,《朋僚函稿》卷十七,第8页。

同时,重新在长炮台后面(南面)修建一道呈四个"人"字形的营墙,在墙上布置大炮,以便营墙两侧守军共同夹击来犯之敌;营墙内侧用砖砌作券洞,以藏兵、藏械,与长炮台共同控制海河内弯,防止敌人从背后攻打炮台。在草头沽地方修建大沽协署,建造营墙,配备大炮。在炮台南面沿海附近修筑海岸营垒,配备巨炮,防止敌人用小船登岸,并协助炮台攻击海上敌船。在北岸,除了加厚原有炮台营墙,修筑护台,设置平炮台以外,又重新修整了石头缝营垒,添筑营墙,建筑炮垒,作为北岸海口炮台后援。①

在广西右江镇总兵周盛传率领的"盛"字营官兵的协助下,"开年仍需调往海口,帮筑炮台",②经过炮台守军几年的艰辛劳作,到1880年,大沽炮台的这些改造工程已经"粗有头绪",③只是由于经费紧张,未能一次性完成,不得不逐年完善。1884年,因中法战争引起的海防危机,促成了这些工程的迅速完成。到1885年,大沽炮台这些扩充工程彻底完工,共建有:南岸大炮台4座(即"威""镇""海"字炮台和三座炮台南面的长炮台),周围小炮台40座,还有草头沽营垒炮台;北岸大炮台2座(即"门""高"字炮台),平炮台6座,后路有石头缝营垒炮台。在北塘海口,南岸有长式大炮台2座,平炮台7座;北岸建有圆式大炮台1座,平炮台3座,并在蛏头沽、青坨寺等地修筑了炮台,增设了炮位。④ 这时,李鸿章觉得用特制

① 中国史学会编《洋务运动》三,上海人民出版社,1961,第349~354页。以下该书简称《洋务运动》;会勘大沽形势禀,《周武壮公遗书》卷一,第44~46页;操练各枪并会勘炮台禀,《周武壮公遗书》卷四,第10~11页。

② 同治十三年十二月十六日复丁雅璜宫保,《朋僚函稿》卷十四,第37页。

③ 遵旨密筹防务折,《奏稿》卷三十六,第16页。

④ 力筹战备折,《奏稿》卷五十,第15页。

三合土堆造而成的大沽、北塘各炮台,尽管仍是在原有防营炮台基础之上扩充、增修而成,但是,炮台工料可以称得上坚固、厚实;考虑到海口淤狭,装配大炮的巨船不能靠近河口,炮台守军已经能够凭险扼守了,①他对经营多年的大沽海口炮台的军事防务终于放心了。

1891 年,山东候补知县萨承钰在勘查大沽海口南、北两岸所有炮台时称,五座炮台"势如五岳雄峙",②对炮台的威慑作用给予了很高的评价。1894 年,中日甲午战争爆发后,李鸿章考虑到旅顺已经失守,且有人上书质疑大沽海口防务是否有十分把握,于是又命令在大沽海口南岸协署前和北岸于家堡东面各添筑一座行营土炮台,③与海口大炮台互相辅助,共同控制海河内湾。大沽海口炮台布局更为周密。

三

在不断整修炮台的工程中,注重学习西方技艺的李鸿章,一面托人从德国查找西方炮台图式,"托人赴布国觅取炮台小样,令将士略师其意",④寻得形象、直观的资料,效仿学习;一面参考德国海

---

① 覆奏各口炮台工程片,《奏稿》卷五十,第 19 页。

② 张侠、杨志本、罗澍伟、王苏波、张利民编《清末海军史料》,海洋出版社,1982,第 271 页。

③ 光绪二十年十月十七日寄督办军务处,顾廷龙、叶亚廉主编《李鸿章全集·电稿》三,上海人民出版社,1987,第 161 页。

④ 同治十三年六月十六日复林颖叔方伯,《朋僚函稿》卷十四,第 17 页。

军军官希理哈著《海防新论》①中关于炮台建筑方面的相关著述,学习、效仿欧美各国筑造炮台的方法,并直接应用到修建大沽炮台的实际工程当中。如吸取德国修筑炮台的经验,添筑圆台,把原来大沽海口的方炮台改造成椭圆形,如"威"字炮台,李鸿章说这有"取其八面应敌"的好处。② 在炮台正面加筑高出地面数丈的护墙;炮台围墙垛口身脚上窄下宽,筑成斜坡状向上至顶,可使"炮力滑过,不能洞入"。③ 这完全是《海防新论》中"炮房之前面各处应与敌炮之弹路成若干度交角,而不可成正角,则弹子打来之时,或能遇斜而偏行"④的记载的实践应用。学习美国修筑炮台的经验,将弹药库建在紧靠炮台身后或炮台内部隐秘地方,并用三合土加厚坚筑;士兵营房紧靠炮台台墙修建,避免直接被炮弹轰击,"各营炮药须靠炮台隐曲处,以三合土厚筑之;兵房紧靠营墙安设,皆为防避炮路起见",⑤彻底摒弃了以前大沽炮台用过的传统窝棚兵房,炮台结

---

① 1868 年,德国海军军官希里哈著。希里哈曾经参加了 1861—1865 年的美国南北战争。战争结束后,他回到柏林,根据自己在美国内战中的亲身经历,对战争进行了认真的思考和总结,用近三年的时间写成该书。全书共 18 卷,第一卷是理论性的总结;第 2 卷至第 8 卷论船炮均已改进,传统的防海手段已不适用,必须采取新的措施;第 9 卷至第 11 卷论如何拦阻海船进入内河;第 12 卷至第 17 卷论各种水雷的制造和用途;第 18 卷讲海面河口照明灯的制作,主要用于防止敌船偷越。全书归纳了美国南北战争期间所用的各种海防新理新法,并随事逐物,究明其理,论其利弊,是一部反映世界近代化海防理念的军事著作。1874 年,该书由英国在华传教士傅兰雅和中国学者华衡芳共同翻译,由江南机器局翻译馆印行,对中国当时主张海防的众多高级官吏起到了理论指导作用。

② 同治十三年六月十六日复林颖叔方伯,《朋僚函稿》卷十四,第 17 页。

③ 同治十三年六月十六日复林颖叔方伯,《朋僚函稿》卷十四,第 17 页。

④ H. 帕母塞尔:《世界海战简史》卷四,屠苏等译,海洋出版社,1986,第 8 页。

⑤ 酌议炮台地雷团练事宜片,《奏稿》卷四十八,第 36 页。

构及围墙内部整体布局日趋合理。大沽炮台巍立海滩,震慑津沽海外,成为中外谈论的一个焦点。

早在1874年,清政府因日本武装侵扰台湾而引发海防大讨论,要求沿海各省加强海上军事防务。这时,李鸿章仿效西方炮台式样,对大沽原有炮台进行的修整工程正在如火如荼地进行当中。一些沿海省份的官员纷纷向李鸿章讨教修筑炮台的经验,两江总督李宗羲还派专人到大沽口实地勘察、绘图。李鸿章还将德国炮台图式让来人捎带回去,叮嘱道:"沿江炮台似可调庆军及星字等营择要分办。左振绍即日南归,带有台式,规模尺寸已具,只须招集匠料矣。"①后来,李宗羲参考大沽炮台的布局、形制、用料,修建了吴淞口、象山、江阴、下关等处炮台。与台湾隔海而对的福建,形势更为危急。李鸿章应福建布政使林颖叔的函请,回信详细介绍了大沽炮台的施工经验,并且随信寄去德国炮台图式以供参考,"兹将布(德国)式及圆台式二具借呈",并答应派修建大沽炮台的熟练工匠到福建指导建筑炮台:"如有匠弁深得要领者,酌带前去,听候驱策。"②山东巡抚丁宝桢准备在烟台、登州、威海等地兴建炮台,李鸿章也向他介绍了如何修建布局先进、建筑坚固的炮台方法。③ 三地炮台圩墙全用三合土夯筑而成,"其工程仿照津沪规模,参酌洋法","办理得宜"④1880年前后,吴大澂前往东北吉林随同

---

① 同治十三年六月十五日复李雨亭制军,《朋僚函稿》卷十四,第16页。

② 同治十三年六月十六日复林颖叔方伯,《朋僚函稿》卷十四,第17页。

③ 光绪元年正月二十日复丁雅璜宫保,《朋僚函稿》卷十五,第9页。

④ 《丁宝桢遵旨筹办海防拟先于烟台兴筑炮台片》光绪元年十月,中国历史第一档案馆编,《光绪朝朱批奏折·军事工程》第64辑第630号,第560页。转引自王宏斌:《晚清海防——思想与制度研究》,商务出版社,2005,第422页。

将军铭安办理防务,奉命督办东北三姓、宁古塔、珲春一带的防务,积极规划吉林东部的边疆建设,"以该处本有铅铁矿煤窑,拟于省城开设机厂,制造洋药子弹等件,并于珲春、宁古塔要隘地方分筑小炮台数处,于三姓之巴彦通东面沿江南北两岸,仿照天津大沽口式样,各筑炮台一座,以备江防"。① 大沽炮台在当时中国海疆建筑防御设施方面,起到了借鉴示范作用。大沽、新城等炮台初步建成之后,各国报纸争先报道。1876 年,英国海军军官寿尔乘英国"田凫"号兵船来到天津,在他以后的著作中,如此称赞包括大沽炮台在内的海河沿岸各炮台,"是依据一些类似科学原则建造的",并因此称中国的炮台已被证明"是坚固,难以击破的"。② 大沽炮台成为中国近代炮台建筑文化的典范,一时为国内外所瞩目。

---

① 《清代吉林档案史料选编》上册,第 291 页;《德宗实录》第 131 卷第 1 页。转引自王魁喜、吴文衔、陆芳、石筬、徐枫、徐凤晨《近代东北史》,黑龙江人民出版社,1984,第 121 页。

② [英]寿尔:《"田凫"号旅行记》,中国史学会编《洋务运动》八,第 369~425 页。

论李鸿章与大沽炮台装备设施的
近代化转型

　　19世纪60至90年代,清政府兴起以"自强""求富"为目的、学习西方近代科技的所谓"洋务运动"。在天津,先有三口通商大臣崇厚聘请洋教习,训练洋枪队,并开始仿造近代西洋枪炮,修建天津机器局,后有继任直隶总督兼北洋通商大臣李鸿章,扩充机器局规模,架电线,修铁路,办邮政,建厂矿,创设水师、武备、电报、水雷各学堂,建立北洋舰队等,进行各种洋务活动。这些举措引进了西方近代科学技术,培养了部分新式人才,对于天津城市的近代化起到了开创性的历史作用。运用近代化装备、设施武装大沽海口炮台,提高炮台的攻击、防御能力,是李鸿章坐镇天津所关心的一件大事。

　　固定的陆路炮台,移动的海上战船,潜伏的地雷、水雷,是李鸿章水陆相辅海防战略思想的主要内涵。他在效仿近代西方炮台式样修建坚固大沽炮台的同时,还积极引进西方先进的近代化武器、设施,装备炮台。

　　李鸿章认为大沽是京津门户,海口南、北两岸炮台为第一前沿阵地,最为扼要。但是,他觉得崇厚时期经营的大沽炮台,"守兵过单,守具亦未精备",①所设炮位根本无法与西方新式大炮相比。他早在镇压太平军的实战中已经体味到西方近代化枪炮的威力,"枪炮并发,所当辄靡。其落地开花炸弹,真神技也",②对近代西洋枪炮佩服得五体投地,并逐渐用西洋枪炮把自己所率领的淮军武装成新式武器配备最为齐全的队伍。于是,调他的"常胜军"和亲军炮队接替大沽炮台原有驻军,以提高炮台守军的应战实力,控扼海口。同时,着手改善炮台的武器装备。

1871年5月,李鸿章第一次到大沽炮台巡察,看到炮台配备的大炮只有几尊是进口洋炮,大多数都是广东制造的旧式土铁炮,炮弹仍用实心圆铁弹,"炮位既少佳品,架具多不齐全",③不用说不能与当时西方最新型大炮相提并论,就是跟此前几十年前欧美国家铸造的炮位性能相比,也是望尘莫及,对崇厚任直隶总督时期所修整的炮台很不满意。于是,他迅速将存储于原苏州炮局的大小炸炮和金陵机器局仿造的西洋炸炮调运来津,配备大沽炮台。两个月后,又派人从德国克房伯厂买来二百磅前门线膛钢炮、六十八磅炸弹开花铁炮和开花铁长炮各两尊,安装在大沽炮台。这种前门线膛炮,炮膛内膛上有螺旋状纹线,使炮弹出膛时旋转向前,比光膛炮的落点更为精确;新式火药炸弹的杀伤力更是远胜于旧式实心铁弹。经过重新调整、配备炮位之后,大沽炮台共有99尊大炮,其中,3000斤以上大炮64尊,1000斤以上中炮13尊,1000斤以下

① 裁并通商大臣酌议应办事宜折,《李文忠公全书·奏稿》卷十七,光绪乙巳(1905)年,第12页。以下该书简称《奏稿》。

② 同治元年四月二日上曾相,《李文忠公全书·朋僚函稿》卷一,第20页。以下该书简称《朋僚函稿》。

③ 查阅大沽炮台片,《奏稿》卷十八,第20页。

次炮 22 尊,中国国内仿造的洋炮不计,直接从国外进口的洋炮已有十几尊。① 尽管由于当时财力紧张,大沽炮台的炮位并没有能够全部更换为开花炸弹炮,但线膛炮和火药炸弹的应用大大提升了炮台炮位的攻击性能,提高了炮台的杀伤力。

在之后的几年中,李鸿章又不断从国外购买前、后膛炮,更换原来所有炮位,"旧存炮位全不利用",②加强大沽、北塘及天津驻军的军事实力。后膛炮装配有炮闩,封闭严密,炮药燃气不容易外泄,增大了射程;在炮台内安装炮弹,既简便迅捷又安全可靠;炮膛内刻螺旋纹线,发射尖头柱体定装炮弹,使炮弹射出后具有稳定的弹道,提高了命中精度。李鸿章先后从德国克鹿卜厂订购大小后门钢炮五十余尊,大多安放在大沽海口及新城炮台,其中最大的两尊口径达八寸,足抵前门炮口径十一二寸之子力。③

由于当时中国的枪炮制造技术和材料都很落后,金陵和江南制造局所造大炮在大沽炮台试放时,炸裂伤人事件时有发生。而西方各国已经逐渐进入资本主义向外扩张的新阶段,不断利用新能源、新技术,开展军备竞赛,争相生产更为先进的近代化枪炮,品种繁多。李鸿章遍察世界各国生产的新式枪炮,觉得在攻坚致远方面,后膛炮胜于前膛炮;在稳固经久方面,前膛炮远胜于后膛炮。所以,他认为炮台所使用的大炮还是以前膛炮为宜,自可"堪久而不敝"。④ 遂在大沽炮台又购配了多尊英国阿摩士庄厂生产的前膛熟铁包钢长弹炮。这种炮是在钢质炮管的后部外加铁箍,以增强

---

① 大沽海口酌定营制章程折,《奏稿》卷十八,第 70 页。
② 海防请催川饷折,《奏稿》卷二十三,第 37 页。
③ 筹议海防折,《奏稿》卷二十四,第 15 页。
④ 军火划一办法并报销口令事宜折,《奏稿》卷三十二,第 6 页。

炮管的强度,更耐高温,不会因为连续发炮,引起炮膛增温炸裂,增大了火炮的毁杀威力;其炮膛为线膛,炮弹为长形,重四十五磅,速度每秒六百多米,"每分钟可放子十二出,子弹出膛准头极好",①其射程、炮弹侵彻力和命中精度,较以前使用的滑膛炮有较大的提高,破坏力和杀伤力也大大增强。后来,这种炮由江南机器局仿造成功,李鸿章建议扩大生产,广泛采用。大沽炮台还曾使用过英国瓦瓦司厂生产的后膛钢炮。② 除了这些用于直线攻击的大型炮械之外,大沽炮台还配备有仰攻利器——田鸡炮,"大沽已有一百二十八磅、六十八磅田鸡炮各两尊",或用于攻击逼近之敌船桅顶和外舱,或攻击藏身于沟堤之中的已登岸敌军,"从空落击,亦可散其队伍,不能突堤而前,并不能借堤自固。"③

由于西方后膛炮都使用栗色火药(又称褐色火药)燃放,李鸿章认为海口炮台后膛大炮"非用此药施放,不能及远制胜",④于是,不断从国外购买无烟火药,并聘请德国教习来华教导研制栗色火药。1890年,天津机器局试造长式钢炮弹和栗色火药成功,并开始大规模生产。⑤ 大沽炮台也开始广泛应用长式钢弹和栗色火药。近代新式前、后装线膛炮及长式火药炸弹和栗色火药的应用,大大提升了大沽炮台的军事杀伤力,提升了炮台的防御、攻击水平。

枪械方面,1870年进驻大沽炮台的淮军,使用的多是前膛洋

---

① 上海机器局请奖折,《奏稿》卷七十七,第2页。
② 光绪十三年十一月十六日海防经费报销折,《奏稿》卷六十一,第37页。
③ 中国史学会编《洋务运动》三,上海人民出版社,1961,第357页。以下该书简称《洋务运动》。
④ 沙尔富请给宝星片,《奏稿》卷七十六,第34页。
⑤ 海军经费报销折,《奏稿》卷七十六,第51页。

枪,并且已经采用西洋阵法和外语口令操练演习。这种前膛枪是在鸟枪、抬枪结构上,改进发火装置,以击锤啄击火帽发火,这比原来用火绳点火或燧石发火更加简便、确实。但前膛枪的枪体笨重,携带不便,且装药费时,发弹时间间隔较长,射速较慢。而当时西方普遍应用的后门枪,设有枪闩,"手法灵捷,放速而及远",①使用便捷,命中精度和侵彻力都有了很大提高。英国的士乃得枪是由前门线膛枪改装为后膛枪的最早产品,机簧构造较为简单,便于修改,价格又相对比较便宜。考虑到清军对后膛枪多不熟悉,在以后几年中,李鸿章陆续从英国购买了士乃得枪来更换前膛枪。这种枪枪管长二尺六寸六分,出口径四分六厘,后口径五分二厘,射程一般在四百丈内外,最远可达四百一十二丈,距离枪靶十二步远的地方射击,可打进半湿半干松木板八寸深。因为后坐力较小,比较容易控制,"尚堪备用"。② 并从美国购买更为先进的林明敦枪,配合操练,以便了解当时最新式枪械的应用之法。1878 年,士乃得、林明敦枪及其应用弹药都被天津机器局仿造出来,使一千八百名大沽炮台守军的常规武器接济更为便捷。操练阵法、口令也被译成中文,更便于推广应用。③ 至中法战争时期,大沽炮台守军全部换用了后门枪,所用引火、发火药也改用栗色火药,点火更便,子弹出速更快。到 19 世纪 90 年代初,在西洋枪械中,奥地利的漫利夏快枪和德国的新毛瑟快枪最为先进。李鸿章令江南机器局仿造,并命将制成的这两种枪的样品派专人送到天津,由军械局道员张

---

① 筹议海防折,《奏稿》卷二十四,第 14 页。

② 周盛传:试验新旧兵马后膛各枪节略,《周武壮公遗书·外集》(一)卷一,光绪三十一年(1905)版,第 49 页。

③ 军火划一办法并报销口令事宜折,《奏稿》卷三十二,第 8~9 页。

士珩会同洋教习测试。漫利夏快枪有六条膛线,装弹便捷,出子准确,每分钟可打二十二至二十五发子弹,与最新的毛瑟快枪性能相差不多。一名路过天津的日本陆军将官试放此枪后,叹羡不已,要求李鸿章送给两杆,带回日本作为仿造标本。这时正是中日甲午战争前夕,漫利夏快枪未及在大沽炮台守军中广泛应用,战事就爆发了。

炮船、水雷是近代守护海口的重要武器。李鸿章水陆相辅的海防战略,在水上就是藏伏水雷,配备水师兵轮,与陆路炮台相呼应。他通过购买炮船,布设新式水雷、地雷,扩大大沽炮台的防御范围。1876 年,李鸿章采纳了周盛传的建议,在大沽炮台开始应用水雷和地雷,并于当年在东局内开办电气水雷局(即水雷学堂),聘请外国教习,招募学生,学习水雷的制造、应用知识,并开始制造水雷。1880 年,大沽炮台添设制造水雷厂;次年,设立水雷营和水雷学堂,由美国人满栗士任水雷教习。① "选各营弁兵学习,兼教化电、测量诸学。嗣北塘、山海关相继仿设,均于沽营取员教课。"②大沽水雷营拥有电雷、撞雷等多种水雷。电雷有电线把电箱和水雷连接,用发电电箱点火,比以前用人燃点的原始水雷有了较大进步;撞雷即是以锱水(即硫酸)触物、磨物引爆的无线水雷,通过轮船对水雷的冲撞、摩擦,改变水雷内压强引爆水雷。并配备有多艘守雷、下雷、巡雷、杆雷小轮船,其中每只守雷、下雷小轮船共计有管驾、水手等人各 16 名,巡雷浅水小轮船共计管舵人等 4 名,杆雷

---

① 池仲祜:《海军大事记》,《洋务运动》八,第 485 页;光绪十三年十一月十六日海防经费报销折,《奏稿》卷六十一,第 16、18 页。

② 《罗荣光传》,《清史列传》卷六十二,中华书局民国十七年(1928)版。

小轮船管驾水手 7 名。全营共计营官三名,头目、雷兵、水手等 229 名。① 水雷营兵每日操练两次,风雨无阻,还经常练习夜操,并开始应用直测、斜测电镜等先进的观察仪器。② 李鸿章不仅从天津机器局电气水雷局结业的学生中挑选人员,派赴大沽海口当差,又将因中途辍学归国的 94 名留美学生,留 50 名在北洋当差,其中有蔡廷干、丁崇吉、梁普时、王良登、卢祖华、徐之煊、杨昌龄、郑廷襄、邝炳光等 9 人先后被分拨大沽炮台水雷营就职。③ "不知曲线力学之理,则无以尽炮准来复之用;不知化学涨率之理,则无由审火棉火药之宜;不讲载力、重学,又乌识桥梁营造?不讲光电气水,又何能为伏桩旱雷与通语探敌诸事也哉?"④这些人接触西方的近代文化知识较多,受西方文明的影响较深,学习、使用新式武器较为容易,近代化军队素养较高。1882 年,在天津机器局学习电机技术的朝鲜工匠赵汉根、宋景和就曾专门乘船到大沽水雷营现场观看、学习制造水雷和实战验放。⑤ 大沽炮台成为中国早期近代化水雷军事营地及水雷科研中心。

早在 1876 年,李鸿章就开始命人在各处海口陆路埋布地雷,阻击登岸之敌。1884 年,他命令驻德公使李凤苞从奥国购买五百枚新式地雷,派翻译官候选知县荫昌学习施放方法,并来津教练。此时,大沽炮台所用地雷,是通过电箱点火引爆的有线地雷。1894

---

① 中国史学会编《洋务运动》三,第 310~315 页。

② 光绪十三年十一月十六日海防经费报销折,《奏稿》卷六十一,第 26 页。

③ 《留美幼童情况统计表》,李喜所主编,张静等著:《五千年中外文化交流史》第三卷,世界知识出版社,2002,第 329~337 页。

④ 严复:《救亡决论》,《严复文集》,上海远东出版社,1996,第 51 页。

⑤ 刘顺利:《王朝间的对话——朝鲜领选使天津往来日记导读》,宁夏人民出版社,2006,第 302、312 页。

年,北塘水雷营研制出更为先进的"踹雷",这种地雷"不用电线,甚利便"。中日甲午战争期间,为了防备日军登陆,李鸿章命令大沽炮台统领罗荣光派人到北塘水雷营学习制造"踹雷","以能伤贼为主"。① 于是,罗荣光派大沽水雷营部分雷兵到北塘学习"踹雷"的制造和应用之法,并在大沽炮台应用。② 近代新式水雷、地雷的应用,为大沽炮台提供了强有力的武力保障,扩大了炮台的防御范围。

李鸿章主张水陆相辅的海防战略,陆路炮台和海上军舰相互依附,互相援应。这在大沽海口也有重要体现。除了在大沽海口修建炮台外,李鸿章还购买了近代化军舰,以炮台为依托,防护海口。1877 年,李鸿章命李凤苞从德国购买炮船(又称水炮台船)。次年 6 月,从德国购买的龙骧、虎威、飞艇、策电四支炮船驶抵大沽,他认为"该船巨炮足以制铁甲,守护海口最为得力",③命令四船分别驻守大沽、北塘海口,与两地炮台守军相呼应。随着近代兵轮的配置,轮船的维修成为当务之急。最初,守护大沽海口的兵轮都需要到南方船厂修理,耗资费时。1880 年 2 月,李鸿章命令前任天津海关道郑藻如、候补道许钤身会同德璀琳在大沽海神庙附近建盖大沽船坞,次年 1 月第一座坞厂彻底完工。以后,大沽船坞规模不断扩大,修理 2000 吨以下各船,"总可随时立应"。④ 除此以外,大沽船坞还负责大沽两岸炮台军事设施的维修工作,诸如添加炮位、

① 光绪二十年十一月初四日复戴道,顾廷龙、叶亚廉主编《李鸿章全集·电稿》三,上海人民出版社,1987,第 229 页。以下该书简称《电稿》。
② 光绪二十年十一月初四日罗镇来电,《电稿》三,第 227 页。
③ 勘验英厂购到四船片,《奏稿》卷三十二,第 1 页。
④ 建造船坞请奖片,《奏稿》卷四十三,第 10 页。

修理枪炮、水雷、电线、电灯，甚至制造枪炮，逐渐发展成为一个以舰船维修、制造业务为主的兵工厂，它与天津机器局共同构成了大沽炮台的近代化军事后勤体系。

铁路和电报是近代交通、通讯的主要手段，也是近代西方军务必备之物。早在1874年日本武装侵扰台湾时，李鸿章就已经深深体味到因信息不灵、运兵不便而贻误战机的酸楚，于是，他在《筹议海防折》内急呼铁路、电报必须仿设。1877年，李鸿章命英国人祥提在天津机器局东局与直隶总督衙署之间架设了十六里长的电报线，"神奇可诧"。这是中国人出资自己架设的第一根电报线，李鸿章自豪地称"数十年后，必有奉为开山之祖矣"。① 1879年，考虑到大沽炮台孤悬海滩，远离城区，对外通讯联系阻隔，不便后方号令指挥，李鸿章遂命人将电报线通到大沽、北塘炮台，并把东局内电报学堂培养的电报人员派赴大沽炮台任职，"号令各营顷刻回应"，②"传令通信，莫不称便"。③ 大沽炮台成为中国内地最先实现通信信息近代化的兵垒防营。当时由于技术能力局限，电报往来文字仍用英文，较为不便。1880年，英文电报改进为汉文，较以前更为方便，并且为防止泄密，已经能够设置密码，发放密码电报，"断无漏泄之虑"。④ 电报，尤其是密码电报的应用，大沽炮台的对外通信信息更为迅速、便捷，并提高了军事保密性能。

大沽炮台布防方圆几里，又地处海滩，辎重运输，尤其是那些笨拙炮械的运输比较困难。1881年，被时人称为"马车铁路"的唐

---

① 光绪三年五月十九日复刘仲良中丞，《朋僚函稿》卷十九，第10页。
② 请设南北洋电报片，《奏稿》卷三十八，第16页。
③ 盛同颐：《盛宣怀行述》，中国史学会编《洋务运动》八，第46页。
④ 请设南北洋电报片，《奏稿》卷三十八，第16页。

胥铁路建成通车,开辟了中国标准铁路建设的新纪元。1884 年,因中法战争的爆发,各地海防吃紧,大沽海口也加强了防护,运送笨重物资增多。李鸿章为方便大沽海口炮台间的内部运输,命令大沽船坞在各炮台之间建造了小铁路,这在其详报光绪九、十两年海防经费折内明确提到,"制造大沽炮台小铁路工料银五百九十二两七钱九分六厘五毫"。① 这条小铁路的铺设大大减轻了守台士兵的搬运劳作之苦,提高了大沽炮台内部运输的工作效率。这虽说不是标准的铁路,也没有近代机车的牵引,但在当时众诋铁路的氛围中,也是非常难得的。

中法战争期间的军事运输压力,清政府不得不承认铁路运兵的重要性,为军事防务需要,允许各地修筑铁路,并让以醇亲王奕譞、李鸿章为首的海军衙门督办。1885 年秋天,大沽口内河水涸浅,轮船运送漕粮、商货不便,李鸿章计划在大沽、天津之间修建一百二十里的小铁道,趁机"展觐帘前,略经陈及",得到批准。于是,他雇来美国人魏礼森勘察大沽至天津之间的道路,可惜最终"嗣因集赀未成",没能建造。② 1886 年 5 月,李鸿章趁醇亲王奕譞巡阅海军来津之机,与其谈论修建铁路事宜。奕譞主张从胥各庄一路建起,"事尚可行"。③ 8 月,李鸿章派总办开平矿务局的唐廷枢聘请洋人将唐胥铁路接修到阎庄。12 月 10 日,醇亲王奕譞又让李鸿章将铁路由阎庄接续至大沽北岸,"为调兵运军火之用",④加强大沽海防建设。李鸿章认为"铁路系为征调,朝发夕至,屯一路之兵,能

---

① 海防经费报销折,《奏稿》卷六十一,第 37 页。
② 议复李福明条陈并粤西矿产,《海军函稿》卷二,第 16~18 页。
③ 宓汝成编《中国近代铁路史资料》一,中华书局,1963,第 125 页。
④ 醇邸来函,《海军函稿》卷二,第 26 页。

抵数路之用,于直隶七百里海岸尤为相宜"。① 于是,他怂恿天津道、营员等联名上书,请求将唐山至阎庄铁路向南接至大沽北岸,同时向北接至山海关。奕譞采纳了这一建议。考虑到工程浩大和当时百姓对铁路的抵触情绪以及资金等问题,李鸿章建议先行接造从阎庄至大沽北岸的八十余里,随后再逐渐兴办大沽至天津之间的铁路;待津沽铁路办妥之后,再接着筹办开平迤北至山海关的路轨。② 这样"局势方密,首尾方灵"。③ 为了解决财政紧张问题,李鸿章主张集资商股修建。但是,从阎庄到大沽北岸地处偏远,人烟稀少,"路僻而商贸稀少,无利可赚,招股不来",④他觉得"非先至通州,其经费无从措办",⑤建议将铁路由天津修筑至通州,以养赡天津至山海关的铁路。奕譞命令首先修造由阎庄至大沽、由大沽至天津的铁路。尽管李鸿章对招集商股没有任何把握,但为了筹集资金,仍主张"沽北之路作为官商合办,调兵运械极为方便"。⑥奕譞批准。1887 年 5 月,清政府开始勘察津沽铁路地基。尽管李鸿章为了招集商股而"舌敝唇焦",也仅招得商股十万八千五百两,但他认为"时不可失",应"急起直追"。于是从海防支应局拨银十六万两,又以每年五厘轻息从英国怡和洋行和德商华泰洋行分别借款六十三万七千和四十三万九千余两用以铺设津沽铁路。1888年,由阎庄经塘沽到天津的一百八十余里的津沽铁路建成通车,

① 议铁路驳恩相徐尚书原函,《海军函稿》卷三,第 9 页。
② 中国史学会编《洋务运动》六,第 187 页。
③ 详陈创修铁路始末,《海军函稿》卷三,第 24 页。
④ 筹借洋款并议覆四事,《海军函稿》卷二,第 22 页。
⑤ 议铁路驳恩相徐尚书原函,《海军函稿》卷三,第 9 页。
⑥ 光绪十三年正月十日条覆四事,《海军函稿》卷三,第 2 页。

"一律平稳坚实","快利为轮船所不及"。① 大沽炮台的对外交通在原有河船运输的基础上,又增设了近代火车铁路,所需煤铁运输更为便捷,运兵、运械更为便利。津沽铁路的修建"全为办理畿辅海防起见",增进了大沽炮台与周边地区的联系,难怪李鸿章日后称其"关系海岸运兵要务,必须设法保全,免至前功尽弃"。②

大沽炮台的照明设施也是在李鸿章督直期间得以改善。早在1876年,广西右江镇总兵周盛传就曾向李鸿章建议,在大沽、新城、北塘等炮台使用外国的煤气灯。③ 李鸿章考虑沿海地区,军防要地,风大不易点燃,国内无人仿造,且夜间灯光容易暴露目标,没有采纳。周盛传遂又指出,灯光照明在外国海防新论中有详细解说,奥、美各国皆有使用。固定的炮台,敌船在白日观察清楚,做好标记,夜间即使没有灯光照射,也能准确轰击;而敌船漂泊不定,在夜间,守台军队只有依靠灯光照定移动的敌船,施行轰击方能准确,对守军而言,利大于害,"设立明灯在我为要,在彼为害",请求迅速购买配置。④ 1879年,美国人爱迪生发明新式碳丝电灯,并很快在欧洲普遍应用。李鸿章首先将电灯在新购买的兵舰之上应用。1880年,李鸿章命驻德公使李凤苞从德国购买定远、镇远铁甲军舰,尽管当时所谓恩得生(爱迪生)电灯每架价值三万六百余马克,时价折合白银五千九百六十余两,但因电灯功能的改进,李鸿章认为定远、镇远舰内"均宜购用",并且派人到德国学习发电机的操作

---

① 中国史学会编《洋务运动》三,第199页。
② 详陈创修铁路始末,《海军函稿》卷三,第24~26页。
③ 周盛传:《周武壮公遗书》卷一下,第8页。
④ 中国史学会编《洋务运动》三,第358页。

方法,并称此项电灯在以后添购快船中,皆为"不可少之要件也",①对应用电灯的观念彻底改变。1884 年,中法战争爆发,海防再次吃紧。李鸿章遂电令李凤苞"速购电光灯两架,限令克日运津"。② 由于李鸿章在电报中没有明确电灯是陆用,还是船用,李凤苞回电询问,"电灯陆用抑船用? 乞示。"③李鸿章转天即电告,"电灯陆用"。④ 李凤苞随即在与德国订购军舰的同时,以二千五百磅的价格订购了两架发电机,"两灯二千五百镑,亦定"。⑤ 按当时 1 磅大约兑白银 3 两 8 钱的货币比价,合银近一万两。当年李鸿章往来电稿中也有"查银五万镑,约合廿万两"的记载,⑥这些都证明当时英国的 2500 镑银相当于清政府的官银 1 万两。李鸿章即于当日汇付连同已购铁甲船及其他炮械定金共两万磅,⑦两架电灯得以迅速运抵大沽炮台安装使用。这件事在李鸿章报销光绪十、十一年两年度海防经费的奏折中得以证实。在报销光绪十年海防经费奏折中记有,"购陆军炮台所用电灯价银七千九百三十四两六分二厘二毫八丝八忽五微",此项费用由工部注销;"购陆军炮台所用电灯验运、保险等费银一千八百二十两五钱四分五厘七毫九丝一忽五微",⑧此项由兵部报销,两项经费合计白银九千七百五十余两,与

---

① 光绪八年九月九日复李丹崖钦使,《朋僚函稿》卷二十三,第 28 页。

② 光绪十年七月初九日寄柏林李使,《电稿》一,第 260 页。

③ 光绪十年七月十六日李使来电,《电稿》一,第 269 页。

④ 光绪十年七月十七日寄柏林李使,《电稿》一,第 270 页。

⑤ 光绪十年七月二十二日驻德李使来电,《电稿》一,第 275 页。

⑥ 《电稿》一,第 331 页。

⑦ 光绪十年七月二十二日寄柏林李使,《电稿》一,第 275 页。

⑧ 光绪十三年十一月十六日海防经费报销折,《奏稿》卷六十一,第 34、26 页。

李凤苞所言定购电灯经费相差不多,可以断定二者为一。另外,在报销光绪十一年海防经费折内还称:"大沽船坞汇报光绪十年分(份)修理大沽海口两岸各营雷电、炮械及电灯等项,工料银七百二十一两一钱零,"①这两则史料充分说明光绪十年驻德公使李凤苞从德国购买的电灯是为大沽炮台所买,并于当年冬天由大沽船坞负责安装在大沽海口炮台,并由其负责维护、修理。这是电灯设备在天津地区的最早应用,大沽炮台的夜间照明设施实现了近代化。此外,1885 年,大沽炮台还从国外购买了双眼望远镜和水平仪;1886 年,又添购了测远仪,大沽炮台的观察、测量设备也进一步得以改善和提高。

大沽炮台经过李鸿章二十多年的苦心经营,建立了较为完整的近代化防御体系,对于中国军事兵垒的近代化具有重要意义。但是,正如当年在华德籍传教士华之安所言:"中国在上之人,亦有令兵丁学西国之炮火、洋枪者,亦有学西国之轮船、电报等项者,亦有用轮船航海为生理,开矿亦用西国之法者,然此非不美,而究未能得西国至善之道也。如此之学,譬如树之有寄虫,外实好看,而日蚀树之精汁。日久蚀之,其树必枯。盖中国人非有至精之学问,由己心之智慧而成各项之技艺,徒依赖于人,此无根本之学,亦犹寄生之暂时好看,日久必害其树,是无本之学,必害其国也……学问失其要,徒得西学之皮毛,而不得西学精深之理,虽学亦无甚益耳。"②在腐朽没落的封建制度之下,受到守台官兵整体素质等众多因素的局限,大沽炮台的近代化设施并不能充分发挥其应起的作

---

① 光绪十四年八月二十四日海防用款立案折,《奏稿》卷六十三,第 23 页。
② 花之安:《自西徂东·序》,载朱维铮、龙应台编著:《维新旧梦录》,生活·读书·新知 三联书店,2000,第 146~147 页。

用。1900年,拥有先进近代化设施的大沽炮台被八国联军攻陷,这永远值得我们深入反思。

周盛传与大沽炮台兵垒防营事略

　　谈起大沽炮台,不能不提周盛传。周盛传(1833—1885),字薪如,安徽合肥人。1861年,周盛传投奔到李鸿章手下,跟随其先后平定太平天国、捻军农民起义,屡立军功,逐渐成为李鸿章手下一员得力干将。1867年,被授予广西右江镇总兵。1871年,周盛传率领盛字军两万余人,从山东来到天津,驻扎青县马厂,并开始修建新城。1874年,因修筑新城有功,被提升为遇缺先行简放提督。1876年,与天津镇总兵陈济清互调,任天津镇总兵,负责天津屯田事宜。开凿南运减河,兴修水利,在斥卤之地开垦水稻田地,以备军需。到1880年,共开垦稻田六万余亩,"小站稻"因此得名。1882年,提升为湖南提督。1885年,因悲母丧病逝于安徽老家。周盛传运用近代西方军制训练士卒,演练阵法,并亲手撰写操枪章程,是李鸿章手下精通西方近代军事技能的重要将领之一。他率队驻扎天津十余年,在近代天津军事发展历程中占有重要地位。作为李鸿章手下重要的军事将领,周盛传的许多军事思想都对李鸿章海防战略思想产生了很大的影响,尤其在京津门户大沽炮台的军事防务中更是起到关键作用。

　　1.关于大沽炮台建筑扩建工程

　　1873年,周盛传率领军队在距离海口三十里的大沽后路、海河沿岸原雍正年间水师营旧址地建新城,筑炮台,布置营垒。次年10月竣工,共修筑中西合璧的大炮台三座,建城墙两道,仿照西方炮台式样,在城墙上修筑隔堆,共设炮位 71 门,新城成为大沽炮台重要的军事后援阵地。在修筑新城过程及以后的几年中,他根据自己多年学习近代西方的军事著作和修筑炮台的实践经验,结合大沽炮台的实际情况,对重修炮台的整体布局、内部结构提出了许多合理性建议,并多被采纳应用。

在大沽炮台的整体布局方面,周盛传根据南岸三座炮台布局分散、不便协防的缺陷,提出了修筑长炮台的建议。1870 年以前的大沽南岸三座炮台各自孤立,彼此之间相距一里之遥,不便互相接应,炮台背后的军事防守更是空虚。1874 年,日本武装侵扰台湾,引起清政府的震惊,要求沿海各省加强海防。周盛传奉命从新城工地到大沽查看海口炮台工程。尽管负责修筑工程的大沽协副将罗荣光工作非常认真,但是,周盛传对炮台的整体布局并不满意。他认为大沽海口各炮台"孤悬外露,毫无拦蔽;护墙单薄,以御飞轮巨炮脱有破绽;台上立脚不牢,不无可虑"。[1] 每座炮台孤零零地暴露在外,没有任何遮蔽,很容易被敌炮击中;炮台下面营垒的保护墙也非常单薄,根本禁不住外国军舰巨大火炮的轰击,炮台的立脚根基不够牢固。针对这些不足,他提出在南岸三座炮台的后面再添筑一座大炮台,并用灰土(即三合土)将外圩墙加厚至三四丈,与前面的炮台互为犄角。这样,不仅为前面炮台守军建立了有所倚仗的坚强后盾,也为闻警而来的增援部队提供了作战阵地,而不至于仓皇无及。这是周盛传首次提出在南岸三座大炮台的后面再修建一座大炮台的建议。同时提出在祁口修建炮台,派专人驻守,与

---

① 筹布天津海防急务禀,《周武壮公遗书》卷一,第 5 页。中国史学会编《洋务运动》三,上海人民出版社,1961,第 352 页。以下该书简称《洋务运动》。

北塘炮台互为犄角,共同捍卫北塘一带海口。同年冬天,周盛传受大沽炮台工程营务处吴秉权的邀请,与恰好到新城检验工程的海防支应局周馥一同到大沽查看海口炮台工程。周盛传根据工程施工情况指出,大沽炮台一面临海,只做零星修补,对于海口防御没有多大改进,还不如将南岸三座炮台后面原有的防护营墙改造成一座长一里左右的长炮台,在外面再重新修筑一道防护墙,"似仍不若于后营墙加筑长炮台,绵亘里许,外加护墙,内伏洞积势较厚,前面守台将兵乃有所恃而不恐"。① 这样积势较厚,前面炮台守军才能有恃无恐。再次提出在三炮台后面增筑炮台的建议,并与吴秉权、周馥、罗荣光等人共同商讨变通办法。最终将南岸"威""镇"字炮台后面原有营墙改造成了一座绵亘一里的长炮台,并在长炮台外面重新修筑了一道防护营墙。

周盛传还主张在炮台的防护墙上修筑平炮台,架设大炮,协助主炮台防护海口。1875 年,负责修筑大沽炮台的罗荣光和吴秉权请求在南岸炮台的营墙上,筑造隔堆,建成平炮台。而海防营务处道员吴毓兰主张在南岸用灰土将原来的防护墙加宽加厚,由"一"字平面式改筑成呈多个"人"字形的凸起式,称这些"人"字形营墙,既可以左右交叉多面进攻,又能节省工程费用,再用节省下来的工程款项,增修北岸石头缝营垒。李鸿章对双方建议犹豫不定,遂向周盛传征求意见。周盛传综合考虑敌情强弱和国内的财力状况,指出修筑南岸的营墙炮台比修筑北岸石头缝营垒更为有利,原因有四:第一,南岸炮台为防护大沽海口的主营,军事战略的重要性远胜于北岸石头缝营垒,只有将炮台根基打造坚厚,才能依靠其抵

---

① 操练各枪并会勘炮台禀,《周武壮公遗书·练法编》卷四,第 10~11 页。

抗来犯之敌。若不完备炮台规模，只是将原有营墙加宽、加固，跟不修没有什么区别。南岸炮台万一有所疏漏、失守，北岸炮台则孤立无援，即使在北岸石头缝地方添驻一营兵勇，对于大沽海口的整个防御系统而言，也是于事无补。第二，南岸炮台所处优越的地理位置，决定了必须在营墙上添筑平炮台，加强南岸炮台的攻击火力。由于海河在海口附近曲折多弯，敌船从海上驶入海河河口后，船身正好与南岸炮台平行，兵船侧面正对炮台，横面受炮处长有二三十丈不等，炮台打击敌船面积较大，击中敌船更为容易。所以，应该增加南岸炮台炮位，以便更有力地打击来船。而石头缝营垒所处位置正对来船，由于兵轮前窄后宽，呈梭状，前面受炮处不过几尺宽，受炮面积较小，炮台攻击敌船较难。第三，南岸炮台增筑有四十余丈长的后墙，前面有台墙挡隔，从海中观察只能看见台墙长短，而不知其宽窄，即使敌人使用兜炮（即迫击炮），也无法准确命中营墙内的设施；而北岸石头缝营垒，面积较大，且没有遮蔽，更容易被吊炮击中。第四，因海河水势弯曲，南岸名为燕子窝的地方颇为扼要，急需加筑营垒，以便配合炮台从旁边夹击已经进入河口的敌船。但由于附近土地已被洋人租用，不能开辟营垒，只有就南岸老营向西开拓，修筑"人"字形炮台营墙，使守军凭借台墙扼守河弯。基于以上认识，周盛传认为"大沽南台营外添筑护墙为必不可缓者也"。①

同时，周盛传还针对吴毓兰不同意在平炮台内建筑券洞提出异议。吴毓兰认为炮台内部设置券洞，有三点弊病。第一，北方土质疏松，砖质笨重，难胜压力，炮火震撼，必多坍塌；第二，万一台墙

---

① 覆陈吴毓兰条议禀，《洋务运动》三，第349~352页。

坦塌,守军争藏券洞之中,可能导致无人放炮攻敌;第三,券洞里面漆黑一片,人多嘈杂,既听不到清,又看不见,官员指挥军队多有不便。所以,吴毓兰反对在平炮台内设置券洞。周盛传指出炮台遭受巨炮轰击,台上护墙难免不被轰塌,在后面设立平炮台,使根基更牢固,足为协助守护炮台。炮台内的券洞与临战时搭建的临时木棚一起用来隐藏兵勇,纵使炮台被敌攻占,守台兵勇藏于券洞和木棚之中,既可以防止兵勇因炮台失陷而四散逃逸,又可以养精蓄锐;守军隐藏在券洞内,凭借掩体保护自身,随着指挥营官的进退起伏而动,从木棚孔中攻击敌人,断使敌人"片甲不回"。故此,平炮台砖券"不可不筑"。此外,他还认为建筑券洞用来藏兵和储备弹药,即使与敌人相持不下,打持久战,炮台守军因有券洞藏兵进行轮换,炮弹、火药等接续不穷,士兵才可以有恃无恐。周盛传最后称:"海口非有炮台不能御敌,非有护墙御弹,不足以守炮台;非有平炮台多储巨炮,不足以为炮之援应;非有砖砌券洞隐藏重兵,静蓄其气,不足以御炮台之外侮。"他主张按照罗荣光、吴秉权等人的原来计划,继续修筑台墙、隔堆及平炮台券洞等紧要工程。①李鸿章根据周盛传等人的意见,最后采取了折中的办法,命令在大沽海口南岸继续修筑炮台后营墙及平炮台券洞等,并将外围后墙改成"人"字形;同时在北岸重新加筑石头缝营垒,作为北岸炮台的军事后援。周盛传提出的这些修整炮台的建议最终都得以实践,大沽海口炮台建筑及其整体布局更趋完善。

2. 关于大沽炮台驻军布防

1870年10月,周盛传率队驻扎在山东济宁,负责为在陕西作

---

① 覆陈吴毓兰条议禀,《洋务运动》三,第349~352页。

战的刘铭传军队筹集、转运军粮。刚刚接任直隶总督的李鸿章,为
了布置天津地区的军事防务,秘密写信给周盛传,命令他迅速来天
津,巡察大沽、北塘两海口,以及天津到通州之间运河沿岸的地势,
计划让周盛传率领重兵驻守大沽炮台,控制海口。11月,周盛传单
骑来津,率领随从,详细查勘直隶沿海地势,并绘画地图,撰写说
明,面呈李鸿章。他在向李鸿章的报告时指出,天津沿海地区四野
平旷,一片荒沙,草木难生,军队粮草供应不便;且毫无遮蔽,不利
于大队人马驻防。根据大沽沿海特殊的地理条件,他建议在海口
适宜位置修筑坚固的炮台,不用众兵驻扎;而在海口以后的几百里
内云集重兵,修筑兵营炮垒,配备巨炮,作为后援。这样节节布置,
前后联络,才能保证首先自立于不败之地,然后再设法战胜敌人。
反之,假如将重兵屯扎于海口,大军处于荒滩咸水之区,军粮、淡水
供应不便,后路再没有强大的援军,对防御海口极为不利。海口炮
台万一有点儿挫折,将会危及到整个津沽地区的防守,误事甚大。
况且,在海口屯集重兵,还会引起国外势力的猜疑,容易引发国际
争端,再起战事,这是非常危险的。李鸿章称赞周盛传的建议是老
成持重之见,与他的想法相同。① 于是,命罗荣光率领六营淮军,驻
扎大沽海口两岸炮台,将周盛传的大队人马驻扎在青县马厂,作为
大沽炮台的后路援军,随时接应海口。周盛传所提出的前少后多、
步步为营的海口兵力布防建议,也就成为李鸿章最初布置大沽、北
塘等海口炮台防务的指导思想。

　　1880年前后,大沽炮台守军由罗荣光率领的六营淮军和一营
亲军炮队,以及记名总兵刘祺与副将史济源率领的三营直隶练军

----

　　① 吴汝纶编《李文忠公全书·奏稿》卷十七,光绪乙巳(1905)年,第49页。

联合组成。1871 年制订的大沽营章程,已经对六营淮军分守南、北两岸各炮台区域有了明确规定,各有分工。而刘祺和史济源率领的三营直隶练军是事后增援而来的,只能与六营淮军混杂分布在南、北两岸的炮台之内。这种守军布防格局一直维持到 1884 年。中法战争爆发后,东部沿海防务再次紧张起来。周盛传根据海口炮台的军事防务情况,提出多条改善大沽炮台防务的建议。他针对炮台守军混杂分布的实际,向李鸿章指出,守护炮台的官兵之间必须上下一气,才能够统一耳目,避免分歧。而罗荣光和刘祺、史济源各自率领自己的军队,同时驻扎在两岸炮台里面,"约束既难周到,号令亦不能专,且有事之时,人多嚣杂,兵气不静,实非制胜之师"。① 由于各军队内的号令不一,彼此之间不能互相指挥,日常训练不能统一,管理起来非常不便。万一发生战事,人多嚣杂,军队士气不能静心合一,很难取得胜利。为了统一管理、指挥军队,周盛传建议重新分布炮台兵力,让罗荣光率领六营淮军和亲军炮队专门驻守南岸各炮台,派刘祺率领二营练军驻守北岸炮台及石头缝营垒,令史济源在南岸炮台后面几里外驻扎,以资犄角。没有战事时,便于管理、训练军队;万一战事爆发,即移驻炮台之内,不仅不用远途奔袭,且为日后远来增援的兵勇备有转驻之所,"一举两得",事半功倍。② 这样分布军队,不同名目的统军将领率领各自的军队,各支军队内部能够上下一气,号令统一,便于指挥;分守两岸炮台,分工明确,各有专职。只要各将领协同作战,对于炮台的防守更为有利。李鸿章采纳了周盛传的建议,但考虑到海口北岸

---

① 续筹战守六条,《周武壮公遗书·军谟编》下卷一,第 28 页。
② 续筹战守六条,《周武壮公遗书·军谟编》下卷一,第 28 页。

兵力相对较弱,刘祺、史济源又同为直隶将领,且修筑营垒需要时间,而中法战事可能一触即发,最终派刘祺率领自己的两营练军驻守北岸"门""高"两炮台,令史济源守护石头缝营垒,作为"门""高"两炮台的军事后援。这样的军队布局也就成为以后十几年内大沽炮台守军的布防格局。

3. 关于大沽炮台武器装备

在改善大沽炮台武器装备及其辅助设施方面,周盛传也提出了许多合理性建议,促进了炮台装备的近代化。1876 年,英国借口马嘉理事件,声言要与中国断交,并派军舰发兵中国,中国海防再次面临危机。进一步加强大沽海口的防御能力再次被提上日程。周盛传根据当时大沽炮台的装备情况,向李鸿章提交筹办大沽、北塘、新城防务条议,建议在大沽炮台配备炮架,以便根据实战情况移动炮台上的巨炮;增添田鸡炮(即迫击炮),攻击来犯之敌;主张在海滩上多埋地雷,以轰杀登岸之敌,并详细介绍了西方新式地雷的应用之法。李鸿章对周盛传的建议大多接受,但对地雷的应用有不同见解。他认为敌人万一登陆,则以陆路部队迎敌,怎么能够专门指望用地雷来御敌呢?即使在要隘地区设奇置伏,也无须多备。尽管李鸿章在应用地雷方面有不同的看法,但是,他对周盛传所说的新式地雷很感兴趣,要求周盛传绘制地雷图纸,作详细说明。于是,周盛传再次上书李鸿章,详细介绍当时欧美各国应用的新式地雷的情况:水雷分为两种,一种用于水中。这种水雷体积较大,有方的,也有圆的,可以击沉敌船;另一种用于陆路,称作地雷,由于陆路需要根据地势而设,因此地雷的体积普遍较小,多为长方形。并重点介绍了串雷施放方法,先将地雷表面提前开出几个小孔,孔孔相对埋放,眼眼相通,用电线相连,这样可以连续爆炸,杀伤力更强。他还列举美国南北战争时期,南方军队用伪装地雷的方法守护关口获胜的军事战例,宣称只怕制造的地雷不够多,不能满足战争需要,又怎么会嫌多呢? 并让他手下的工匠制造了一具木质地雷模型,送给李鸿章观看。① 李鸿章看后深受启发,不仅同意在海口应用地雷,还于当年 6 月在天津机器局东局内创办了电气水雷局,专门教授制造、应用近代化水雷的方法。1880 年,大沽炮台也设立了水雷营,专门负责布雷事宜。次年,又成立了大沽水雷学堂,为水雷、地雷在北塘、旅顺、威海等地的广泛应用,打下了技术基础。正是由于周盛传的建议,大沽炮台才开始应用近代新式地雷,并逐渐成为水雷、地雷的研究、制造中心。

对于周盛传主张在大沽炮台添设田鸡炮的建议,李鸿章也有异议。他指出田鸡炮为仰攻利器,射程较近,多是由地处低洼地方的军队,用来攻击高地之敌。而大沽炮台守军身在炮台之上,居高临下,根本无需使用,更何况大沽炮台已经配备了 4 尊不同口径的田鸡炮,所以,他只答应再拨几尊给新城驻兵使用。周盛传根据李鸿章的看法指出,虽然田鸡炮射程不远,但一旦敌船靠近炮台,用田鸡炮攻击敌船桅顶和外舱,比使用克鹿卜等巨炮更为有力。除此之外,万一敌人攻上堤岸,守军还可以用田鸡炮攻打隐蔽在沟堤中的敌人,"可散其队伍,不能突堤而前,并不能籍堤自固",②使其进退不得。因此,炮台必须多多配备田鸡炮,以便应用。大沽炮台只有 4 尊,根本不足分配,请求李鸿章命令天津机器局立即仿造,或者从江南制造局或金陵机器局运解、备用。后来,李鸿章采纳了周

① 再陈海防条议,《洋务运动》三,第 357~358 页。
② 再陈海防条议,《洋务运动》三,第 357~358 页。

盛传的建议，不仅给大沽炮台配备了各种陆用大炮，还增派了一营
500人的亲军炮队，协助防护炮台。

周盛传除了力主应用近代新式武器装备炮台外，还提出在炮
台配备电灯设施，改善大沽炮台的照明条件。1876年，周盛传为了
方便守军夜间防护海口，建议在大沽炮台"多备外洋煤火灯，为夜
间防海之用"，并请求在新城多储煤炭，以备大沽、北塘炮台应用。①
对于在海口炮台使用煤火灯的建议，李鸿章认为有些不妥，第一，
夜间海边风力很大，用煤火点灯很难。第二，西方人使用的煤气
灯，国内还没有人能够仿造。第三，在作战方面，临战时，军营内外
如有灯光，容易暴露军队的方位，敌人很可能借此发动攻击。他还
列举普法战争期间德国人利用法国城内的灯光攻击法军的例子，
不主张在大沽炮台安设煤火灯。针对李鸿章指出海口不宜用灯的
种种弊端，周盛传又上书陈述个人见解，指出奥、美各国使用的石
灰、火油、电器等各种煤气灯，都不怕狂风怒吼，尽管国内还不能仿
造，但是上海的许多外国商人都愿意帮助从国外购买。称在海口
安设煤气灯，在晚间照射敌船，确定敌军位置，以备炮台守军瞄准
轰击，"实属目前最要之端"。针对李鸿章担心海口灯光反被敌人
利用的忧虑，周盛传辩解说，海口炮台屹立不动，敌人只要在白天
做好标记，夜间即使没有灯光，敌船也能够依据标记准确地进行攻
击；而敌船忽东倏西，漂移不定，方位不可测度，如果没有探照灯照
明观察敌情，炮台不知目标何在，根本无法实施攻击。"是设立明
灯在我为要，在彼为害"请求迅速派人从国外购办，以备急需。② 他

---

① 筹办大沽、北塘、防务条议，《洋务运动》三，第356页。
② 再陈海防条议，《洋务运动》三，第357～358页。

还建议在军营中也应用电灯。尽管李鸿章考虑到电灯的种种缺陷，并没有立即在大沽炮台应用电灯，但是，电灯已经在李鸿章心目中留下了深刻印象。后来，随着电灯性能的改进，1884年，中法战争期间，李鸿章请驻德公使李凤苞帮助，从德国购买了两架发电机，安装在大沽炮台，并配备了探照灯，大沽炮台的照明设施得到彻底改善。

4. 关于大沽炮台对外交通

大沽炮台地处沿海，对外交通非常不便，这就直接影响后路援军的接应速度。为了方便援军接应炮台，周盛传还亲自率领军队在大沽炮台至小站之间修建了一道长堤，改善了大沽炮台对外交通设施。1884年，中法战事随时可能爆发。考虑到大沽炮台与小站之间的地势低洼，夏秋之际雨水滂沱，潮汐泛涨，往来道路多泥泞积潦，漫不能行，不用说运送笨重的炮车异常困难，"转运维艰"，即便是轻装增援部队也"几无驻足之所"，没有落脚的地方。① 战事在即，周盛传连忙跑到天津，面陈李鸿章，建议在大沽与中唐洼两地之间修筑一道长堤，且在堤上修筑子墙，每隔几里构筑一座炮台，作为行军往来部队随时防守、瞭望军情之用，称这"实为目前最要之工"，必须立即进行。李鸿章对他的建议非常赞成，还答应拨给专款，雇募民夫，来帮助兵勇，一起修造。两人商定修建长堤计划以后，周盛传当即回到小站营地，招集营中将领筹商具体办法。麾下将领都说，以前每次用工都是从2月开始，现在已经接近夏令，天气逐渐炎热多雨，应该抓紧时间办理。于是，周盛传一面命令各营先借款，招募民夫，购买箩筐、铁锹、绳索等工具；一面派营务处

---

① 小站筑坝案，《周武壮公遗书·军谟编》下卷一，第47~49页。

陈连陞率队驰赴大沽一带丈量土地、测绘地势。后来,他又亲自前往勘查地势。由于当时正值中法战争爆发之际,防务戒严,而大沽到中唐洼之间有七十多里,工程繁重,周盛传决定先将长堤从大沽炮队营墙外面往西修建到南开三闸,并将因挖土而成的沟渠进行修整,上通至减河,下达大沽入海。5 月 22 日,周盛传率领军队开始分段修筑,6 月下旬顺利完工。这道堤坝长十八里,从下往上作斜坡状,脚宽十丈,面宽五丈,堤上筑有矮墙,每隔二里左右修筑月牙形圆炮台一座,以备安置大炮,攻击敌人。这道长堤的修筑,保证了后路援军能够迅速地前往大沽增援,加强了大沽炮台与后援部队之间的联系;而因取土筑堤而在堤外形成的河渠,又把南运河水引到大沽,大沽协副将罗荣光在河渠上设置了两道水闸,一道用来防堵潮汐,一道用来控制河水涨落,这不仅解决了筑堤的用水问题,而且改善了大沽炮台守军的饮水条件,从此以后,守军不必再跑到十几里外去运水,而凭借这条沟渠供应饮用水,"借供汲饮之需,不必远至十余里外取水,为利甚溥"。① 1885 年,周盛传担心法国军舰乘隙侵扰大沽等直隶海口,考虑到中国兵勇如果在海滩水洼之地往来援应,疲于行军跋涉,对战局不利,于是向李鸿章建议在大沽北岸,由天津到大沽至北塘、芦台、山海关,南岸由小站经大沽口到祁口,修筑堤道,以方便军队行走,往来接应,并请在南岸堤道之上加修子墙、隔堆。李鸿章认为周盛传说得很对,"韪之","一一如公之所筹"。② 此外,周盛传还曾建议在大沽海河两岸设置三座浮桥,以便南北两岸炮台的营兵及援军的调动。③ 由于周盛传的

---

① 小站筑坝案,《周武壮公遗书·军谟编》下卷一,第 47~49 页。
② 《周武壮公遗书》自述年谱。
③ 议覆德国兵机院总办次藩条陈,《洋务运动》三,第 631 页。

建议和亲身实践,大沽炮台与其后路及沿海地区的交通设施进一步得以改善,各地驻军之间往来接应更为便捷。

　　周盛传一生戎马,在天津地区驻守十余年间,为近代天津的军事及农业经济、社会生活等方面都做出了重大贡献。他在大沽炮台的军队布防、建筑工艺、武器装备、照明设施等方面,提出了许多建设性意见,并大都得以实现,还亲自率队挖土筑堤,改善炮台周边的交通设施,对大沽炮台军事设施的近代化功不可没。1885 年 7 月 25 日,周盛传在安徽老家,因悼念母丧,悲痛欲绝,引发旧伤,吐血而亡。李鸿章闻讯痛惜道,"今畿辅失一干城,微臣少一臂助。顾时局之日艰,痛将才之凋谢,不能不为朝廷惜此人也"。① 失去这样一名文武全才的得力干将,怎能不令人痛心!

---

　　①　吴汝纶编《李文忠公全书·奏稿》卷五十四,第 25 页。

评李鸿章督直期间大沽海口沿岸兵力调拨

近代中国国弱兵微,内忧外患频发,各地守军频繁征伐于国家内外,尤其是1870年以后,包括日本在内的西方资本主义国家多次从海上侵犯中国,以李鸿章为首的主海防论者以海防为要,各省海口防务备受重视,以致海口守军也因时局变化而不断变迁。李鸿章在担任直隶总督兼北洋大臣期间,始终把大沽海口看作控制京津门户的北洋要口,对大沽炮台的军事防务极为重视。尽管在其督直期间,大沽海口并没有发生过任何战争,但是,伴随着日本掠台、中法战争和中日甲午海战等近代中国几次严重的边疆危机,这里的炮台及其附近沿海防营兵勇也不断变化。

一

1.1870年初任直隶总督后,大沽海口防营的布置

1870年,李鸿章继崇厚之后任直隶总督。他认为大沽炮台控扼津沽,为进入北京的门户,地理位置至为重要,必须派兵严把死守。而当时大沽炮台的守军只有崇厚在1868年招募添练的洋枪队和炮队官兵,总计180名,[①]觉得"守兵过单"。[②] 于是,李鸿章派自

---

① 津郡改照练军营制折,《李文忠公全书·奏稿》卷二十一,光绪乙巳年(1905),第40页。以下该书简称《奏稿》。

② 裁并通商大臣酌议应办事宜折,《奏稿》卷十七,第12页。

己的亲信将领总兵罗荣光接替张秉璋为大沽协统领,率领亲军炮队增援大沽口,拨官 48 名、兵 700 名,①合原有兵勇,共计官兵 928 名,驻守海口,重整炮台。尽管如此,他对只有九百余人守护大沽炮台仍不放心,认为还需要在大沽至天津的海河两岸添设炮台,分驻劲旅,作为后路援军及时增援海口,才能保全天津,控制门户。②于是,李鸿章决定调拨由广西右江镇总兵周盛传统带的仁盛各营两万余人,从山东济宁急速来津,防护津沽地区。他写信给周盛传,让他先单骑秘密来津,巡察大沽、北塘海口和天津至北京之间的河岸地区,准备在大沽、北塘海口密布重兵,加强防务。周盛传在仔细巡察津沽之后,指出大沽海口炮台不宜派太多的军队驻守,"不在兵数过多"。他认为若将重兵置于海口,"徒使彼族惊疑",且将重兵处于荒滩咸水之区,"稍有蹉跌,误事甚大",主张在大沽海口修筑坚固炮台,配备巨炮,以少数兵勇驻守;而在海口后路布置重兵,以为游击之师。李鸿章采纳了周盛传的建议,令淮军仁盛各营军队驻扎马厂一带,作为大沽炮台后援部队。1871 年 11 月,李鸿章再次增兵大沽炮台,重新制定大沽协营章程,划定责任分区。将炮台守军增为六营,分为前左、前右、中左、中右、后左、后右各营,每营各有兵 300 名,内有识字文案人员 9 名,兵丁 291 名。其中,前右营游击 1 名,左哨千总 1 名,右哨把总 1 名,协防左哨外委千总 1 名,协防右哨外委把总 1 名,左哨额外外委 2 名,右哨额外外委 2 名,兵 300 名;中右营中军都司 1 名,左哨千总 1 名,右哨把总 1 名,协防左哨千总外委 1 名,协防右哨外委把总 1 名,左哨额外外委

---

① 津郡改照练军营制折,《奏稿》卷二十一,第 40 页。
② 截留京饷折,《奏稿》卷十七,第 57 页。

2名,右哨额外外委2名,分防邓善沽汛额外外委1名,兵300名;后右营都司1名,左哨千总1名,右哨把总1名,协防左哨外委千总1名,协防右哨外委把总1名,左哨额外外委2名,右哨额外外委2名,兵300名;前左营都司1名,左哨千总1名,右哨把总1名,协防左哨外委千总1名,协防右哨外委把总1名,左哨额外外委2名,右哨额外外委2名,兵300名;中左营都司1名,左哨千总1名,右哨把总1名,协防左哨外委千总1名,协防右哨外委把总1名,左哨额外外委2名,右哨额外外委2名,兵300名;后左营守备1名,左哨千总1名,右哨把总1名,协防左哨外委千总1名,协防右哨外委把总1名,左哨额外外委2名,右哨额外外委2名,兵300名。所有六营共有官55名,兵1800名。章程规定,前左营防护北岸前炮台(即原设北炮台),中左营驻守北岸后炮台(即原设砖炮台),前右营驻守南岸南炮台,后右营防护南岸老炮台。这四营守军专司操防,不兼防地面;中右营分防大沽地面,后左营分防海口地面,两营同时兼管炮台,一半巡防原派地段,一半轮驻南岸中炮台。各营守军各有专门防区,配备近代化枪炮,按时操练,管理日趋正规。①

　　新城:1875年11月,大沽海口后路新城炮台及衙署等工程彻底完工。李鸿章筹建新城,本来是想将新城作为大沽协衙署。后来考虑到大沽协以守护海口炮台为专职,协署设在新城,指挥炮台守军多有不便。于是,在整修大沽海口炮台时,命人在南岸炮台修建大沽协衙署,而改派葛沽营守备衙署常驻在刚刚新建的新城,②命葛沽营守备张曙德添练葛沽营弁兵,官8名,兵325名,由大沽协

---

① 大沽海口酌定营制章程折,《奏稿》卷十八,66~68页。
② 周盛传:新城宜设重镇案,《周武壮公遗书》卷一,第49页。

副将负责随时布置巡察。①

北塘炮台:1871 年,通永镇总兵周得胜率领直隶练军两营 1200 名官兵修筑北塘炮台,严加防守。② 后由大名镇总兵徐道奎接任驻守。1874 年 7 月,徐道奎被调到天津修筑三岔河口炮台,北塘炮台改由记名提督吴殿元率领 1200 名练军驻守。③

2. 日本掠台前后(同治十三年至光绪六年),大沽防营的分布

1868 年,日本通过明治维新,日益强大起来。1869 年,日本明治天皇亲自制订了所谓的"大陆政策",妄图经过率先侵略台湾,进而占领朝鲜、中国的东北和蒙古,征服全中国,最终征服全世界,使日本成为"八纮一宇"的大帝国,逐步走上了军国主义的轨道。1874 年,日本以琉球岛渔民在台湾被杀事件,武装侵略台湾,开始侵华战争。同时,英国承认阿古柏在新疆的统治地位,并送给阿古柏政权枪炮弹药,企图分裂中国新疆地区。1875 年,英国又以马嘉理事件为借口,敲诈清政府。英国驻华公使威妥玛提出种种无理要求,并以下旗绝交和调兵开战相恫吓,中国边疆出现新危机。李鸿章除了上书清政府主张专注"海防"外,同时也加强了北洋沿海的防御力量。李鸿章认为大沽炮台守军"兵力单薄",④于是,又增加了海口炮台防守兵勇人数。大沽海口南北两岸炮台除了原有罗荣光统带的 1800 名练兵以外,又添增亲军炮队一营 500 人;并派记名总兵刘祺率领直字营勇兵两营 1000 人,副将史济源带领练兵

① 海防支应请销折,《奏稿》卷三十,第 17 页。
② 大沽海口酌定营制章程折,《奏稿》卷十八,第 66 页。
③ 彭楚汉交卸赴闽片,《奏稿》卷二十三,第 30 页;周盛传:覆陈吴毓阆条议禀,《周武壮公遗书》卷一,第 1 页。
④ 酌裁防勇折,《奏稿》卷四十七,第 17 页。

500 人为大沽炮台后援,以备随时增援海口防务。此时,大沽炮台共有守军 3800 名。此外,由原任云南巡抚潘鼎新督同提督叶志超率领练军马队、步队共四营兵将,扼守新城;提督周盛传率领十六营马、步队驻扎小站、马厂一带,距大沽口十里至百余里,为大沽海口后路援兵。①

北塘炮台:李鸿章认为原扎北塘迤东至山海关一带仅四营练军 1200 名,断难分布。于是,任命唐仁廉为通永镇总兵,率领练军 1200 名、仁字营 500 名,共马、步队五营,官兵 1700 名,分守北塘南、北岸炮台;赵喜義率领义胜练军一营,兵勇 500 名,分防蜇头沽炮台。② 1880 年,负责布防北塘、山海关一带防务的直隶提督郭松林突然因病去世,李鸿章又奏请从湖北调任李长乐为直隶提督,来直隶布置北洋防务。当年 7 月,李长乐到任,负责督率北塘至山海关一带练军。又从湖北襄阳调来武毅军马队一营、步队三营扼扎芦台,③作为北塘炮台后路,准备随时增援炮台守军。

同时,提督刘盛休统率铭军马队、步队十一营驻扎距北塘口二百余里的兴济镇,"意在布远势,蓄威重",作为大沽、北塘两路总后援,"视敌所向,即率行队纵横援剿"。④ 除此以外,李鸿章认为北塘迤东至山海关一带,约三百余里,无兵驻守,于是,请湖广总督李瀚章为其招募兵勇,开赴天津。11 月,湖南提督鲍超率领新招募的兵勇马、步队 13800 人,到达天津。李鸿章认为昌黎、滦州、乐亭沿海

---

① 覆陈言路条陈折,《奏稿》卷三十八,第 18 页。
② 覆陈言路条陈折,《奏稿》卷三十八,第 18 页;酌裁防勇折,《奏稿》卷四十七,第 17 页。
③ 酌裁湖北武毅等军折,《奏稿》卷五十七,第 1 页。
④ 覆陈言路条陈折,《奏稿》卷三十八,第 19 页。

位居天津、山海关两地适中位置，"前后策应调度，似甚灵便"，并且距离轮船运行起岸的洋河口仅一百余里，"转运较近，可省沿途车马供臆之烦"，遂命令鲍超率军驻扎滦州、乐亭，认真操练，以备游击之师。①

1881年，海防紧张气氛日趋缓和。当年6月，清政府为了节省经费，宣旨裁减各地兵勇。李鸿章遂命裁掉鲍超新招募的步队十一营、马队二营，并由大沽协中抽调700名守军训练洋枪队。1882年，因海口炮台的增多，大沽、北塘等处的原有兵丁不敷分布，除原来从大沽协中抽调训练洋枪队的700人回归原营外，又招募了伙夫180人，将大沽炮台六营守军人数增加到1980名；北塘炮台守军增加20名；由叶志超统率驻扎在新城的正定练军马、步队四营，开赴山海关，修筑炮台扼守；新城防营官兵增加177名，合原有营兵，共510名。②

3. 中法战争期间(光绪十年至光绪十一年)，大沽防营的调拨

在中法战争期间，尽管李鸿章认为中国"各省海防，兵单饷匮，水师又未练成，未可与欧洲强国轻言战事"，③而法国"船械之精，操演之熟，海上实未可与争锋"，④主张和平解决中法矛盾，缓和中越边疆危机。但是，他并没有坐以待毙。尤其是中法正式开战以后，李鸿章除了遥控指挥陆、海战争外，并积极为鏖战于中越边境的清

---

① 妥筹鲍军事宜片，《奏稿》卷三十八，第22页；鲍超赴防片，《奏稿》卷三十八，第53页。

② 海防练军报销折，《奏稿》卷五十三，第7页。

③ 论海防兵单未可轻言战事，《李文忠公全书·译署函稿》卷十四，第10页。

④ 民国北平故宫博物院文献馆辑：《清光绪朝中法交涉史料》卷四，民国二十一年(1932)，第23页。

军筹备军火、粮饷,还征调重兵齐集渤海西部沿岸,加强大沽、北塘两海口的防御力量,防止法国军队北上津沽,威胁北京。此时的大沽、北塘沿海,甚至天津城都是重兵云集。

大沽炮台守军:大沽协副将罗荣光率领大沽协六营淮军驻守南岸主营炮台,一营亲军炮队在后路接应;记名总兵刘祺统领两营直字营兵勇守护北岸炮台,副将史济源带领一营保定练军为后路接应。又添设一营水雷营兵,专管布设水雷、电线等事宜,总计有官兵4394名。[①] 并调派镇中、镇西、镇东、镇北四艘炮舰进入大沽口内,与两岸炮台相互依护。前敌营务处记名提督吴殿元驻扎大沽海口,联络将领,妥善筹划战守事宜。湖南提督周盛传率领枪队十一营、马队五营驻扎小站、马厂一带,为大沽炮台的军事后援。

新城:大名镇总兵徐道奎统率二营大名镇练军、炮队二哨与葛沽营守备张曙德一营练兵共同驻守。

北塘炮台:广西提督唐仁廉统率仁字、义胜各一营、通永镇练军三营,分别扼守南、北两岸炮台,并重新招募仁字副营,驻防北岸青坨寺,构筑台垒,以为犄角。[②] 另外,又重新招募专管水雷哨队,布设水雷,镇南、镇边两炮船与炮台相依护;直隶提督李长乐统领武毅军马、步队四营(1885年5月,裁去马、步队各一营,仍留步队两营。[③])、提标练军马、步队二营驻守芦台,为北塘后援。会办北洋事宜大臣吴大澂分拨所部亲军炮队一营、步队一营,驻守乐亭黑坨。法军发动马尾海战后,吴大澂率领马、步、炮队十一营及重新

---

① 周馥:醇亲王巡海日记,张侠、杨志本、罗澍伟、王苏波、张利民合编《清末海军史料》,海洋出版社,1982,第372页。
② 裁遣新营停领部饷折,《奏稿》卷五十五,第26页。
③ 酌裁湖北武毅军等折,《奏稿》卷五十七,第1页。

招募的三营兵勇（1885 年 11 月裁去新招的两营，仅留绥军一营。①）驻扎昌黎、乐亭一带；副将刘超佩统巩字三营驻扎乐亭甘草坨一带；候补直隶州戴宗骞统绥字马、步队四营驻守洋河口；山海关原有正定镇总兵叶志超统正定练军马、步队四营在宁海城老龙头坚筑炮台驻守，又添派甘肃提督曹克忠统带津胜六营一哨前往增援，分屯威远城、崔家店、大湾、马家店、青石沟等处，与叶志超军互相犄角应援。北塘后路，记名总兵徐邦道率领马队二营扼守军粮城，法国军队攻打福建轮船招商局厂后，徐邦道又添募步队二营，取名拱卫营，配给后膛枪炮，认真训练。② 1885 年 11 月，中法战事结束后，该部被裁去一营三哨，仍留炮队两哨。③

在天津，有记名总兵黄金志统护卫营、练军四营三哨，都司王得胜带亲军炮队一营，由李鸿章亲自居中控制。周盛传盛军枪队十一营、马队五营分驻小站、马厂一带；记名提督刘盛休统铭军枪队十营驻扎兴济镇（法军攻闽厂后，派往抚宁永平，为山海关后路，择要布扎），"总视海口，何处警急，即调赴驰援，专为游击之师"。④同时，李鸿章还让在安徽老家侍母的昔日干将周盛波在淮北一带选募精壮兵勇十营，克日来津，与周盛传所部合队操练。1884 年 9月，周盛波招募的十营新兵先后抵津，由记名提督甘肃宁夏镇总兵卫汝贵会同永州镇总兵贾起胜，⑤督率训练，配给西洋后膛枪炮，

① 裁遣新营停领部饷折，《奏稿》卷五十五，第 26 页。
② 会查防务折，《奏稿》卷五十一，第 17~18 页。
③ 裁遣新营停领部饷折，《奏稿》卷五十五，第 26 页。
④ 力筹战备折，《奏稿》卷五十，第 16~17 页。
⑤ 新募盛军到津折，《奏稿》卷五十一，第 46 页；卫汝贵丁尤留营片，《奏稿》卷七十一，第 23 页。

"纵横荡击,以期挫遏凶锋"。① 年底,周盛波在李鸿章的再三应征下,来到天津。李鸿章派周盛波统帅所有大沽、北塘海口前敌各军,"临事相机策应,以便得力"。②

4. 甲午战争期间(光绪二十年至光绪二十一年),

　　大沽防营的分配

1894 年 4 月,朝鲜全罗、忠清两道人民响应东学党起义,与朝鲜政府军交战,政府军大败,连忙向清政府求援。6 月,李鸿章调直隶提督叶志超率领驻扎山海关清军一千人与太原镇总兵聂士成五百人开赴朝鲜,驻扎牙山。日本也因此出兵朝鲜。随后,李鸿章又派卫汝贵率领驻扎在小站的盛军十三营七千人,从新城登轮,分批开赴朝鲜,援助叶志超军队。日军攻击驻守牙山的清军,引发中日甲午战争后。李鸿章又派驻扎北塘的清军八百人,芦台二百人,由塘沽登轮开赴牙山增援。这次军队的调拨是李鸿章任直隶总督以来,北洋军队调动最为频繁的一次,引起山海关、北塘一带海防空虚。于是,李鸿章上书清政府,请求添募新勇填扎北洋海口,重新布置直隶沿海防务,以备前后接应。

大沽炮台:南岸,原有已升任天津镇总兵的罗荣光与大沽协副将韩照琦率领的大沽协六营清军 1980 人、一营亲军炮队和一营水雷军,10 月,又添派胡金元率保定练军六百人协防,③共有兵勇名,分守各炮台。大沽海口以南至祁口百里浅滩,派罗荣光与分防祁口的总兵梅东益在海滨添设马队,来往巡察。北岸炮台由

① 请饬周盛波募勇来津片,《奏稿》卷五十一,第 3 页。
② 周盛波总统前敌折,《奏稿》卷五十三,第 2 页。
③ 光绪二十年八月二十七日午刻复译署,顾廷龙、叶亚廉主编《李鸿章全集·电稿》二,上海人民出版社,1986,第 1042 页。以下该书简称《电稿》。

提督郑崇义练勇两营、副将史济源练军一营共 1500 名分守，南北两岸共有守军 5000 余名。①

新城：原有新城守备练军 300 人，大名镇炮队 200 人，又调大名镇总兵李大霆统练军三营增援新城，共同作为大沽炮台守军援应之师。②

北塘炮台：原有炮台守军五营，并有驻扎在芦台马、步队五营为炮台守军接应之师。后因驻守北塘炮台的四营清军及驻芦台的一营兵勇共 2000 人被调往朝鲜，支援叶志超军，通永镇总兵吴育仁又照原数招募补齐北塘守军，副将卞长胜在芦台募补一营，③并调驻扎在古北口一营练军前来填扎，又调湖北提督吴凤柱率领的 500 人马队暂扎芦台，④共有直隶练军和仁字营七营两哨，分别守护南、北岸炮台。总兵吴宏洛率领新募六营兵勇驻扎新河镇，为北塘后路，接应大沽、北塘海口驻军，以资策应。⑤

军粮城：原有正定镇总兵徐邦道统马队一营，炮队一营驻守。10 月，徐邦道率领马队、炮队各一营及新招募的兵勇二营，开赴大连，增援旅顺，军粮城成为空城。⑥ 11 月，曹州镇总兵王连三在山东招募练兵 800 名到津，暂驻军粮城，为北塘后路接应。⑦

小站：原有总兵卫汝贵统盛字军马、步队 6000 余人驻扎。1894

---

① 光绪二十年十一月初四日酉刻寄译署，《电稿》三，第 230 页。
② 光绪二十年十一月初四日酉刻寄译署，《电稿》三，第 230 页。
③ 光绪二十年七月初八日寄译署，《电稿》二，第 859 页。
④ 光绪二十年八月二十七日午刻复译署，《电稿》二，第 1042 页。
⑤ 光绪二十年十一月初四日酉刻寄译署，《电稿》三，第 230 页。
⑥ 光绪二十年九月十二日寄大连赵统领旅顺龚道等，《电稿》三，第 37 页。
⑦ 光绪二十年九月十八日　寄译署，《电稿》三，第 53 页；光绪二十年十月初八日巳刻　寄译署，《电稿》三，第 124 页。

年 7 月,卫汝贵率队开赴朝鲜。① 9 月,总兵卫汝成新募兵勇五营填扎,在小站训练。日军在皮子窝登陆以后,11 月,卫汝成率队增援旅顺。② 12 月,提督曹克忠率新募兵勇八营移驻小站操练;③旅顺失守后,驻扎在小站的军队已有马、步队三十营,遂分别移扎上古林、祁口等处,为津南一带游击之师。

乐亭:1885 年中法战争结束后,本无兵驻守。1894 年 10 月,李鸿章派王可升带领宣化马队两营前往,相地驻巡。日军逼近威海后,转年 1 月,李鸿章调刘光才五营移扎乐亭,并调申道发率湖北湘勇三营来津,与王可升、刘光才共驻乐亭。④

洋河口:1894 年 10 月,总兵贾起胜统率新招募的八营勇兵驻扎,添筑土炮台扼守。⑤

祁口营:10 月,派总兵梅东益率马、步小队巡防;分拨乐字马、步队各一营,修筑土炮台,布设旱雷驻守。⑥

山海关:叶志超抽调山海关两营开赴朝鲜后,李鸿章命提督卜得祥统领原驻马、步队两营及新募两营(1000 人)分驻山海关台垒,又从河南调来豫军蒋尚钧马、步队 2000 人,择要协防(该军于 11 月

---

① 光绪二十年六月十四日寄译署,《电稿》二,第 779 页。
② 光绪二十年八月二十七日　复译署,《电稿》二,第 1042 页;光绪二十年十月初二日　寄译署,《电稿》三,第 100 页。
③ 光绪二十年十一月初四日酉刻寄译署,《电稿》三,第 230 页。
④ 光绪二十年八月二十六日寄译署,《电稿》二,第 1038~1039 页;光绪二十年十一月二十七日寄译署督办军务处,《电稿》三,第 298 页。
⑤ 光绪二十年八月二十六日寄译署,《电稿》二,第 1038~1039 页。
⑥ 光绪二十年八月二十七日复译署,《电稿》二,第 1042 页;《电稿》三,第 202 页。

调离山海关,开赴奉省,支援旅顺,听候宋庆的调遣①);派总兵潘万才率马队两营开赴秦皇岛以为接应,后又添募炮队一营,分驻巡守。日军登陆大连,11 月,吴大澂从湖北征调刘树元所率湘勇四营、陈湜六营到达山海关;12 月,湖北吴元恺炮队两营、湖北提督吴凤柱马队五百人及新募四营、李光久五营先后开赴山海关,加之原有炮台五营,共有马、步队二十五、六营。② 山海关成为清军陆路兵源转运站。

二

综观李鸿章任职直隶总督二十余年间对渤海西岸防营的布置、调度,可以看出李鸿章对大沽炮台的防务是非常重视的,将其当作直隶防务的重心,这主要体现在两个方面。

第一,无论时局如何变化,大沽炮台守军的核心力量始终未曾大规模变动。1870 年,李鸿章刚刚继任直隶总督,就派亲信干将罗荣光率领六营淮军驻守大沽炮台。之后又增设亲军炮队一营,增添刘祺、史济源保定练军三营,招募一营水雷兵。在带兵方面,李鸿章认为"任将为先,兵非将所素习,则呼应有时不灵",③从此,罗荣光、刘祺、史济源等主力干将就再也没有被调离过大沽炮台。而在李鸿章督直的二十多年里,三人所率领的这三支清军,也只有两

---

① 光绪二十年九月二十九日复译署,《电稿》三,第 83 页。

② 光绪二十年八月二十六日寄译署,《电稿》二,第 1038～1039 页;光绪二十年九月二十九日复译署,《电稿》三,第 83 页;光绪二十年十月初一日复译署,《电稿》三,第 94 页;光绪二十年十月初八日寄督办军务处,《电稿》三,第 128 页。

③ 遵旨密筹防务折,《奏稿》卷三十六,第 17 页。

次借调他处,且人数很少。一次是 1881 年,从中抽调 700 名兵勇练习洋枪,次年遣归原营。这次抽调纯属培训性质;①另一次是 1891年,因河北朝阳地区农民起义,热河行宫防务吃紧,热河行宫守军督统德福向李鸿章请求增援。李鸿章认为"园庭重地,防护未可稍疏",②遂派驻守大沽北岸炮台的统带郑崇义抽调直字营洋枪队600 人奔赴热河,协助保卫行宫。在平定起义后,迅速调回大沽。况且,这次调防也是在"时近封河,大沽防务稍松"的情况下进行的。③ 除了这两次短时间的调动之外,大沽炮台守军再也没有离开过大沽海口。

第二,随着时局的变迁,大沽炮台的防兵人数只增不减,一增再增。从上述大沽海口兵力调拨的详细情况来看,在李鸿章任直隶总督以前,大沽炮台守军只有 180 人。他认为人数太单,遂增兵700 名。后又改革大沽协营制,增兵至 1800 名,炮台防兵增为原来的十倍。1874 年,日本武装入侵台湾时,李鸿章又增添亲军炮队一营,添调刘祺、史济源率领直隶练军为援军,后又令其长期驻守大沽北岸炮台。大沽炮台守军为 3800 余名,与先前相比,又增兵一倍多。1882 年,在原有守军基础上,又招募兵夫 180 名。中法战争期间,大沽守军又增加了一个水雷营,防军达 4300 余人。至中日甲午战争期间,大沽炮台防军人数已达 5000 余名,甚至在大连、旅顺、威海各地军港先后吃紧、失守时,李鸿章也未曾调用大沽炮台守军的一兵一卒前往支援,不仅如此,他还不断从内地调兵支援大沽,防军人数较以前更是不可同日而语。

---

① 海防练军报销折,《奏稿》卷五十三,第 7 页。
② 热河教匪肃清请奖折,《奏稿》卷七十四,第 13 页。
③ 添队剿办朝阳匪党折,《奏稿》卷七十三,第 13 页。

　　大沽炮台守军人数逐渐增加的事实,一方面说明李鸿章对大沽海口防务非常重视,另一方面,这也是北洋海洋防务逐渐向外扩展的结果。如前文所述,由于李鸿章担心海口屯集重兵可能引起西方列强的怀疑,一直主张海口不驻重兵。但是,随着大连、旅顺、威海等军港和炮台的修建,以及北洋舰队的成立,相对而言,大沽海口已经处于堂奥之中,不再是战场的最前沿了,海口驻重兵引起怀疑的担心也逐渐减弱,所以增兵大沽也就是很自然的事了。

　　主将不变,主力不更,防军人数只增不减,李鸿章对大沽炮台的军事防务可谓绞尽脑汁。但是,李鸿章在关注守军数量的时候,却恰恰忽略了军队中最为根本的东西——军事纪律。尽管他认为"欲整顿海防,舍变法与用人别无下手之方",主张"力破成见,以求实际"。① 但大沽海口沿岸守军的实践证明,李鸿章管理军队时在用人方面是失败的,至少要远逊于他引进西方先进枪炮、船械等武器装备方面。

　　李鸿章所率领的北洋军队,也和其他清军一样,将领克扣军饷、军队扰乱地方的事情时有发生,成为一种自然习惯。崇厚时期,在清军刚刚接管大沽炮台时,还曾经下令禁止官军强买强卖、扰乱地方。但是,在 1878 年和 1882 年,率领军队驻扎在小站、马厂的周盛传因克扣军饷、转贩、分派军粮等事屡遭弹劾时,李鸿章却极力为其辩护。② 正是由于李鸿章长期的个人袒护,致使他所率领的淮军蛮横无理,纪律极差。甲午战争期间,李鸿章派出的卫汝贵、马玉崑、宋庆、丰绅阿四支援朝军队,在朝鲜境内烧毁房屋,抢

---

① 　筹议海防折,《奏稿》卷二十四,第 12 页。
② 　查覆盛庆两军折,《奏稿》卷四十三,18 页。

掠财物,强奸妇女,无恶不作,途中百姓"被兵扰害异常",由义州至平壤数百里间,"商民均逃避,竟有官亦匿避","定州烧屋几及半里,沿途锅损碗碎"。① 而作为援军主帅的卫汝贵"诓怯无能。性情卑鄙,平日克扣军饷,不得军心",其中由北塘、山海关抽调的援朝军队纪律最差。周馥如此评价在朝鲜的盛字军:"颇可观,惜官不会督战、节制,徒虚名","并未一矢加遗,然贼未犯该二军地段"。② 怯弱无能,蛮横自大,这就是李鸿章所教导的淮军主力。驻守北塘炮台的统将吴育仁更是屡遭弹劾,"该总兵毫无勇略,所部多羸老之卒","所统兵勇,未经训练,有事恐不足恃"。③ 光绪皇帝不得不派人到北塘实地调查,结果情况属实。但是,李鸿章仍为吴育仁辩护,称其曾立战功,"朴实耐劳",布置防务"尚属严密,并非毫无勇略",所募新勇训练数月,"枪炮渐能娴熟,设遇有警,堪资扼守",④欺瞒光绪皇帝。1895 年 3 月,守卫大沽北岸炮台的统带郑崇义也因被参缺额扣饷,被直隶总督王文韶撤职,留营效力。⑤ 清军在朝鲜战场的拙劣表现,以及大连、旅顺、威海的先后失陷,虽然是由多种原因所致,但也能够比较客观地反映出李鸿章在用人方面的偏袒,淮军纪律的散漫。

　　尽管李鸿章所率领的北洋清军都配备了洋枪、洋炮等近代西方的武器装备,但这也仅仅是近代化的外衣而已。正如当年谭嗣

① 光绪二十年七月二十九日寄平壤丰卫左马各统领电,《电稿》二,第 937 页。

② 光绪二十年十月初四日周臬司辽阳来电,《电稿》三,第 106 页。

③ 译署电,《电稿》三,第 399 页;寄北塘吴镇,《电稿》三,第 417 页。

④ 光绪二十一年正月初八日复译署,《电稿》三,第 405 页。

⑤ 《清德宗景皇帝实录》卷 362,第 717~718 页。

同批评所谓洋务派所学技艺那样，"凡此皆洋务之枝叶，非其根本。况枝叶尚无能讲者……左右前后之炮界如何？昂度低度若何？平线若何？抛物线若何？速率若何？热度若何？远近击力若何？寒暑风雨阴晴之视差增减若何？"①这些最基本的枪炮知识都很少有人能说得上来，我们更可以想见清军的近代化军事素养究竟如何了。清军自身缺乏西方近代军人的军事精神精髓，在没落的封建制度统治以及西方文明的冲击下，势必会以失败而告终。朝鲜战场上的清军如此，大沽炮台的守军也不例外。这是李鸿章根本无法认识到的。但是，1900 年，在八国联军侵华战争中，大沽炮台的沦陷，却进一步证实了这一点。

---

① 谭嗣同：《报见元徵》，《谭嗣同全集》，中华书局，1981，第 202~203 页。

1900 年大沽口之战及其相关问题

一、庚子大沽口之战

经历中日甲午战争惨败之后,清朝政权更是每况愈下,岌岌可危,西方列强则掀起瓜分中国狂潮。1898 年,德国强占胶州湾,率先将山东变成它的势力范围;继德国之后,俄国强租旅顺、大连湾,将整个东北划为它的势力范围;法国占领广州湾,将两广和云南划为自己的势力范围;1898 年 6 月,英国强租九龙半岛,租借威海军港,进而将长江流域占为自己的势力范围;日本继占领台湾之后,又将福建划为势力范围;美国则提出所谓"门户开放"政策,要求拥有与其他资本主义国家同样的权利。各帝国主义国家在中国强租军港,构筑炮台,建立各自的军事基地,并将军舰驶抵渤海湾内。各国虎视眈眈,怒视京畿。中国门户洞开,大沽、北塘等直隶海口炮台也就成为清政府在沿海地区唯一拥有独立主权和单一控制的军事营垒。

与此同时,饱受中外势力长期压榨的中国北方贫民实在忍无可忍,终于举起了反清灭洋的大旗。1898 年,山东、直隶交接一带的贫苦百姓,以义和拳的名义,率先举起反清旗帜,并开展反洋教的斗争,迅速蔓延山东全省,中外势力为之震惊。1900 年春天,义和团进入直隶、天津地区,势力不断壮大。最初,清政府对义和团采用镇压方针。大沽炮台守军也参加了镇压活动。如 1899 年 12 月，天津镇总兵罗荣光派驻守大沽炮台的后右、前右、后左三营军队前往祁口、河间，镇压义和团；①1900 年 5 月，又派李忠纯率领大沽炮台 400 名守军前往高碑店一带绞杀义和团。② 后来，清政府企图利用义和团阻止外国势力的入侵，打击外国在华势力，对义和团持暗中支持态度。义和团也逐渐将主要矛头指向外国势力。

　　1900 年 4 月 6 日，英、法、德、美四国公使要求清政府将义和团一律剿灭，否则各国将派兵"代为剿平"。③ 从 5 月开始，各国列强从在华驻军基地、殖民地国家和国内抽调兵员，运至大沽、塘沽，进入天津租界，大沽口外战舰云集。6 月 10 日，英国驻华公使窦纳乐致电英国中将西摩尔，命其准备立即进军北京。此时，进入天津租界的日、俄、英、法、德、美、意、奥八国陆海军已达三千多人。6 月 11 日，西摩尔率领 1200 名联军向北京进发。清政府惶恐不安，13 日，连忙命直隶总督裕禄将正在绞杀义和团的聂士成军队全部调到天津铁路附近，扼要驻扎，劝阻联军进京；并命罗荣光在大沽炮台"一体戒严，以防不测"。④ 14 日，裕禄连忙召集聂士成、罗荣光来天津商讨对策。三人认为以目前清军的军事实力，根本不能抗衡联军，

----

① 北京大学历史系中国近现代史教研室编《义和团运动史料丛编》第二辑，中华书局，1964，第 53、54 页。以下该书简称《义和团运动史料丛编》。

② 《义和团运动史料丛编》第二辑，第 106 页。

③ ［日］佐原笃介：《八国联军志》，转引自中国史学会主编《中国近代史资料丛刊·义和团》三，上海人民出版社，1957，第 169 页。以下该书简称《义和团》。

④ 光绪二十六年五月十七日军机处寄裕禄等上谕，《义和团运动史料丛编》第二辑，第 28~29 页。

"断无失和之理,致令衅自我开,不可收拾"。① 主张严厉镇压义和团。同时,裕禄又派帮办铁路大臣张翼、津海关道黄建笻和秦皇岛税务司德璀琳一起同法国领事杜士兰协商,企图用和平的方式,劝阻联军进入北京。但各国领事"貌横已极",对裕禄等人的解释"置若罔闻",不予理睬,"大有群起相争,借口开衅之势";②而大沽海口已经有 10 艘千吨以下的联军炮艇驶入海河河口,"已有架炮夺取炮台之势"。③ 并有 350 名英国水兵、230 名日本兵、130 名德国兵、50 名奥地利兵、25 名意大利兵在塘沽火车站登陆、驻扎。16 日,各国海军头目召开军事会议,确定具体的作战方案:命令美国的"Monocacy"(译为"莫诺开赛"或"莫诺卡西")号和日本的"Atsgo"(译为"亚打告",有的译为"爱宕")号炮艇停泊塘沽火车站附近的海河左岸边,保护火车站及各国商人的安全;英国的"Fame"(译为"斐蒙",有的译为"盛名"或"弗爱摩")号和"Whiting"(译为"威鼎",有的译为"战斗"或"鳕鱼""惠钦古")号驶靠海神庙水雷营附近,监视北洋海军的一支巡洋舰和四艘鱼雷艇;法国的"Lion"(译为"雷安",有的译为"莱昂"或"利夭")号与德国的"Iltis"(译为"意尔的斯",有的译为"伊尔提斯"或"伊尔契斯")号驶靠位于塘沽、大沽之间的海关附近,负责保护海关和营救伤员;俄国炮艇"Ollyak"(译为"芝腊克",有的译为"基里亚克")号、"Korietz"(译

---

① 光绪二十六年五月十九日直隶总督裕禄折,故宫博物院明清档案部编《义和团档案史料》上,中华书局,1978,第 142~143 页。以下该书简称《义和团档案史料》。

② 光绪二十六年五月十九日直隶总督裕禄折,《义和团档案史料》上,第 142~143 页。

③ 光绪二十六年五月二十一日直隶总督裕禄折,《义和团档案史料》上,第 147 页。

为"高丽支",有的译为"稿烈"或"朝鲜人""考里埃芝")号、"Bobr"（译为"仆勃尔",有的译为"海龙"或"保布尔"）号停靠在海河右岸东沽地方,英国的巡洋舰"Algerine"（译为"奥尔求林",有的译为"阿尔杰林"或"阿尔舍林"）号停靠俄国炮舰北侧的于家堡对岸,共同担任炮击南北炮台的任务。每艘军舰都装备有 7 至 20 厘米口径的速射炮,还有不少口径为 37 至 47 毫米的机关炮。同时,由俄国中尉斯坦克维奇率领 168 名俄国兵登陆,与塘沽火车站的联军共953 名,准备从后侧攻击北岸炮台,在陆路配合炮艇作战。联军做好了武装夺取大沽炮台的战争准备。

　　当时大沽海口南、北两岸的炮台格局基本上仍是沿用李鸿章时期的布局,根据现藏天津博物馆的一幅当年大沽炮台图可知,南岸主营炮台包括"威""镇""海"字炮台及三座炮台后面的长炮台,共设炮位 95 尊,其中德国克虏伯巨型大炮,"威"字炮台 4 门,"镇"字炮台 5 门,"海"字炮台 5 门,长炮台 4 门,靠近"海"字炮台、面对海河的营墙上布置 2 门,靠近"威"字面对渤海的营墙上设有 1 门,共计 21 门;草头沽炮台共有大小炮位 20 门,在由主营通往草头沽炮台的堤墙上设有 12 门。北岸"门""高"字炮台共有炮位 50 门,其中克虏伯重炮,"门"字炮台有 1 门,"高"字炮台有 3 门,北岸共有 4 门;石头缝炮台设有大小炮位 20 门。南北两岸共有各种大炮197 门。守军由刚刚从天津镇总兵升任准噶尔提督的罗荣光与大沽协副将韩照琦共同率领的清军 5 营和 1 个水雷营,共 3000 余人。南岸 3 营,其中练军副营驻守南岸主营炮台,即"威"字等四炮台;练军副右营驻守草头沽炮台（又称南滩炮台）;前营驻守西沽的万年桥。北岸 2 营,其中练军副左营驻守北炮台,即"门""高"字炮台,左营守西北炮台,即石头缝炮台。还有叶祖珪所率的北洋海军一艘"海容"号巡洋舰和"海龙""海青""海华""海犀"号四艘鱼雷艇,停泊在水雷营附近,协助炮台守军守护大沽河口。罗荣光看到联军大有攻取炮台之势,连忙在大沽河口布置水雷,并向清政府汇报情况,表示一旦联军率先发动进攻,他将率领守军"竭力抵御",[①]也同样做好了战争准备。

16日19时前后,经过多次会议精密策划后,联军派俄国海军中尉巴赫麦季耶夫带领翻译英国领港员约翰逊到炮台面见罗荣光,发出最后通牒,称清军在海河布设水雷,加强大沽炮台防御,"于我西人代平匪乱一事,实有不便",[②]"明系有与各国为难之意",要求罗荣光在17日凌晨两点前交出炮台,否则,"定即开炮轰夺"。[③] 罗荣光一面托词拒绝,一面派人与叶祖珪联系,要求其率领鱼雷艇做好战争准备,协助炮台守军作战;并向在天津的直隶总督裕禄汇报情况,寻求后路支援。同时,加紧海口各炮台的防务布置,他和大沽协副将韩照琦共同防守大沽海口南岸主营,自己亲自率兵守卫"镇"字炮台,让韩照琦率队守"海"字炮台,李忠纯领兵守"威"字炮台,卞长胜带领练军副右营驻守草头沽炮台。在北岸,封得胜率领练军左营驻守石头缝炮台,练军副左营守护"门""高"两炮台,严阵以待。此时的大沽海口局势异常紧张,战事一触即发。

17日零时前后,由于京、津之间的电报已经中断,清政府16日

---

① 光绪二十六年五月二十一日直隶总督裕禄折,《义和团档案史料》上,第147页。

② 军事科学院《中国近代战争史》编写组编《中国近代战争史》第二册,军事科学出版社,1985,第246页。

③ 光绪二十六年五月二十五日裕禄折,《义和团档案史料》上,第164~166页。

要求裕禄、罗荣光等人"相机行事"的上谕此时才由马拨传到大沽，命令裕禄、罗荣光等在与联军交涉中，如果各国不肯履行已经达成的协议，"则衅自彼开"，"须相机行事，朝廷不为遥制，万勿任令长驱直入，贻误大局，是为至要"。[①] 有了朝廷的命令，罗荣光遂命令守军用探照灯确定联军各炮艇的具体位置。考虑到潮水开始退潮，若等到两点钟联军发炮，炮击敌船更难，到零点五十分，守护南滩炮台的卞长胜率先命令开炮攻击俄国炮艇"Ollyak"号。之后，双方互相炮击，战事爆发。

八国联军方面虽然做了十分详细的战前准备，但普遍认为清军将会不战而降，存在轻敌思想。炮艇遭受突然袭击，一开始损失很大，只得向海河内退却。到一点左右，早已在塘沽火车站登陆的938名联军在海河北岸于家堡附近一座已经废弃的土炮台废墟中会合。在俄军的强烈要求下，联军分四路呈散兵状向北岸石头缝炮台发动攻击。至早晨五点，石头缝炮台营墙被炸开缺口，首先被联军占据，营官封得胜阵亡。随后，北岸"门""高"两炮台也相继失守。这时，停泊在海河内由叶祖珪率领的"海容"号巡洋舰及"海龙"号等四艘鱼雷艇不战而降（后来被英、德、法、俄四国瓜分），正在大沽船坞修理的"飞霆"号、"飞鹰"号两艘驱逐舰也被占领船坞的俄军缴获（后来被俄军将机件拆卸运走，成为废船）。联军排除了水上的后顾之忧，遂集中所有力量攻击南岸炮台。联军舰队顺河而下，"Lion""Korietz""Bobr"舰迫近北岸炮台，"Iltis"和"Algerine"停泊燕子窝，各炮艇炮弹齐发，攻击炮台。因为南岸炮台很

---

① 光绪二十六年五月二十日军机处寄直隶总督裕禄等上谕，《义和团档案史料》上，第145页。

高,炮台顶部的主炮难以攻到炮台脚下的燕子窝,只有白白等着挨打;占领北岸炮台的联军也利用"门"字炮台的大炮,轰击南岸炮台、营垒;后路在万年桥一带也有联军活动,炮台腹背受敌。终因弹药库被炸起火,到早晨六时前后,大沽炮台全部失陷。罗荣光率领 1000 余人残兵退守新城,次日退往天津。

这次大沽口之战持续 6 个小时,炮台守军伤亡在 1000 人以上,仅横陈在炮台内的尸体即达七八百具,[①]损失近半。联军水兵伤亡 119 人,陆地上伤亡 136 人,合计 255 人,[②]四艘战舰受不同程度的损伤。

庚子之战,大沽炮台失陷原因,抛开清政府腐败没落的政治格局及犹豫不定的和战态度因素,单纯就战术而言,主要是因为炮台守军消极防御所致。守军允许联军进入海口测量、观察大沽地势,布置军舰;炮台防御又没有吸取第二次鸦片战争大沽失守的教训,只是单纯依靠固定不动的大炮,陆路缺乏灵活机动部队协助作战;偏重南岸主营的防御,对北岸防御,尤其是炮台后路的防御不够重视,致使联军从后路攻占石头缝炮台,导致其他炮台守军恐慌,致使北岸炮台被占。

其次,炮台的武器装备并没有充分发挥作用。大沽炮台的近代化装备与联军的相差无几,但由于敌船已经进入海河,用来阻止敌船深入海河的水雷失去了防护作用;叶祖珪率领"海容"号巡洋舰及"海龙""海青""海华""海犀"四艘鱼雷艇不战而降,炮台水上的协助防御的近代化装备荡然无存;虽然拥有较为先进的地雷,

---

① 日本参谋本部编《明治三十三年清国事变战史》第二卷,第 99 页。转引自《近代史研究》1997 年第 1 期,第 128 页。

② 《义和团》三,第 289 页。

但,并没有在实战中应用;由于大沽口外沙滩淤浅的天然屏障,炮船只有在涨潮时才能靠近大沽河口,所以炮台大炮都是根据涨潮时船舶高度而设;又因炮台大炮只能旋转左右移动,不能上下移动,而联军舰队已经进入海河,距离炮台较近,战事又是在夜间海水退潮时进行,"一发发炮弹接连不断掠过军舰上空","一批炮弹接着一批炮弹非常准确地飞过各军舰上空,但没有一艘挨揍",①大沽炮台的主炮没有能够充分发挥威力。

第三,缺乏统一指挥。南、北两岸守军隔河相望,不能彼此援应;水陆两军没有统一的指挥系统,水师舰队不受陆军领导,不能水陆协防;前后呼应不灵,没有必要的援军和军火支援,炮台守军孤军作战。

第四,双方参战部队的战术素养存在明显差距。联军经过详细勘察、周密计划,在夜间落潮时发动战争,前期准备比较周详;水陆一体联合作战,军队之间协作、实战能力明显强于清军。而炮台守军缺乏必要的应变能力,并没有作详细完备的战前准备,如炮台守军与海上炮艇如何配合,也没有随着战局的变化采取更为合理的应变措施,又没能主动出击,战争素养较差。综合以上各点,仅仅从双方的军事战术上考虑,大沽炮台被联军攻占也是在情理之中。

二、关于谁先开炮问题

在 1900 年的大沽口之战中,关于作战双方哪一方率先开炮挑

---

　　①　[俄]德米特里·扬契维茨基:《八国联军目击记》,许崇信等译,福建人民出版社,1983。

起战争的问题,在当时是一个较为敏感的问题,甚至直到今天仍然没有定论。主张联军先开炮的学者,如陈振江先生称联军"提前 70分钟向炮台发起猛攻",①史料依据主要是直隶总督裕禄的奏折;主张炮台守军率先开炮的学者,如戚其章先生,②主要依据是外国随军记者,诸如日本的佐原笃介的著作《八国联军志》、俄国的德米特里·扬契维茨基的著作《八国联军目击记》,英国的吉普斯的著作《华北作战记》等,笔者认为炮台守军率先开炮更接近于事实。

首先,看一看不同观点双方所依据史料的可信度。外国随军记者的任务就是通过记载战场情景,赞美军队的英勇事迹,提高国家声誉,显示军事力量。1900 年大沽炮台争夺战最终结果是以联军的胜利而结束,他们根本没有理由再虚构战况,歪曲事实;从史料作者的心态上说,由于当时的中国已经被列强瓜分完毕,联军中的每一名成员根本也没有把清政府当作是一个独立的主权国家,他们没有必要非得找个借口,为他们的军队进行隐瞒、辩护,否则联军也不会派遣战舰,万里迢迢,公然侵占中国国土,屠杀中国百姓。他们对战争情景的描述也相对更客观、翔实、确切一些,可信度较高。裕禄给清政府的奏折则不然,从中可以看出,裕禄多是报喜不报忧,尤其是在关键问题上隐报、瞒报现象时有发生。例如,在他的奏折中清军屡屡获胜,但是,清军和义和团民几十万人围攻仅有几千名联军驻守的租界,却久攻不下,夸大战绩十分明显。不仅如此,他还不断为其作战不利寻找托词,推卸责任,声称必须调集炮队,先将敌楼轰毁后,方能发动进攻;在企图收复天津东局的

---

① 陈振江:《新编中国通史》第三册,周一良主编"大学历史丛书",福建人民出版社,2001,第 358 页。

② 戚其章:《论庚子大沽口之战》,《近代史研究》1997 年第 01 期。

战斗中,清军有十营,还有一营炮队,而占据东局子的联军只有四五百人,他却称清军"力量尚薄",①仍需要炮队支援,坐等待援,以致错失战机,最终没能收复东局子。大沽炮台已经失守几天,整个战局的发展对清军极为不利,裕禄却迟迟不报,如果不是清政府上谕命他汇报战况,还不知道他要等到何时才会上报。而在奏折中他反而称"洋人肇衅,猝起兵端,官军连日力战,并收抚义和团民,协助获胜",②极力渲染炮台守军的英勇作战氛围,以及在天津的战绩,以求打动朝廷,减免罪责。清廷最终确实也"以事起仓猝",没有给裕禄任何处分,但后来对裕禄的报告也很不满意,称"近来奏报各件,既失之迟缓,一切兵略情形,亦复近于泄沓"。③此外,裕禄自己也一直担心"衅自我开,不可收拾",④力主镇压义和团,而向联军妥协,不给其发动战争的借口,避免爆发战争。假若是因为清军先发炮引起战争,导致大沽炮台失陷,对他个人而言罪责难逃。为了减轻责任,加之习以为常,隐报炮台守军率先发炮的战争事实还是极有可能的。

其次,从战争双方心态上看,联军兵临城下,"口气强横已极,势非决裂不止",⑤根本不把清政府的军事力量放在眼里,认为中国

---

① 光绪二十六年六月初八日直隶总督裕禄折,《义和团档案史料》上,第230页。

② 光绪二十六年五月二十四日裕禄折,《义和团档案史料》上,第157页。

③ 光绪二十六年六月初七日军机处寄直隶总督裕禄上谕,《义和团档案史料》上,第222页。

④ 光绪二十六年五月十九日直隶总督裕禄折,《义和团档案史料》上,第142~143页。

⑤ 光绪二十六年五月二十五日裕禄折,《义和团档案史料》上,第164~166页。

守军是经不起威胁的,"一经恫吓,备极仓皇"。① "'中国人到底打算投降呢? 还是开火?' '当然是投降罗! 难道中国人决定捍卫自己的要塞? 就算他们打出了几发炮弹,吓唬吓唬人,随后还不是照例投降。……' 我们的军官都这么想。"②更何况,联军将领已经将给炮台守军送最后通牒的情况报告给各国政府,并在 16 日下午五时在"海龙"号上召开的联席会议上"拟定华军若先攻击,联军当开大炮还攻","此议一定,立即发令通知各处,准于清晨 3 点钟,一律遵行"。③ 也就是说,即便清军在限令时间内不交出炮台,联军最早要等到 17 日凌晨 3 点钟才能发动进攻。从这个决议来看,联军并不认为一定要以武力才能占领炮台,在他们看来清军到时候一定会无条件投降的。在上述心态、情绪的支配下,联军偷袭炮台的可能性较小。而对炮台守军而言则不然。近代中外交战的屡次失败,他们对敌强我弱的形势心知肚明。但清政府已经下达力阻联军进京的谕令,"如有外兵阑入畿辅,定惟裕禄、聂士成、罗荣光是问"。④ 失台是死,守台也是死,守台将士的民族尊严以及义和团阻击西摩尔联军的胜利激励了炮台守军的士气,若采用偷袭战术,获取胜利的可能性更大,放手一搏并非不可能。从炮台守将罗荣光自身的态度来看,大沽口开战前夕,他派专人到天津,向裕禄禀报联军有攻取炮台的态势,并声明假如联军开炮攻打炮台,"即饬守

———————

　　① 《义和团》三,第 288 页。

　　② [俄]德米特里·扬契维茨基:《八国联军目击记》,许崇信等译,福建人民出版社,1983。

　　③ 《义和团》三,第 288 页。

　　④ 光绪二十六年五月十七日军机处寄裕禄等上谕,《义和团运动史料丛编》第二辑,第 28~29 页。

台弁兵开炮,竭力抵御"。① 罗荣光战前对敌态度不言而喻。拒交炮台事件,更充分表明他并没有被联军的气势所吓倒。在这种气节的指导下,考虑到敌强我弱的实际情况,守军是完全有可能率先发炮偷袭敌人的。

第三,从战术上而言,联军之所以限令守军在早晨两点钟之前交出炮台,就是考虑到此时海水已经退潮。由于大沽海口拦沙浅滩,轮船只有在涨潮时才能驶入海口,所以,大沽炮台的主炮都是按照海水满潮时候的轮船高度而设。由于主炮只能左右旋转,不能上下移动,而在退潮后船体较原来的有所降低,被炮台主炮击中的可能性更小,1860年英、法联军就是在海水落潮的情况下发动进攻而攻陷炮台的。罗荣光在大沽驻守了近三十年,对这里的地理、气候相当熟悉,对于海水潮汐起落时间也一定是了如指掌。由于联军炮艇已经进入海河口,假如等到早上两点海水处于低潮时联军发炮,大沽主炮台大炮很难再攻击到敌船,这对守军极为不利。况且,清政府又有"相机行事,朝廷不为遥制"的上谕,从战术上考虑,炮台守军也有率先发炮的可能。

综合以上的种种推测,笔者认为大沽炮台守军率先向联军发炮更接近于事实。联军无视中国主权,悍然进入中国内海、内河,并武力要挟守军交出军事炮台,早已违背了国际公法,即便是炮台守军率先向联军开炮,那也是正义之炮,是捍卫民族尊严的"防御性质的攻势炮火"。②

---

① 光绪二十六年五月二十一日直隶总督裕禄折,《义和团档案史料》上,第147~148页。

② [英]马士:《中华帝国对外关系史》第三卷,张汇文等译,商务印书馆,1960,第221页。

三、罗荣光死因之谜

另外,关于大沽炮台守军主将罗荣光的死因,史料记载也是众说不一。李超琼所著《庚子传信录》记载:"总兵罗荣光走天津,久之仰药死。"①罗惇曧在《庸言》上发表的《庚子国变记》说:"荣光至天津仰药死"。② 佚名的《综论拳匪滋事庸臣误国西兵入京事》载:"罗公血战阵亡。"在《综论义和团》编者按语中注:"罗公实未阵亡,炮台失守后退守天津,一日方午膳,忽闻洋人破南营门,仓卒中食哽喉间,气闭而死。"③俄国人德米特里·扬契维茨基在他的著作中则说罗荣光"吞金后在痛苦万分中死去"。④《清史稿》中记载"不知所终","他日得其尸台下",称罗荣光是在大沽炮台失陷后,杀其家人,出门而去,最终死在大沽炮台下面。⑤ 当代学者在叙述罗荣光时,也有不同的陈述。如,陈振江先生认为,"罗荣光退至天津,后仰药自尽",⑥基本沿用了《庚子传信录》的说法。又如《天津简史》载,"罗荣光兵败,逃回天津自杀。"⑦也有的学者在记述大沽口战事时称,罗荣光在大沽炮台"不禁仰天长叹,最后拔剑自刎,以

① 中国社会科学院近代史研究所《近代史资料》编辑组编《义和团史料》上,中国社会科学出版社,1980,第214页。以下该书简称《义和团史料》。

② 程演生等主编《庚子国变记》,神州国光社民国三十六年四月三版。

③ 《义和团史料》上,第157页。

④ [俄]德米特里·扬契维茨基:《八国联军目击记》,许崇信等译,福建人民出版社,1983。

⑤ 《清史稿》卷467,列传254。

⑥ 陈振江:《新编中国通史》第三册,周一良主编"大学历史丛书",福建人民出版社,2001,第358页。

⑦ 天津社会科学院历史研究所《天津简史》编写组编著:《天津简史》,天津人民出版社,1987,第200页。

身殉国",①则明显带有浓厚的个人感情和文学色彩,且缺乏有力的史料依据。上述的多数史料均记载,罗荣光并没有在大沽保卫战中殉难,而是从大沽退到天津。关于罗荣光的死因大家普遍认为他是战败之后自杀而亡,只是"仰药""吞金""食梗"等方式各异。但是,笔者通过查阅相关史料发现自杀之说并非史实。

大沽炮台失陷后,罗荣光退守新城。次日,退奔天津。6月21日,罗荣光到达天津,向裕禄报告大沽口战况,并自请处分。② 22日,清政府颁布上谕,命令裕禄招抚义和团民,鼓舞士气,增加清军力量,要求罗荣光督率军队及义和团民恢复炮台,"以赎前愆"。③ 6月29日,浙江提督马玉崑率队抵达天津,罗荣光与裕禄、聂士成、马玉崑共同商讨作战方法,最终确定首先攻占紫竹林租界,再节节进剿,直抵大沽,最后收复大沽炮台,稳固津沽门户的作战方略。④ 事后,罗荣光率领大沽炮台残兵及招抚的义和团民在租界西侧布置防务,准备攻打紫竹林租界。此时,天津租界内为防备清军进攻,用盛土的麻袋堵筑了各主要出口,并不时出来袭击清军。罗荣光遂与何永盛率领清军"逐处严防,不分雨夜,见有洋兵,均随时击退"。⑤ 因为驻守近30年的炮台失利引发心火,且久在前敌督战所

---

① 来新夏主编《天津近代史》,南开大学出版社,1987,第163页。

② 光绪二十六年五月二十五日裕禄折,《义和团档案史料》上,第164~166页。

③ 光绪二十六年五月二十六日上谕,《义和团档案史料》上,第164页。

④ 光绪二十六年六月初四日直隶总督裕禄折,《义和团档案史料》上,第209页。

⑤ 光绪二十六年六月初八日直隶总督裕禄折,《义和团档案史料》上,第230页。

累,又遭夜雨侵袭,罗荣光"感受风寒",①但因战事紧急,无暇调理,病情日益加重,以致不能再率队作战。7月9日,聂士成在海光寺一带与联军交战,最终在八里台殉难,大沽炮台残兵即是在前右营统带卞长胜的率领下,与何永盛共同接应,将联军击退。8月7日,罗荣光的贴身中军游击张祥瑞携带已经封固的天津镇所有印信,来向裕禄报告,称罗荣光因急火攻心,"陡于十五日增患痰症,病势甚重,于是日申刻因病出缺",②即于光绪二十六年六月十五日,也就是1900年7月11日,下午四时前后病逝。上述各史料中所载的"仰药死""吞金""食哽喉间,气闭而死"等方式,恰恰与罗荣光因病吃药,最终因痰堵咽喉气闭而亡的事实相符,但因外界不明真相,以致以讹传讹所致。

---

① 光绪二十六年六月二十四日直隶总督裕禄折,《义和团档案史料》上,第351页。
② 光绪二十六年六月二十四日直隶总督裕禄折,《义和团档案史料》上,第351页。

附:李鸿章任直隶总督后大沽炮台大事记

同治九年

八月初三日,内阁任李鸿章为直隶总督,九月,李鸿章到达天津处理天津教案。

十一月,李鸿章调广西右江镇总兵周盛传单骑来津,勘察大沽、北塘及天津至北京沿运河形势,并根据周盛传的报告确定了在海口修筑坚固炮台、少驻兵,后路驻重兵的机动灵活的海口防御方针。

同治十年

四月十二日至十七日,李鸿章首次巡察大沽、北塘炮台,计划仿效西方炮台式样重新修整两地海口炮台,并派通永镇总兵周得胜率领一千名遵化练军移防到北塘炮台。

六七月间,直隶地区大面积降雨,大沽炮台营墙多半倾圮,修整工程因天津水灾而延误。

当年秋天,李鸿章将改革天津厘捐制度而积存的二万余两白银批给大沽协副将罗荣光和驻北塘的通永镇总兵周得胜,要求他们立即购料兴工,趁冰河未封冻之前,先将两地炮台墙濠、拦潮坝等紧要工程修整完毕。

十月十一日,李鸿章改革大沽协营制度,拟定新营制章程,规定六营防范范围,明确各营分工职能,计划修建新城作为大沽协署,规定将天津厘捐每年收入作为修整大沽、北塘海口炮台专用经费,除了每年的常修以外,规定每十年大修一次,每五年小修一次。

同治十一年

二月,兵部议覆李鸿章重新制定的大沽海口酌定营制,将该营官弁俸饷银两自二月十二日奉旨之日起,按照新章程支领。

同治十三年

六月初一日,李鸿章为了节省饷需,按照直隶练军步兵营制将天津洋枪、炮队改为四营三哨,并调官四十八名,兵七百名前往大沽炮台驻守。

七月,大沽炮台仿照西方炮台式样进行的修整工程基本完工,并逐渐添购阿摩士庄、克虏卜、瓦瓦司等新式近代化巨炮,替换炮台原有的旧炮。

十一月二十八日,由金陵机器局制造发射68磅弹头的大炮在大沽炮台演放时炸裂,炸死士兵多人。李鸿章召该局总办马格里到大沽亲试,又炸裂。

当年冬天,周盛传受大沽炮台工程营务处吴秉权的邀请,与海防支应局周馥一起到大沽查看炮台工程,提出在南岸三座大炮台南面就原有营墙修筑长一里的长炮台,并与吴秉权、周馥、罗荣光等共同商讨扩建方法。次年春天开始动工修建。

光绪元年

三月,李鸿章派天津镇总兵陈济清率领洋枪队1000人,马队

500人，从大沽乘船开赴奉天，镇压凤凰城、长山岛的由宋三好、高希山率领的农民起义军。

四月，天津东局添设电气水雷局，试制各种水雷，多次到大沽实验，均获成功。

四月二十六日，清政府任命李鸿章督办北洋海防，筹建海军。

六月，李鸿章奏请将广西右江镇总兵周盛传与天津镇总兵陈济清互调，周盛传改任天津镇总兵，统率包括大沽协在内的天津兵将。

十月初一日，将大沽营重新招募的海勇分别等次，给予不同薪金，头等兵勇每月给银八两，二等勇兵每月给银七两，三等勇给银六两，并添增大沽、北塘炮台炮位。

光绪二年

十月初，由总税务司赫德从英国阿摩士庄厂订购的两支二十六吨重炮船到达大沽。十月十二、十三日，李鸿章亲自到大沽演试，认为该船"堪为海口战守利器"，分别命名为"龙镶"和"虎威"，留守大沽，与炮台相依辅。

光绪四年

六月初一日，李鸿章与直隶候补道许钤身等在大沽口外观看由南海巡哨来津的"龙骧""虎威""飞霆""策电"四艘炮船演习，随令留防大沽、北塘洋面，每月出巡两次。四船于光绪六年三月二十九日离开大沽，调赴南洋巡防。

当年，天津海关在大沽口用旧趸船改装成灯船，引导来船进港，这是天津港第一个导航设施。

光绪五年

闰三月,大沽、北塘炮台与天津之间的电报线架设完毕,由天津东局内电报学堂培养的电报专业人才操作使用,"号令各营顷刻响应",大沽炮台对外通讯设施实现近代化。次年,在海关任职的法国人威基谒发明了一套用数目字代替汉字的方法,津沽之间电报改用汉语,并可以设置密码,提高了军事保密性。

十月,从英国订购的四艘炮船到达大沽。六日,李鸿章在津海关道郑藻如、候补道员许钤身、津海关税务司德璀琳和江海关税务司赫政等的陪同下,亲自到大沽查验,分别命名为"镇北""镇南""镇东""镇西",派管带邓世昌暂行接管。后来这四船取代"龙骧"等四船守护大沽、北塘两地炮台。

光绪六年

正月,李鸿章派津海关道郑藻如、候补道许钤身与德璀琳在大沽海口购买民地,开始修筑北洋水师大沽船坞,同年十月,第一号船厂土坞修浚完毕。由罗丰禄为总办,聘请英国人葛兰德、安的森、斯德朗为工程师,负责修理水师船只。

八月十四日,天津设立电报总局,在大沽炮台设立一处分局,开始筹建天津与上海之间的电报。光绪七年十一月四日,津沪电线告成,八日正式使用。

八月,山东登州水师营副将唐廷威率领九艘水师艇船及随船弁兵、器械到达大沽。二十三日,李鸿章派记名提督丁汝昌、总教习葛雷森、营务处道员许钤身从中挑选千总袁培英等 4 名,兵丁 306 名,在大沽认真训练,以备新购"超勇""扬威"两船到华充当炮勇、水手。

光绪七年

七月十七日,李鸿章让赫德从英国阿摩士庄厂为山东订购的两艘炮船驶抵大沽。李鸿章派水师营务处道员许钤身会同炮船游击刘步蟾、洋员哥嘉、津海关税务司德璀琳主持,在大沽验收。八月,李鸿章亲自奔赴大沽查验,并分别命名为"镇中""镇边",任命林永升、叶祖珪为管带官,并留用两名洋弁兵协同照料。

九月二十六日,从英国订购的"扬威""超勇"两军舰到达大沽口外。十月初一日,李鸿章在津海关道周馥,水师营务处道员马建忠、黄瑞兰,编修章洪钧,知府薛福成,提督周盛传、刘盛休,总兵唐仁廉的陪同下,亲自到达大沽。次日,验收"超勇""扬威"两艘军舰。

当年,大沽设立水雷厂,开始制造近代新式水雷,添设水雷营,兵勇穿戴统一制作衣帽、战靴,配备守雷、下雷、巡雷、杆雷等小轮船,全营共计官3名,头目、雷兵、水手等209名。设水雷学堂,由洋人满栗士任水雷教习,水雷学堂从国外购买西书、印字盘和学堂器具,教授水雷兵弁制造、燃放水雷技巧,培养近代水雷兵勇。清政府先后派往美国的四批留学生中途辍学归国,李鸿章酌留50名在北洋任职,将蔡廷干、丁崇吉、梁普时、王良宣、卢祖华、徐之煊、杨昌龄、郑廷襄、邝炳光9人分配到大沽炮台水雷营任职,其中徐之煊后来死在大沽炮台。

光绪八年

五月初八至十八日,在天津机器局学习机器制造技术的朝鲜工匠赵汉根和宋景和到大沽水雷营观看、学习水雷研制、演放之法。

光绪九年

当年,大沽炮台铺设了大沽船坞为其制造的小铁路,用于运输枪炮等军用物资,缓解了炮台守军的辛劳之苦。

光绪十年

四月初八日,周盛传率领所部将弁,由小站直达大沽炮台营墙外,开始挑筑十八里长墙重濠,以便有警星速驰援。堤坝脚宽十丈,面宽五丈,堤上筑子墙,每隔二里左右修筑月牙形圆炮台。五月初完工。大沽协副将罗荣光就河渠修造两座水闸,一道用于防堵潮汐;一道用于引甜水入沽,从此结束了大沽炮台守军从十余里外取水的艰难生活。

五月二十九日,李鸿章到大沽炮台巡察防务,闰五月初一日,从大沽乘轮驶赴大连,开始巡阅北洋防务。

七月,李鸿章派天津海关道周馥到大沽等海口详细查勘,绘图贴说,详细汇报大沽炮台等北洋海口的军事防务情况。同月,李鸿章命令驻德公使李凤苞从德国为大沽炮台购买两架电灯设备。同年冬天,从德国购买的近代电灯设备运到大沽炮台,并由大沽船坞负责安装、维修。

光绪十一年

当年,大沽水雷营改派会带官一员,添派书识一名,翻译学生一名,值电学生一名。同年秋天,大沽船坞为大沽炮台南北两岸台墙炮洞添设炮门二十二副。驻守北岸石头缝营垒的保定练军在台墙上添设四尊克虏卜八生脱后膛钢炮。

光绪十二年

四月十四日,醇亲王奕譞在李鸿章等众臣的陪同下,巡视北洋海防,由天津到达大沽。次日,展轮出海达旅顺,开始北洋防务巡察。二十日,由烟台转轮回到大沽。二十一日,阅大沽南炮台,看炮兵打靶,兵勇施放各种水雷、旱雷;看水勇泅水、燃雷技巧;查阅水雷厂直斜镜房;最后骑马看南滩平炮台。醇亲王"甚嘉之"。午刻,醇亲王渡河到北岸,看刘介三(刘祺)炮兵打靶,并阅后路史光普(史济源)营演炮。二十二日回天津。

当年,大沽水雷营添设一艘广艇。大沽南滩行营添设炮位二尊。义胜营在北塘蛏头沽炮台添设台墙炮位四尊。天津军械总局在大沽修建弹药库,名为大沽分局。

光绪十三年

四月,李鸿章派人勘察大沽至天津铁路地基,并招股筹款,后来又从支应局借拨银十六万两,从英、德两国银行借款,铺设津沽铁路。九月初五日,津沽铁路告成,近代铁路通到塘沽,大沽炮台调兵运援更为便捷,对外交通实现近代化。

当年,大沽炮台添设存储拦港软木筏和锚缆等件的厂库二十五间,修造围墙一道。

光绪十四年

三月二十五日,李鸿章率同水陆营务处津海关道周馥、前署津海关道刘汝翼、总统盛军湖南提督周盛波等由天津起程,到达大沽,察看炮台防务。次日,从大沽乘轮周历旅顺、大连、威海,查勘海防。四月初六日回津。

光绪十六年

五月七日,李鸿章带同水师营务处臬司周馥、道员罗丰禄、津海关道刘汝翼赴大沽查验福州制造的"平远"号兵船,交给水师提督丁汝昌统带。

光绪十七年

四月十六日,李鸿章在水陆营务处直隶臬司周馥、津海关道刘汝翼的陪同下,从大沽乘轮出海,首次校阅北洋海军,先后到达旅顺、大连、威海、胶州湾、烟台等地,查阅水陆防务。五月初三日,驶回大沽,查看南、北炮台。

十月十三日,因热河省朝阳地区爆发反洋教起义,为防止义军南下,李鸿章调派补用总兵郑崇义在大沽北炮台内抽调直字营洋枪队六百人,经古北口奔赴热河,保卫行宫,并命令副将任永清带领亲军马队六十人随同前往。调通永镇总兵吴育仁挑带北塘防营步队(由总兵曾腾芳带领练军中营)前往喜峰口驻扎,作为平泉援军。

光绪二十年

四月初三日,李鸿章率同北洋前敌营务处山东登莱青道刘含芳、前任津海关道刘汝翼、直隶候补道龚照屿等从天津出发,驰赴小站。初五日,到达大沽。初六日出海,开始第二次校阅北洋海军,先后检阅了大沽、旅顺、大连、威海、胶州湾、烟台、营口、山海关等地防务,二十一日,由铁路返回天津。

六月二十一日,英国商船"高升"号运载 2000 名清军,在北洋舰队"济远"等军舰的护送下,离开大沽开往牙山增援。

七月,大沽海口置浮木栅,锁以铁链,昼开夜闭,防止日本兵船来攻。

八月十三日,李鸿章派招商局轮船 5 艘运载兵勇 12 营,从大沽出发开往鸭绿江。

十月十七日,李鸿章命令罗荣光在大沽南口内协署前添筑行营土炮台一座,北口内于家堡东面筑行营土炮台一座,拨给以前广东造九生脱陆路钢炮二尊,八生脱陆路钢炮十二尊。

十一月初一日,李鸿章在曹克忠的陪同下,冒雪查阅大沽、北塘炮台及新城防务,调大名镇总兵李大霆统带练军三营增援新城,为大沽炮台后援。

光绪二十一年

一月初七日,《直报》载:日军在山东成山头登陆以后,清军又调拨十数营加强大沽防务。

一月十九日,清政府任命前云贵总督帮办北洋大臣王文韶为直隶总督兼北洋大臣。二十五日,王文韶在津接印,启用"钦派帮办北洋事务大臣云贵总督关防"。

三月二十三日,王文韶在聂士成、周玉山、吴宏洛、章高元的陪同下,乘船到大沽,阅看南、北两岸炮台。

二十四日,王文韶乘火车到达北塘,步行阅看北塘炮台。

五月十八日,日本遣送被俘清军 978 人到大沽,天津镇总兵罗荣光、大沽协副将韩照琦等派人用驳船运至新城点名验收。

七月七日,清政府实授王文韶为直隶总督兼北洋大臣。

八月初三日,由德国瑞生洋行负责从英国阿摩士庄厂订购的"飞霆"猎船驶抵大沽口。

九月,重新修整大沽炮台,添设德国重型大炮数十尊。

十月二十三日,王文韶奏请以李忠纯升补大沽前营游击,谷润田补授大沽中右营都司。

光绪二十二年

八月二十七日,出访欧洲环游世界的李鸿章回国,黎明时分乘船到达大沽。

光绪二十四年

二月二十四日,驻守北塘炮台的正定镇总兵吴育仁因病出缺。

闰三月二十三日,德国亨利亲王在大沽登陆,乘火车经天津入京。

四月二十七日,光绪皇帝宣布变法,慈禧太后命王文韶、裕禄入京,由其亲信大学士荣禄暂署(五月五日实授)直隶总督兼北洋大臣,统率北洋三军(董福祥甘军、聂士成武毅军、袁世凯的新建陆军)。五月一日,荣禄到津接任。

六月初九日、七月初八日、八月初六日,总理衙门从德国伏尔坚厂订造的"海容""海筹""海琛"三艘快船先后到达大沽,北洋大臣荣禄派水师营务处道员潘志俊等会同负责从德国押送来华的委员、二等参赞、兵部主事陶式鋈在大沽验收。

八月三日,荣禄电请清政府,称英、俄两国在珲春交战,大沽口外有各国兵船十余艘。

八月初十日，总理衙门招荣禄即刻进京，由袁世凯暂时署理直隶总督兼北洋大臣。二十日，裕禄到津接任直隶总督兼北洋大臣。

八月十一日，梁启超在日本人的掩护下，由北京到达天津，在大沽乘日本军舰逃亡日本。

八月十七日，英兵50人，携带枪炮由塘沽登岸到达天津。俄、德兵亦陆续登岸开往天津。

九月十三日，直隶总督裕禄亲自到大沽口外登舟复勘"海容""海筹""海琛"军舰，称均属精坚迅利，堪与外洋新式快船相悖，试放炮位亦极灵活。

光绪二十六年

五月六日，大沽口外已经集结各国军舰20余艘，其中俄舰9艘，英、德、日舰各3艘，法、美、意舰各2艘。

五月十日，大沽口英、法、俄、德、意、奥、美、日八国军舰的高级官员，在"百人长"号上策划镇压义和团阴谋。

五月十九日，大沽口外各国军舰司令举行会议，决定占领大沽炮台。会后即派300名日军首先占领塘沽火车站。

二十日，俄国海军中将希尔德布兰德代表联军舰队司令，前往大沽炮台会见升任喀什噶尔提督、天津镇总兵罗荣光，要求清军交出大沽炮台，遭到罗荣光的拒绝。当晚，联军又发出最后通牒，限于次日凌晨二时前交出炮台，否则用武力夺取。

同日，900名联军在塘沽登陆，炮舰驶进海河。

二十一日，联军攻占大沽南、北炮台，罗荣光率领守军与联军激战6小时后，退守新城。北洋海军叶祖珪弃守，"海容"号等四艘鱼雷艇被俘。

　　五月二十八日，英、俄、法军2000人，从大沽出发抵达天津。

　　六月四日，大沽登陆的联军已达14020人，携带野战炮53尊，机枪37挺。

　　八月二十六日，英、德联军5000人进攻北塘炮台，守军以地雷炸伤二三百人，联军退却。二十七日，联军用毒气弹攻陷北塘炮台。

　　闰八月五日，联军司令瓦德西从塘沽乘火车抵达天津。

　　闰八月六日，联军海军司令在大沽举行会议，会议决定攻占山海关炮台。

光绪二十七年

　　五月五日，联军司令官们将拆除沿海各地炮台的决定通知天津都统衙门，并授权对拆除天津地区炮台事宜采取措施。

　　七月二十四日，都统衙门命令工程处以承包方式拆除三岔河口及辖区内的一切炮台。

　　七月二十五日，《辛丑条约》在北京签订，第八款规定："大清国国家应允将大沽炮台及有碍京师至海通道之各炮台，一律削平。"

　　八月二十二日，天津都统衙门张贴出拆毁北塘炮台的布告。

光绪二十八年

　　三月五日，联军司令在北京举行会议，同意交还天津，但要求清政府接受28个条件，其中有继续完成拆毁大沽炮台的工程，大沽口、秦皇岛、山海关等处不得设防。

　　十一月二十日，在八国联军时被俄军占领的大沽船坞归还清政府，袁世凯委派叶祖珪前往接收。

津沽铁路诞生记

——中国早期铁路建设历程的缩影

铁路运输是近代西方文明的重要标志。1829 年,英国人乔治·斯蒂芬森发明了世界上第一台蒸汽机车,开启了世界铁路机车运输的新纪元。在近代中国,受长期传统守旧封闭社会环境的影响以及对列强武装入侵的憎恶,与其他西方物质文化一样,铁路传入中国并逐渐被中国民众广泛接受也经历了一段曲折的过程。

一、领时代,引技术,机器局内铺铁轨初尝试

津沽铁路是中国人自办的第一条标准铁路。现今的天津站,晚晴时期称为老龙头火车站,是连接大沽、天津、北京三地的津沽、津芦(天津至卢沟桥,即后来的京津铁路)铁路在天津城内的衔接点,是天津乃至中国最为重要的铁路交通枢纽。在众诋铁路的社会环境和缺技术、少资金的情况下,津沽铁路艰难曲折的修建过程,也就是中国早期铁路建设的一个缩影。

据资料记载,1862 年英、法、美三国倡议在上海修筑铁路遭到清政府的拒绝,这是欧美西方势力首次建议中国修建铁路。1865 年,英国人杜兰德在北京永定门外修建了一条长约 0.5 公里的铁路,在上面行驶小汽车,宣传展示铁路运输性能。这"可为铁路输入吾国之权舆"。然而,在封闭、自大思想和敌视西方文化的社会

氛围中,这次宣传活动遭到了刚刚经历战争失败阵痛的中国人的强烈抵制,差一点引发大规模的民众骚乱。尽管最终铁路因民众反对而被拆除,但这一事件还是激起了朝野上下对西方铁路运输的讨论。社会民众反对之声强烈,但是铁路快速、便捷、运输量大的优势也得到了崇厚、李鸿章、刘铭传、郭嵩焘等主张学习西方军事科技的少数清廷政要的关注,为其日后传入中国打开了一扇窗。清政府接受战败教训,为强军事大兴机器化军工企业,则为近代铁轨运输和蒸汽机车驰骋在中国土地上开启了帷幕。

在天津,1868 年,主张缓办铁路的三口通商大臣、直隶总督崇厚,聘请英国人密妥士筹办天津机器局。由于英国人担任总办,又完全仿照西方军工企业模式修建,所以天津机器局在创建之初,就已经计划在局内修筑土堤,上铺铁轨,将机器局内各个建筑和大门外的船坞连接起来,并雇用一两千小工着手垫高地基。1870 年,主张自办铁路的李鸿章接任直隶总督。1872 年春,接办天津机器局事务的广东补用道吴赞诚和天津海关道陈钦,命人"培修旧厂,接筑土堤",继续修筑遭受大水冲毁的铁路地基。

西方各国闻讯后,纷纷来华兜售铁路技术。据上海《申报》记载,当年 9 月 1 日,英国怡和洋行在天津紫竹林码头租界内铺设窄轨铁路,试行土路火车,宣传推销火车运输,"观者皆称美"。天津官员给英国领事信中称火车"一切均甚便捷,甚为适用之物",还赐名"利用"号,溢美之词表达了对铁路的期望。1873 年,天津机器局从国外购买了铁轨,并铺设应用,"给发仿照外洋厂屋药库、挖壕垫土起堤各工,并购买外洋松木、铁辙、火泥及缸砖瓦石等项库平银五万五千九百七两三钱八分六厘",并留下了"东则帆樯沓来,水栅启闭;西则轮车运转,铁辙纵横"的档案记载。尽管还缺乏充分证据证实当时天津机器局内的铁轨运输是否已经开始应用蒸汽机车拉运,但是,这是近代西方铁轨运输技术在天津境内的最早应用,打开了利用铁轨运输的窗口。

二、主自办,起煤炭,"马车铁路"连唐胥见成效

基于倾心洋务地方要员的倡导和洋帮办的辅助,在相对封闭的军工企业中铺设铁轨以利运输还算顺利。但是,在众抵铁路的社会氛围中,在当时普通城市和农村的社会生活中利用近代蒸汽机车开展铁路运输,并非如此简单。例如,1876年英国人以欺骗手段在吴淞口和上海之间自费修建了一段窄轨铁路,并引进英国制造的"先导号"蒸汽机车拉客运行,史称"吴淞铁路"。运行不久,因火车撞人致死激发引爆了民愤,遭到上海上下的抵制,铁轨被迫停运。最终,被清政府花重金买回,拆除的铁轨也被运往台湾搁置许久,成为一堆废铁,上海"吴淞铁路"就此夭折。与此同时,在中国北方,已经在天津机器局内体验到铁路运输便捷优势的李鸿章,正在积极谋划推广应用。

早在1874年清廷海防大讨论时,李鸿章就从沿海军事防务运兵方面考虑,认为铁路"必应仿设",主张独立修建,并提议首先从开采煤铁矿石的地方做起。朝内群臣大多不以为然,甚至有公开反驳者。当年冬天,李鸿章趁赴京拜见慈禧太后的机会,专程到恭亲王府探望恭亲王奕䜣,详细陈述了铁路运输的诸多优势和重要性,建议先由清江修至北京,以便南北转输,并请代禀皇太后。恭亲王认为李鸿章言之有理,但也说在朝野上下大都抵触铁路的情况下,没有人敢出来主持此事,即便是两宫皇太后也不会轻易决定

修建。李鸿章无奈，只得作罢。1876年，当得知两江总督沈葆桢将上海"吴淞铁路"买回拆除的消息后，原本主张收回自办的李鸿章非常气愤，"以重价购铁路，而意在收回拆毁，实不知其何心？"责备沈葆桢"见识不广，偏愎自用"。恰逢此时，开平矿务局总办唐廷枢接受英国矿师马立斯、巴赖等人的意见，面见李鸿章汇报煤矿情况，称要想做大开平煤矿，与洋商争利，"苟非由铁路运煤，诚恐终难振作"，"开煤必须筑铁路"。这与李鸿章"铁路须由开煤铁做起"的主张不谋而合，得到了他的大力支持。

1880年前后，因新疆伊犁问题，中国北部边疆再起危机。李鸿章借机多次致函醇亲王奕譞，详细陈述了铁路在征兵、运饷、销货、榷税等九个方面的好处，尤其强调铁路对北洋军事防务的重大意义："北洋形势以大沽为京师门户，其北塘至山海关各处口岸皆为大沽旁门。一处有警，全局震动。设防患其难遍，征调患其不灵，非铁路不能收使臂使指之效。"建议集股筹资修铁路。醇亲王奕譞认为修筑铁路很有道理，授意李鸿章先"试行于煤铁之矿、开垦之地以及屯军设防之一二口岸"，待百姓对铁路有所了解、熟悉、接受后再逐渐推广。1881年，开平矿务局英国工程师金达（C·W·Kinder）利用废旧锅炉和一些零部件改造出一辆蒸汽机车。矿务局总工程师白内特（Burnet）的夫人命名为"Rocket of China——中国火箭号"。由于该火车机车两侧各雕有一条中国龙纹图案，所以中国人都称其为"龙号"机车。当年《捷报》报道，"火箭"号火车头"是直隶总督、矿局总办和工程师金达合作的产品。至于每人贡献多寡，则一言难尽。"这是中国人直接参与制造的第一辆蒸汽动力机车，带有明显的中国传统文化符号，是中西文化融合的产物。唐胥铁路成为中国自建的第一条应用蒸汽动力机车牵引的标准铁路。

冒着浓浓黑烟的庞然怪物发出的阵阵轰鸣,打破了中国拥有数千年悠久历史的农耕文明的平静。众多带有强烈抵触情绪的清政府官员和普通民众,纷纷以"黑烟影响庄稼生长""震动东陵,先王神灵不安""破坏风水""与民争利""导致失业"等各种借口反对、阻挠火车铁路运行。"当时的风波闹得很大,几乎停掉了整个煤矿的生产。"迫于舆论压力,开平铁路公司不得不弃用蒸汽机车,改由骡马沿铁轨拉行。这条铁路也被戏称为"马车铁路"。这虽说是中国铁路乃至世界铁路发展史上的一柄笑谈,但其充分说明近代化蒸汽机车铁路对中国人传统观念的冲击之强烈。

即便如此,铁路"运输之力,陡增十倍"的运载量大、快捷方便优势,还是在实践中很快地突显出来。没有多久,在李鸿章和唐廷枢等人的努力下,"马车铁路"又恢复了蒸汽火车机车的运行。唐胥铁路的修建,开辟了中国铁路建设的新纪元。

三、巧周旋,筹资金,津沽铁路成标志结硕果

1884 年至 1885 年,中法战争期间。清政府南北运兵迟缓的军事现实,使得是否应用铁路运兵、筹饷问题再次成为朝议的焦点。尽管朝野上下对铁路运输的优劣议论纷纷,仍有以资敌、扰民、破坏风俗、造成失业等理由表示反对者,即便是主张修建之人也有修自洋人、清政府和民间百姓之别。但是,主张自主修筑的呼声还是越来越大。开平矿务局总办唐廷枢建议召集商贾,集资成立开平运煤铁路公司,继续接办胥各庄至阎庄铁路,得到李鸿章的认可。于是,从德国克鹿卜厂买来铁轨,"就矿局已买河边之地,填路起

造"，将唐胥铁路延长 65 里，接修到蓟运河边的阎庄。至此，唐山至芦台铁路通车，煤炭运输更为便捷。

李鸿章最初主张修建铁路的目的更多是从军事方面考虑。从唐山至芦台的芦唐铁路修通后，他遂以方便大沽口"兵船领煤、商船运货"为由，申请继续接修至大沽北岸。后因集资未成，资金受限，无奈暂时搁浅。此时，一些普通官员对铁路的认识也开始发生转变，由反对逐渐转为接受。例如武举人李福明，不仅主张修筑铁路，而且提出由社会底层自修的主张："与其修自洋人，不如修自中国人；修自官府，不如修自老百姓。"李鸿章也借势再次陈述火车铁路的诸多利益，称："将来欲求富强、制敌之策舍此莫由。傥海多铁舰，陆有铁道，此乃真实声威，外人断不敢轻于称兵恫喝。"积极为修建铁路开展舆论宣传。

1885 年秋，因海河涸浅影响了漕粮运送和商货运输，有人提议修建从大沽至天津紫竹林租界码头的铁路，运送货物。西方各国看到有机可乘，纷纷申请出资承建。天津税务司德璀琳让开平矿务局总工程师金达出面，向李鸿章陈述延伸铁路的必要。英国怡和洋行从英国运来小铁路，在紫竹林租界内摆设数里演试，"炫以求售"。美国人不仅表示愿意出资修筑，并已经雇用天津人王静波、李桐玉开始勘查沿途道路，为修铁路做准备。法国也不甘落后，由法国工业界联合会在天津设立总办事处，全权负责申请筑路事宜。李鸿章考虑到铁路问题关系国家权力，由外国人独资建造容易节外生枝，引发中外纠纷。于是，拒绝各国独资修筑的申请，而由自己修建，并雇用美国提督魏礼森开始勘查大沽至天津道路，着手准备。

1886 年 5 月，醇亲王奕譞以海军衙门大臣身份率队巡阅北洋防务,来到天津。西方人又趁机在紫竹林租界河沿试演铁路,"机器未齐,仅以人力推移,已觉疾如流矢"。李鸿章也借机邀请奕譞到天津机器局内乘坐铁轮车,浏览巡察全厂。这让久居北京王室的醇亲王亲身体验到了铁轨运输的好处,兴奋之余,赋诗赞曰:"绿水朱桥畔,停骖境界新。石楼连百雉,铁轨挽千钧。"也正是这次与铁路运输的零距离接触,坚定了醇亲王支持李鸿章修筑铁路的决心:"幸得殿下亲历北洋,绝疑定计,奏准兴修津沽铁路。"12月,怡和洋行再次在天津海大道旁布置了一段活铁路,试行火车。李鸿章、周馥、刘汝翼、罗丰禄、伍廷芳等官员亲身乘坐体验,"极为喜悦","嘉许者再"。经过此次近距离的接触,天津人开始逐渐接受铁轨运输,"津沽之人乐于乘坐者,殊不乏人。"各国商人纷纷争抢修造。1887年初,李鸿章再次致函醇亲王奕譞,"其由阎庄至沽一段,可否由海署奏明由贵处筹筑,为调兵运军火之用,名曰'试办'",请求修筑从阎庄至大沽的铁路。醇亲王遂以海军衙门的名义奏准将唐芦铁路东延至山海关,西展至天津、北京。考虑到修造经费等实际问题,李鸿章建议先行修筑从大沽至天津的铁路,"若将铁路由大沽接到天津,商人运货最便,可收洋商运货之资,借充养铁路之费"。待通车之后,再用津沽铁路运营盈利继续接修津通(天津到通州)铁路以及向北至山海关的铁路,"于军旅、商贾两有裨益"。得到清廷批准。

1887年5月,津沽铁路工程正式动工。在唐胥铁路中建功的英国人金达担任铁路总工程师。为了防止英国人一家独大,由联芳和廕昌请来德国工程师鲍尔协助金达,名为帮助,实则牵制。留美归来的中国学生詹天佑担任工程师,学习锻炼。为了筹措资金,开平铁路公司也改组为天津铁路公司,并在《申报》《北华捷报》等报纸上刊登招股章程,筹集商股。由于中国商人对铁路运输商业优势认识不足以及对官员信任的缺失,尽管李鸿章"舌敝唇焦",四处游说,最终仅招募商股 10.85 万两。李鸿章只得从海防支应等局拨银 16 万两,又以每年 5 厘的低息从英国怡和银行借银 63.7 万两,从德国华泰银行借银 43.9 万两。商股、海防借款、洋行外债,津沽铁路资金有了着落。经过上下努力,用时 80 天,由阎庄经塘沽到天津旺道庄火车站的津沽铁路建成通车。1888 年 10 月 9 日,津沽铁路通车典礼在旺道庄车站举行。直隶总督李鸿章、直隶按察使周馥、开平矿务局总办唐廷枢、天津铁路公司总办伍廷芳率众出席典礼,并乘火车,"一律平稳坚实","快利为轮船所不及"。

津沽铁路的开通,谱写了天津陆路交通运输的新篇章,受到国内外舆论的关注。天津海关税务司德璀琳将其作为天津进步的一个重要标志:"可将 1888 年视为天津编年史上开元之时期。本年实属进步之年……开平至天津铁路之开通,是为主要特点。"旺道庄火车站也成为天津市区内第一座火车站。

旺道庄车站运行后,铁路公司计划并开始在海河上修筑铁桥,以便沟通海河对岸的英、法租界。但是,迫于中国运粮、盐船户以影响船只通行为由集体反对的压力,铁桥被迫取消,刚刚建成的桥柱也被拆除。1892 年津榆铁路(天津至山海关)通车,津榆、津沽、津芦铁路将山海关、大沽、天津、北京连接在一起,天津旺道庄火车站也成为沟通各地最为重要的交通枢纽。受英、法租界当局关于修建横跨海河大桥位置争端的影响和客货分离的需要,旺道庄车站办公区向西移址半里许,在被称为老龙头渡口的海河河畔建成了新车站——老龙头火车站(另一说是因中国自行制造的第一辆火车机车——"龙号"机车而得名)。1900 年,八国联军攻打天津,作为双方重点争夺的交通枢纽老龙头火车站被战火摧毁。随着1902 年老龙头火车站的重建和万国桥(也称法国桥,今称解放桥)的开建,尤其是 1911 年清王朝的彻底崩盘,稍略带有封建皇家文化色彩的老龙头火车站之名也逐渐被天津站所取代。

比利时在津租界始末

一、天津比租界的划定

第一次鸦片战争之后,清政府被迫与英国签订了《南京条约》,又于1844年分别与法国、美国签订《黄埔条约》《望厦条约》,开埠通商,中国门户洞开。1845年,比利时政府也趁机要求与清政府进行友好通商。7月25日,清政府发国书答应了比利时的通商要求。但是,直到1865年,两国才正式签订通商条约,比利时在华拥有了与其他列强同样的特权。

1900年,西方列强组成联军镇压义和团运动。7月14日,八国联军攻占天津城。30日,联军组成管理天津事务的临时政府委员会——暂行管理津郡城乡内外地方事务都统衙门,史称"都统衙门",宣布代表列强在管辖区内拥有绝对的独立权,尽量满足联军司令和各国领事提出的全部要求。于是,比利时政府在参与制定联军提出的十二条《议和大纲》的同时,由驻华公使嘎德斯向外国公使团发布通告,"在天津河东地方租地一段,以为比国通商市场"。1901年(光绪二十七年七月三日),比国驻津领事向天津领事团发出通告,宣布:"奉北京公使训令,占领下列地域,该地在德租界下方对岸沿白河至马亚斯石油仓库下方约五十米地点。"这样,比利时仅凭借一则通告就在天津的海河东岸拥有了土地占领权。

李鸿章被重新任命为直隶总督与联军进行议和谈判后,派天津河间道张莲芬、直隶候补道钱鑅与比利时方进行交涉,最终约定比利时将在河东俄租界海河下游租借土地,从"世昌洋行煤油栈地边起,沿河向东以1168密达("米"的英文译音。笔者注),合中国701弓(旧时丈量地亩计算单位,一弓相当于五尺。笔者注),沿河向里450密达,合中国270弓为止"的地方,共747.5亩。所划定界内所有的地庙、民房由租界委员会代为购买立契,交与驻津领事官接收。1901年12月15日,光绪帝批准了这一协定。1902年2月6日,比利时趁清政府与联军谈判接收天津城市管理权的有利时机,由全权大臣姚士登委派驻津领事官嘎德斯与清政府代表天津河间道张莲芬、天津海关道唐绍仪、直隶候补道钱鑅签订了《天津永代租地协定》,正式划定原订协议中规定的土地,即天津海河东岸大直沽、田庄、小孙庄一带为比租界,并将租界以东到铁路之间的数百亩土地划为预备租界。

尽管比利时在天津划定了租界,但比国政府并不愿意给付巨额的租买土地款。划定租界后不久,比利时政府就将其转售给比利时在华银行合股公司,只保留了治理权。1902年8月16日,在比利时驻天津代理副领事奥古斯特及工程师克罗逊、商人克林南一起见证下,直隶候补道钱鑅与比国在华银行合股公司经理勒姆克在比利时驻津领事馆内,签订了比利时在津租界地转让协议,规定根据1902年2月6日中、比双方签订的租地合同,直隶候补道钱鑅代表清政府声明将天津河东总共七百四十亩五十方一段土地,让给乙方(即比国在华银行合股公司。笔者注)永远租借,担保不受妨碍。界内包括德国信义洋行、世昌洋行等地产191亩,日后由比利时方面负责与德方交涉；界内所有中国私人地产由该公司以4.5万两白银全部购买，并将该款交给清政府。这样，海河东岸西临海河，北与俄租界接壤（今十五经路），东到大直沽（今大直沽中街一带），南到小孙庄（今六纬路与中环线交口附近）一带的中国领土正式确定为比利时租界。因为比租界是由在华银行合股公司负责经营，所以又被称为股票租界。

1913年，比利时国会重新议定天津租界的管理办法。比驻津领事团租用昔日漕粮房产作为办公住所，在大直沽成立比租界工部局，并从天津警察局借雇十八名华警，负责维护租界秩序。不久，第一次世界大战的爆发。比利时国内疲于战争，无暇东顾，在津租界的行政管理也因此停顿下来。一战结束后，世界趋于和平。但是，由于比租界地处天津城区边缘，愿意在此投资者本来就少，加之，租界规定在界内建造房屋，不仅要向由在华银行团组成的房产公司租用地皮，而且建筑图样也必须经过该公司的严格审定，不符合该公司所定房屋式样者，不准建造，因此，比租界内建筑寥寥无几。经济状况也无起色，收入亦微，仅靠房捐、地捐、车捐、码头捐、运输捐等各种捐税，收支差足相抵，工部局多以借款维持发展。直到1926年，市政建设仍然很差，地多荒芜，未及开辟，一切城市设施皆不完备，污水、垃圾都由居民自行处理，根本没有消防、卫生等设施。租界内仅有不过十条坎坷不平的道路，只有两条宽至三丈，其余的皆很窄小，且都没有安装照明街灯。这与海河西岸英、法租界的繁华景象形成鲜明对比。正是由于比租界落后的经济状况，比利时政府为了摆脱经营在津租界的经济压力，才从政治上考虑，同意将其无条件地交还给中国。尽管如此，受国际、国内形势的影响，比租界的回归还是经历了一个漫长的谈判过程。

二、艰难的谈判

第一次世界大战之后的欧洲处于经济恢复期,各国都急于向世界发展中国家寻找国际市场,特别是人口众多的中国市场。为了能在中国市场上赢得更多的经济利益,各国都对中国采取亲和态度。作为欧洲经济实力相对较小和国际政治地位较低的比利时,更不例外。而在中国国内,反帝国主义的爱国情绪日益高涨,尤其是 1924 年 5 月《中俄解决悬案大纲协定》的签订,苏联宣布废除帝俄时代取得的一切特权和不平等条约,迅速兴起了废除不平等条约和关税自主运动,形成了反帝、反军阀的国民热情。

1925 年,比利时政府受国内、国际环境的影响,向中国北京政府表示愿意退还庚子赔款,用于中国的实业、文化和慈善事业,并同意放弃 1865 年所签订的不平等条约,再根据平等与互利原则重新签订贸易协定。但是,由于中国国内政局动荡,北京政府并没有与比利时官方进行实质性的谈判。1925 年 3 月,孙中山先生逝世,在遗嘱中将废除不平等条约列为国民党的一项重要历史使命,希望国民政府为此继续努力。1926 年,广州国民政府开始动议收回外国在华租界。国内兴起收回租界、争取利权热潮。1927 年 1 月 17 日,比利时政府与北京政府会谈,驻华公使华洛思宣布愿意将天津比租界交还中国。2 月 19 日,英国与武汉国民政府签订协定,无奈将在汉口、九江的英租界交还中国。4 月 1 日,北京政府也在津成立了由庄璟珂、任师尚为专员的接收比租界专员办事处,准备接收事宜。后来,因为南京政府反对比利时政府将租界交给北京政府而未能实现。7 月 15 日,汪精卫发动"七一五"政变,"宁汉合流",以蒋介石为首的南京国民政府表面上实现了中国政权统一。在中国民众爱国热情的逼迫下,又有孙中山先生的遗嘱,国民政府也把废除不平等条约、收回租界作为一项重要的外交任务,积极与西方各国谈判。在中方努力下,比利时驻华公使华洛思最终向南京政府表示,愿意将天津比租界内除私人产权外,所有1902年比国所享有的永租权完全撤销。双方进入实质性的谈判。1928年11月,中比双方在平等的基础上重新签订了《中比通商条约》,比利时在中国不平等的经济特权完全废除。这为两国政府进一步就天津租界问题进行谈判奠定了良好的基础。

1929年,自美国开始爆发的世界性经济危机横扫欧美大陆,欧美诸强的国内购买力日益萎缩,滞销商品堆积如山,获取发展中国家的贸易市场成为摆脱经济危机最直接、最有效的方法。而天津比租界糟糕的运营状况,更迫使比利时政府急于交还租界,以摆脱因经营租界而带来的经济压力,还希望以此博得国民政府及中国国民的好感,从而获得更多的在华经济贸易优惠,尽快摆脱国内的经济危机。另外,由于南京国民政府的建立,政治中心的南移,大批经济财团纷纷由津南迁江浙地区,天津失去了昔日首都门户的政治地理地位,经济地位也开始降低。这些客观的国际、国内环境为比利时在津租界的顺利收回提供了有利条件。

经过多次交涉后,1929年6月17日,南京政府特派外交部条约委员会顾问凌冰、周纬、内政部土地司科长赵光庭、全权公使律师黄宗法、天津特别第一区主任陈鸿鑫组成中方代表团,与比利时驻华公使馆参议男爵纪佑穆、武乐施和驻天津领事馆领事骆丰泰及其翻译马登斯,在天津海河路(今海河西路)二十四号(高祖才别墅,当时凌冰租住),开始就收回比租界问题进行谈判。后来,因为中国电车工潮事件,谈判中断半个多月。8月31日,双方历时两个多月的艰苦谈判,经过八次正式会谈和十多次的非正式会面,最终签订了《关于比国交还天津比租界协定》,规定比国政府"愿自动将由一九〇二年二月六日(光绪二十七年十二月二十八日)中比专约所取得之天津比国租界,无抵偿交还中华民国国民政府。"中国应付比利时政府在津租界建筑款白银八万两,并声明该协定自两国政府互相通知业经批准之日起发生效力。中国南京政府很快就在11月7日批准了这一协定。但是,直到次年冬天,比利时政府的批准书才寄回比利时驻北京公使馆。于是,中、比双方开始运作接收租界的具体事宜。

三、接收盛典

1931年1月8日,中、比两国决定于1月15日在天津交换协定批准书,举行租界交接仪式。南京国民政府任命天津市长臧启芳为中方接收专员。臧启芳指派天津市公安局局长张学铭、特别第三区区署主任卢籙和市政府秘书谭福为接收帮办,具体安排接收租界的详细程序。

从1月12日起,天津市政府秘书谭福就开始频繁出入设在英租界华比银行(今解放北路104号,中国建设银行天津分行)内的比利时驻津领事馆,与比国驻津领事王格森商洽交收事宜。13日,南京国民政府外交部档案馆管理处处长祁大鹏、外交部视察员李芳作为监督员先期抵津。比利时驻华公使华洛思(后因心脏病突发,未能参加交收典礼)和参议贾尔东也于同日从北平(今北京)来到天津,准备参加交收典礼。当天晚上,南京国民政府外交部部长王正廷偕同夫人,在欧美司司长徐谟、情报司司长刁敏谦夫妇、帮办秘书应尚德、秘书赵次胜等十余人陪同下,乘专列从南京来天津,专程参加典礼。14 日,王正廷一行到达天津总站(今天津北站)。河北省政府主席王树常、天津市长臧启芳带领张学铭、外交部法律顾问黄宗法夫妇、外交部视察员李芳、河北省委委员阎智怡、海关监督韩麟生等人到车站迎接。张学铭在王正廷的专列中向众人汇报了比利时租界的现状和准备接收情形以及接收后的具体安排,得到了王正廷的肯定。7 点 30 分,火车到达天津老龙头火车站(今天津站)。王正廷等人下火车乘汽车到裕中饭店(今解放北路 2 号)休息。下午 5 点,王正廷与臧启芳、张学铭、黄宗法、徐谟、刁敏谦等人拟订了 15 日接收比租界的典礼程序,决定上午 10 点中、比双方在市政府交换官方批准书;11 点,在比租界工部局举行升旗接收典礼;12 点,臧启芳在海河路北宁铁路官舍宴请双方代表。

1 月 15 日上午,接收天津比租界的盛大典礼在比租界工部局前正式举行。大会典礼由臧启芳主持,参加典礼的中外要人有:比利时总领事施爱思、比利时使馆一等秘书爵尔登和华比银行总经理、中方外交部部长王正廷、外交部法律顾问黄宗法、情报司司长刁敏谦、河北省政府主席王树常、龚心湛、河北省委阎智怡、陈宝泉、天津市整委会主席鲁荡平、刘不同、前国务总理颜惠庆、前外交总长曹汝霖、前驻奥公使黄荣良等等。

11 点整,全体人员肃立在比租界工部局外,在欢快的音乐声中,接收典礼正式开始。首先,由比利时总领事施爱思代表因病不能参加典礼的比利时公使华洛思致辞,由驻津比利时总领事馆翻译官马登斯翻译。施爱思回顾了中比两国政府就交还天津比租界的谈判过程,并对比国公使华洛思不能参加典礼表示遗憾,同时对中方外交部部长王正廷大加赞扬,最后称:"本总领事代表比国政府在外交部部长及诸位官宪台前,正式将天津比租界完全交还于国民政府,所有卷宗等件,故请接收专员点收,是所感盼。"施爱思发言后,进行降、升旗仪式。比利时国旗在比利时国乐声中从旗杆顶端缓缓降下。随后,伴随着中国国民政府国歌,为典礼特制的大幅国民政府的青天白日旗与刚刚降下的比利时国旗同时升起(此前已经约定,从次日起,比利时国旗不再升起,仅升中国国民政府国旗),以示两国亲睦之意。随着两国国旗一起升到旗杆顶端的一刹那,"中、比间一段旧历史于焉结束"。在全体与会人员向两国国旗一鞠躬后,天津市长臧启芳代表南京政府发言,天津电话局局长段茂蘭任翻译。臧启芳首先为自己能够作为接收比租界专员感到荣幸,并对比利时政府主动将天津租界交还中国,表示"此友谊之举动异常同情",并谈了个人的三种感想:第一,中、比两国友好交往的历史从此更将增进。第二,希望世界各国邦交都建筑在平等精神之上,以便减少已有的不平等事情,避免将来再发生不平等事情。第三,希望世界人民都树立平等精神,并将此精神扩之于全世界,则可获得世界的永远和平。表达了中国人民对世界友好、和平的渴望。最后,臧启芳以高呼"比国万岁""中国万岁""中、比两国邦交万岁"口号结束讲话。全场掌声雷动。公安局乐队再次奏起欢快、祥和的音乐,所有代表集体合影后,接收典礼宣告结束。参加接收租界典礼的还有大直沽志修堂附属小学学生,保安第十一分队全队人员及从特一区和特三区调来的60名警察以及各机关、单位的代表,不下五千人,全场盛况为天津所仅见。至此,比利时在中国境内唯一的一块租界地——天津比租界重归祖国。

接收典礼刚刚完毕,天津市公安局局长张学铭立即对比租界原有的18名巡捕和新从特一、三两区调去的40名警察进行训话,宣布原有巡捕去留两便,但一旦愿意继续留用,必须改变原来的不良恶习;并要求新旧警察互相合作,不分界限,共同维护好社会秩序。下午三点,助理接收委员卢簶和谭福到比利时驻津领事馆点收移交文件物品,首先在领事馆内将关于租界的各种账簿、图表点收完毕。随后,两人在领事馆翻译官的陪同下,前往工部局点收物品。卢簶对比租界工部局的物品甚为失望,他称,虽然比方所交清单上罗列物品甚多,但清单是根据购买时的账目所列的,多数物品只有其名而无其物,即使有亦多敝旧不堪,无法使用。即使将来办公室所用的木器,都需要重新添置,更不用说其他贵重物品了。基于比租界破旧的办公条件和经营状况,接收比租界后,虽然改名为特别第四区,一切行政组织也按照其他特别区办理。但是由于经费问题,区署各行政部门暂时不设科长,只安排一名办事员,由特别第三区区署主任卢簶暂时代理主任,负责日常的管理工作。

天津比利时租界的和平收回,被视为"外人自动交还租界之第一声",成为当时中国一项重大事件,引起国民政府中央和地方的高度重视。南京政府希望以此为契机,唤起国内外各界的响应,"希望于本年开其端",揭开中国收回各国在华租界的序幕。在中央,外交部部长王正廷及法律顾问黄宗法、情报司长刁敏谦等中央要员专程从南京来津参加接收典礼,"藉以唤起中外之注意"。天津市地方政府除了在比租界工部局前举行盛大的接收典礼以外,各机关单位纷纷举行庆祝大会。在开始接收典礼的同时,市政府的全体职员在政府楼内举行庆祝大会,号召同仁努力将收回的比利时租界地建设繁荣。上午接收典礼结束后,下午,天津市整委会召集各机关、团体代表一百多人,在大礼堂举行庆祝大会。王正廷、臧启芳、刁敏谦等政界要人都参加了大会。整委会主席刘不同在致辞中称,"今日收回比租界虽地域不大,并无何等伟大建筑,然在精神上则殊值得纪念,可为收回其他租界之先声。"外交部部长王正廷的讲话特别强调了孙中山先生为废除不平等条约所做的种种努力,称几年来的外交工作都是遵照孙中山先生的遗训而进行的,并称:"各国在华租界、租借地之收回,原未始今日。惟昔日租界之收回,如天津之俄、德、奥等界,汉口之俄、德界,或系根据绝交,或系凭借武力……以和平会议之方式签订收回外界之协定者,要必以天津之比租界为始。""今者比租界收回,是即不平等创痕即已消灭。"号召国人和世界各国人民一起,共同根据平等及互相尊重的精神,废除不平等条约,重新建立国际关系。鲁荡平、臧启芳在讲话中号召各界努力将收回的租界开发繁荣,"使其警政、市政较昔租界时优尤为完备,治安尤为妥善,如此则其他未收回之租界,外人则无所籍口拒绝收回矣"。希望把比租界建设好,为日后收回其他租界树立榜样,奠定基础。当日晚上,外交部部长王正廷在西湖饭店(今河西区马场道171号,原建筑已不存在)设宴款待中、比两国政要50多人,"诚天津国际应酬场中稀有之盛宴也",增益友谊,以示庆贺。除天津政界外,北平(今北京)市党部为了引起各国在京公使的注意,在西花厅也举行了盛大的庆祝会,同样将天津比租界的收回"视为收回租界之发端",鼓励国人继续为收回各国在华租界、废除不平等条约而努力。

政界如此,天津普通民众也是欢欣鼓舞。各机关、团体、学校、报馆均放假一天,并派代表参加接收典礼。全体商民都在门外悬挂党旗、国旗,以示庆祝,"是日全市悬旗庆祝"。在各交通要道也都张挂了关于收回租界的标语，其中万国桥(今解放桥)上悬挂的是"收回租界后，我们要努力把他建设起来"。近千群众聚集在特三区与比租界交界处(今十五经路)，高举"收回租界要迅速废除不平等条约"的横幅标语，远远地参观典礼。还有公安局骑巡队 12 名，自行车队 20 名警察，一面维护秩序，一面观望接收盛典。比租界破旧的工部局也被装饰得五颜六色，在局门外搭盖起一座彩色牌坊，红地彩花，正额用金字排成"接收天津比租界纪念"字样。彩坊上遍缀电灯，夜间点燃，灯火通明，在很远就能感觉到这里将要有重大喜事发生。在工部局的办公室和庭院中交叉悬挂着纸制万国旗，所有主门框上都悬挂彩绸，这为早已"敝旧，后部且已倒塌"的建筑增添了喜庆气氛。收回天津比租界这一历史变革，使整个天津城市都笼罩在喜庆、祥和的氛围之中，一切似乎都暗示着中、比两国"增进合作与敦睦的新时代之肇端"。

天津比租界的收回，是当时国际环境和国内形势发展的必然，是中国各界人士为维护国家主权独立、领土完整而不懈努力的结果。它是比利时政府为获取在华贸易市场进而摆脱经济危机而采取的一种政治手段，与苏联主动放弃一切在华特权完全不同。南京政府外交部部长王正廷就明确地指出这是比利时政府"洞察时代之趋向，不畏采用新方策而顺应新形势与急需"。比利时政府也确实达到了它所期望的目的，王正廷在庆祝晚宴上宣布"是种举动已为比利时博得中国人民深厚之感情与好意，并树立一可资观感之先例"，称"即凡能博得中国之善意者，即能博得中国之市场"，似乎暗示着南京政府将在日后与比利时的经济贸易交往中给予特殊照顾。比利时在津租界的和平收回，增进了中、比两国人民之间的友谊，成为"中、比亲交新证明"。

社会意识编

编 前 语

物质决定意识,意识是物质的反映,同时意识对物质又具有能动作用。近代天津社会生产、生活方式的变革引起、同时也映射着人们在思想观念、价值取向、社会心理等社会意识方面的改变与更新。

清末民初,由于晚清政府进行的军事、政治、经济等一系列的改革措施以及最终的政治崩盘、北洋政权的频繁更迭和因此引起的社会阶层、社会生产、生活方式的改变,以及以社会进化论理论为基础的自由、民主、人权、科学等西方价值观的传播,加之,民族主义、社会改良、无政府主义、社会主义、国学研究等各种社会思潮充斥报端,风靡社会,中国几千年传承下来的文化意识、是非观念、价值取向受到了前所未有的冲击,"国体变更,后先相反。既无两是,亦不敢两非。中国自有国以来无此局,亦自有史以来无此体",①导致人们思想观念的混乱和迷茫。天津作为晚清政治体制改革的试验田,这些变革首当其冲,城市生活、社会意识呈现出史无前例的社会乱象。

"天津无沃田,人皆以贾趋利。"②受自然、人文地理环境的影响,在天津,农业经济并不显要,商业的繁荣则是传统城市早期发

---

① 民国高凌雯:《志余随笔》卷一,《天津通志·旧志点校卷》下,第 691 页。
② (清)吴慧元总修、蒋玉虹、俞樾编辑:《续天津县志》卷八,风俗。《天津通志·旧志点校卷》中,第 316 页。

展最主要的因素。所以,尽管由于身处重农抑商的社会环境中,天津商人的社会地位并不高,但也未遭到社会的排斥。如由盐商查日乾修建的私家园林——水西庄,就是社会名流、文人雅士经常聚集之地。随着天津开埠,租界建立,外资的涌入,以及清政府鼓励实业新政的推行,步入近代的天津的商贸经济更加繁荣。新生的绅商、买办阶层日益活跃,纷纷投资建厂,如吴调卿与德商兴隆洋行合办天津打包公司,怡和洋行买办梁炎卿投资大沽驳船公司,等等,逐渐成为新式商界的主力。最初,社会民众对士绅经商赢利的现象也曾表示不屑,如杨宗濂投资天津自来火公司,舆论就指责其,"唯利是图,官府其身而市侩其行"。① 但是,随着清政府的垮台和第一次世界大战的爆发,中国的民族经济得到了空前的发展,人们也一改前念,对投资型商业更为推崇:"古之取人国者以兵,今之取人国者以商,诚以商业胚胎于实业,而稳操国家财政命脉之源也。故商业发达则国不独贫,商务萧条国亦何能独富?"②在实业救国的口号中,投资建厂、经商赢利之风盛行,天津工商业得到了前所未有的发展,甚至出现了一些文化阶层人士也以智逐利的现象,"迩来书画家著名者众,北方风气,囊以收润资为不雅,而求教者踵相接,每苦酬应甚烦。间有不得不破格拟定仿帖,酌收润笔者,亦局面一变"。③ 社会上崇商、重商观念愈来愈重。

自民国以来,在革命、维新思想的影响下,破旧立新之风盛行。

---

① 孙毓棠编《中国近代工业史资料》第一辑下,科学出版社,1955,第 989 页。

② 民国宋蕴璞辑:《天津志略》第十编,商务,《天津通志·旧志点校卷》下,第 230 页。

③ (清)羊城旧客:《津门纪略》标点本,天津古籍出版社,1986,第 63 页。

破封建儒家礼教之旧明显,立新则没有明确、统一的标准。受崇商逐利之风和租界优越社会生活的影响,天津社会出现了崇"洋"之风,衣、食、住、行皆以"洋"为荣耀,接受、模仿西方的生活方式逐渐成为一种社会风尚。

在穿衣、饮食方面,天津社会各界无论官阶高低、财富多少,多以穿"洋"服、用"洋"器为时髦,"官绅富室,器必'洋'式、食必西餐者,无论矣。其少有优裕者,亦必'洋'服数袭,以示维新。下此衣食艰难之辈,亦多舍自制之草帽,而购外来之草帽。今夏购草帽之狂热,竟较之买公债券、认国民捐踊跃实逾万倍"。① "洋"服、"洋"货开始成为人们购物的首选,"市场之化妆品多自外洋购来",② "购货者既好'洋'货,卖货者不得不改为'洋'商。始犹华'洋'相抵,继则'洋'多于华,终则国货每年仅销十之一二,'洋'货返销十之八九"。③ 进口货日益畅销,国产货逐日消减,艳羡"洋"货之风弥漫社会。由于民国政府提倡天足,女子放足之举日增,裹脚之风日益淡化,先前盛行的"三寸金莲"也开始减少。人们在鞋、袜穿着方面的变化,一贯影响了天津传统织带业的发展,"惟近日社会风尚,男女皆不束腿,带子销路渐滞。业此者不得不兼营他业,以资维持"。④ 到了 20 世纪 30 年代,人们的审美观念也逐渐摆脱先前衣不露体保守思想的束缚,日益西化。能够展示自然人体曲线美

① 《论维持国货》,《大公报》1912 年 6 月 1 日。

② 民国宋蕴璞辑:《天津志略》第八编,金融,《天津通志·旧志点校卷》下,第 219 页。

③ 民国宋蕴璞辑:《天津志略》第十编,商务,《天津通志·旧志点校卷》下,第 230 页。

④ 民国宋蕴璞辑:《天津志略》第八编,金融,《天津通志·旧志点校卷》下,第 215 页。

的薄、透、露式紧身服饰,成为摩登女子的新宠;曾经盛极一时的中山装也很快退出了天津市场,西装、皮靴、马裤成为年轻男子的新行头。"近来炎夏,女子着极薄纱袍,不穿衬衫,游行街市,胸前双峰暴露,在一般以为怪事,其实女子要求裸露之热度,比之日球之热度尤高,即贴身之薄袍也恨不得随时以扯破之,以表现她们的人体美。……大学生以穿西装为摩登化之首要条件,……近今男子服装,以穿皮靴、马裤为最时髦,在穿者以为可以虎(唬)人。"①以取个外国名字为风尚的"洋迷"比比皆是,假若有人用外国名字称呼他(她)们,"便是乐得手舞足蹈,欣喜若狂";彼此之间交谈,"全用洋文,甚至有些妇女对她的小孩儿,也不说中国话。她们这种文明举动愈是旁边有'洋人'的时候,卖弄的愈欢"。② 当时在天津颇有名号的大律师李景光,身着西装,自谓"酷似西班牙人",于是得到了"斗牛师"的新绰号。③ 刊载报端的这些描述语气虽带有一些不满和批评,却真实再现了当时天津人,尤其是年轻人的崇"洋"之风。

在住、行方面,富有之人、社会名流纷纷搬入环境优雅、秩序稳定的租界之中,修建起钢筋水泥式"洋"楼,西式楼房建筑和家具开始进入这些人的日常生活,以致形成至今犹如万国建筑博览会的小"洋"楼建筑遗存。火车、电车、摩托车、"洋车"(即自行车)和"洋"式马车逐渐取代中国传统的轿子、轮车,成为社会的主要代步工具,天津城区的交通工具迅速变革。"自官道工竣,人庆康庄,赶脚驴者及拉'洋'车者,尤称利便。两项约以数百计,尚陆续增添,

---

① 曲线怪:《时装漫谈》,《北洋画报》1931 年 9 月 3 日。
② 老宣:《妄谈》,《北洋画报》1929 年 7 月 25 日。
③ 《曲线新闻》,《北洋画报》1931 年 4 月 23 日。

有加无已……赶脚者,执鞭飞跑,追随驴后。拉车者,促促如辕下驹,汗流浃背,东来西往,驰车如风。"①道路的平整与扩宽,促进了"东洋"车数量的增长。城内飞驰的火车、有轨电车显示的快捷很快改变了世人的怀疑。到民国初期,马车依然占据着天津主要的交通市场,"今之成立者,为数亦颇不鲜,盖怒马扬鞭,其趣味盎然也"。② 富有之人乘坐汽车已经成为一种享受,"出门拜客者多乘坐汽车,云驰风掣,诚快事也",引来了路人的羡慕和向往。"洋车"的轻巧、便宜则更受天津普通市民的欢迎,各商店、行号"多备之,取其便利也"。中国传统的轿车则开始淡出了人们的日常社会生活,逐渐成为一种历史的记忆,"迩来已日见其少。惟丧祭或至乡镇者偶用之"。③ 对于西方近代化交通工具的接纳,说明人们已经逐渐接受了西式的生活理念,追求舒适、享乐,讲求办事效率;人们的生活节奏也在无形之中加快。

除了衣、食、住、行以外,近代天津社会盛行崇"洋"之风的另外一个突出表现,就是对租界内休闲娱乐活动的痴迷。租界内公园、酒楼、电影院、歌舞厅等娱乐场所举目皆是,奢华、安逸的社会生活吸引着天津居民。西方的休闲娱乐方式,也悄然出现在天津人的社会生活之中。例如,盛行租界内的赛马活动,一为赌博冒险赢利,也存在愉悦身心的心理需求。最初,天津人多是在一旁观看,

---

① (清)张焘辑:《津门杂记》标点本卷下,天津古籍出版社,1986,第120~121页。

② 《天津志略》第十一编,交通工具,《天津通志·旧志点校卷》下,第298页。

③ 《天津志略》第十一编,交通工具,《天津通志·旧志点校卷》下,第299页。

很少参与赌博,"倾城士女,联袂而往观","较之钱塘看潮万人空巷,殆有过之而无不及"。① 进入民国,一些人也逐渐加入了赌马逐利的行列,"每当春秋之季,有赛马之举,于是财迷大家,虽典当借贷,亦得设法参加。故汽车往返,大似过江之鲫",即使经常传出骑马师通同舞弊之事,也丝毫不受影响,"仍趋之若鹜",②呈现出拼死一搏的赌徒特征。一些摩登女性则热衷于台球游戏,"终日若醉若狂,争与小高尔夫(即台球,笔者注)为伍",③社会人士纷纷效法,"兴致勃勃,不可遏制,无论老幼,咸视为最雅最易之消遣法"。④ 人们的娱乐生活观念已悄然发生变化,尚奢、享乐之气风靡社会。

　　天津是一座名流会聚的城市,军阀、政客、经济人士、文化巨匠,各色人等云集。在崇尚西方娱乐方式的同时,也有一些名流钟情于中国传统的戏剧艺术,京剧也悄然成为一种重要的娱乐、休闲项目,甚至出现了女票友的身影。以往地位低贱的"戏子"、名伶群体,也逐渐摆脱其微贱的社会身份,成为社会明星,被人追崇。"昔日多以伶人出身微贱,故高人雅士,皆不以唱戏为然。近年来思想骤变,风气急转,曩者所认为微贱之伶人,今则身价高抬,名满神州。于是京剧之空气,浓漫津门,甚至妇人孺子,亦能哼哼两句,而一班达人雅士,更组织团体,延教师,制行头,做深切之推求。于是票房剧社,有如雨后春笋,终日金生木声肉声,嚣援尘上,且不时登台彩排,以露头角。近更有女票房之设立,可谓别开生面矣。"⑤富

---

① (清)张焘辑:《津门杂记》卷下,第 135 页。
② 《天津志略》第十九编,游艺,《天津通志·旧志点校卷》下,第 392 页。
③ 《天津志略》第十九编,游艺,《天津通志·旧志点校卷》下,第 392 页。
④ 大帝:《小穴球狂潮记》,《北洋画报》1931 年 6 月 2 日。
⑤ 《天津志略》第十九编,游艺,《天津通志·旧志点校卷》下,第 392 页。

有社会阶层对中国戏剧的喜好和提倡,逐渐提高了戏曲伶人的社会地位,带动了更多社会人群的喜爱和戏剧从业人员的增加,促进了近代天津戏剧艺术的发展和繁盛。

在盛行崇"洋"之风的同时,近代天津社会还涌动着一股强大的抵"洋"思想暗流。无论是第二次鸦片战争到天津教案、义和团运动的正面冲突,还是从洋务运动(又称自强运动)、北洋新政城市新区的开发、实业救国、1917 年的老西开事件到五四运动的爆发,这种自我救赎、民族自强的抵"洋"之气始终贯穿其中。又如针对"洋"货充斥天津市场的现实,人们已经意识到这是国家权与利的外流,危害甚大,"入口之货益多,出口之货益少,权利外溢,漏卮甚大"。① 于是,天津出现了提倡国货之声,将与外国资本争权、争利的爱国行为,从正面的武装军事冲突演变成对财富、利益追求的商战。例如,爱国主义实业家宋则久,创办天津工业售品总所,以发行《售品所半月报》、赠发《国货目录》、举办国货展览会等形式,专门宣传、销售国产用品。中国化学工业巨擘范旭东,依靠近代科技发展产业,成立久大精盐公司和永利制碱公司,与侯德榜等人一起研制、生产出质量极佳的纯碱,打破了"洋"碱垄断中国市场的局面。他还创建中国民办第一家科学研究机构——黄海化学工业试验社,出版《海王》旬刊,形成科技创新的企业文化和自强精神。宋棐卿创办的东亚毛呢纺织有限公司生产的"抵羊"牌毛线直呼"抵洋",注册商标为分站东西半球的相抵两羊,更彰显了企业的民族自信和独立自强意识。对于价格更为低廉的日本商品,出于民族

① 《天津志略》第十编,商务,《天津通志·旧志点校卷》下,第 230 页。

感情，"津人对之亦有相当之不信仰"。① 针对部分奸商以日货冒充国货或以高抬国货物价而降低日货价钱的逐利行为，社会舆论给予了公开的揭露和批评："一面涨，一面落，爱贪便宜的我的同胞们，谁能断定谁不以贵贱而变更其爱国的宗旨？然而借此发财，又岂是商家所应有的态度。提倡国货之情景如此，真可叹、可哭也！"②更有市民组成"跪哭团"，"跪奸商之门而哭求之，……哭而哀之，跪以求之"，③劝诫商人不要以日货冒充国货售卖。还有在流通钞票上印"凡持此购买日货者，断子绝孙，不得好死"的字样，④以谶语诅咒的方式告诫人们拒绝日货。

正如前文所述，天津报界对社会盛行的崇"洋"之风多带有批评口吻。同样，穿西装的时尚，社会上也有反对之声。反对者从国家权益、西服的实用性、适宜性和舒适度等方面，对国服和西装进行比较，呼吁国人拒绝西装："一、西服之领袖、领带毫无存在之理由，颇觉其为废物。二、中国不能自制毛织衣料，服西服即以金钱输出外国，而使国货丝织工业日就衰落，此即不爱国之一端。三、以中国气候论，大寒大热，西服殊不适宜。四、身体舒适上论，外国衣服远不及华服舒适，西人亦承认之。有此种种原因，西服已宜打倒，何况西服实为臣服'西洋'之表示耶。"认为国人穿西装是一种臣服外国、不爱国的行为，喊出了"打倒西服！国服万岁！"的口号。⑤ 国人穿国服已经不是简单的服饰问题，而是被看作是一种爱

---

① 《天津志略》第十编，商务，《天津通志·旧志点校卷》下，第230页。
② 秋尘：《一涨一落》，《北洋画报》1931年10月15日。
③ 蜀雲：《躬身下拜两泪交流》，《北洋画报》1932年3月8日。
④ 《标语钞票》，《北洋画报》1932年3月10日。
⑤ 诛心：《打倒西服！国服万岁！》，《北洋画报》1929年5月1日。

国行为。例如,1931 年,南开大学举行毕业生典礼,获取文凭的有 34 人,参加典礼的有 6 名教授,"西装者一,余皆白纺绸长衫,几如制服。毕业生除三女性外,皆白袍玄褂。一行行来,若见富连成之进春和焉。不穿外国道袍,戴四方帽,可谓不欧化者矣"。① 社会上所盛行的取"洋"名、讲"洋"语的"洋迷"们,也被认为是忘本的卖国行为,受到舆论的批判:"这种的'洋'化若畅兴起来,管保帝国主义愈打愈根深蒂固。因为国未亡,国语先亡了,会中国话的外国人绝没有这种忘国的恶风。"②这些工商求强、国货主义的兴起,实则是民族观念的体现,是国家、民族自强意识的表征。

"社会伦理观念是普遍支配人们行为方式的深层的文化,是社会意识和社会规则的集中反映,而社会伦理的根本变化,是一个社会发生根本性变革的重要标志。"③自清政府垮台以来,人们开始逐渐摆脱封建礼教思想的各种束缚,成为自由人,社会伦理观念也开始发生转变。

新思想、新文化的传播成为社会文化主流,崇尚自由、追求平等成为新的时代特征,自由成为一种新的价值取向。"乃自共和告成后,一般青年,顿脱藩篱,任意放荡,……野马无缰,任其驰骋。"④广大知识分子,尤其是年轻学生纷纷摆脱封建礼教和家庭的羁绊,自由择偶,自由选择人生道路。婚姻自由、妇女解放成为新的社会潮流,人们的恋爱观、人生观发生了重大改变。

---

① 秋尘:《八里台听钟记》,《北洋画报》1931 年 6 月 23 日。
② 老宣:《妄谈》,《北洋画报》1929 年 7 月 25 日。
③ 李长莉:《晚清上海社会的变迁——生活与伦理的近代化》,天津人民出版社,2002,第 8 页。
④ 《大公报》1912 年 10 月 20 日。

实则在晚清时期,就有人对中、西方的男女地位和生活状况进行了比较描述:"中国人娶妻,一从父母之命,聘定之余,美恶不能更改;西国人娶妻,专行自己之志,听其自择,两情无不和睦。……中国人以男为重,养育教诲男先乎女;西国人子女兼并,养育教诲男与女同。中国人请酒,男女分席不交一言,视女如仆;西国人请酒,男女同席,待女如男。中国人生女裹足,终身艰于步行;西国人生女无此习,一生随意遨游。"①身处"三纲五常"封建礼教控制的等级社会之中,尽管这些文字只是关于西方男、女生活状况的一点儿简单介绍,但从叙述语气来看,不仅看不到作者对西方文化习俗和男、女平等观念的鄙视,反倒是让人感觉到了些许羡慕之情。

中华民国共和政府的成立和新文化运动的展开,进一步促进了革命思想和男女平等思想的传播,女子争取自由和经济独立的呼声愈来愈高,人们的婚姻、家庭观念开始发生转变。已婚女子为摆脱父母包办婚姻的束缚,毅然离婚的事件时有发生。其中,末代皇妃蕙心与被赶出皇宫的一代皇帝溥仪的离婚事件备受关注,这既是妇女寻求自由、争取独立的表现,也是封建皇权式微的一个重要体现。离婚成为天津社会的一种普遍现象。世人一语双关地对此感叹道:"呜呼,自天子以至于庶人。"②而一些男子借离婚潮流而寻找新欢的行为,则被认为是一种缺乏社会责任感的不道德行为,受到社会舆论的抨击:"在这离婚盛行的日子,娶妻如同搬进一块石头。只要你喜欢够了,你就将她掷出去。社会不但不责骂你无情,反说你富有家庭革命的勇气,善于改造环境! 至于以后她的环

---

① (清)张焘辑:《津门杂记》卷下,第 142~143 页。
② 蜀雲:《自天子以至于庶人》,《北洋画报》1931 年 9 月 1 日。

境如何？你何必管她！"①此时，男、女授受不亲的封建保守思想也发生了根本的改变："男女之界限，婚姻之观察，十年来之变迁最大。当十五年前，女生之入学校也，校中必寄表册请家长填具学生可见之亲朋。于是，来校访问者，校中按图索骥，无名者拒不允见。所延师长，亦均以年高有德者为千妥万妥，咸不敢苟言笑。……客岁有先生爱慕学生者，同游同食，校中不之禁，同学则反以为怪。盖先生有妇之使君也。有往劝之者，女曰：'我之自由，孰得干涉。'……至近来西装少年之赴校访友者，已久如过江鲫，校中当事者见之，不过莞尔一笑曰：'多矣哉，会女朋友之男朋友也。'"②青年男、女追求自由恋爱成为社会普遍现象，也逐渐被世人所理解、接受。

女子入校读书也是男女平等的一个重要表现。传统的天津城市民众大多以经商谋生，并不太热衷于读书、科举："天津义学，向不多见。即有之，亦如晨星落落。贫家子弟，大率以卖糖豆为生，日赚数十文。或沿途爬草拾柴，以供吹爨，无以读书为当务之急者。"③贫困民众如此，富有盐商阶层的物质生活又远胜于那些以获取功名的士人，因此，他们也多不以目不识丁为耻："只道盐坨终可恃，双瞳何必识丁字？"④直至进入晚清社会，天津各处宣讲《圣谕广训》，"津人始以不识字为愧"。⑤天津人的读书识字之风才有所改观。尽管如此，女子要走出家门、接受社会教育依然还很难被人接

① 老宣：《妄谈》，《北洋画报》1931 年 6 月 11 日。
② 凌影：《男女师生之间》，《北洋画报》1931 年 4 月 16 日。
③ （清）张焘辑：《津门杂记》上，第 45 页。
④ （清）张焘辑：《津门杂记》上，第 14 页。
⑤ （清）张焘辑：《津门杂记》上，第 45 页。

受。著名教育家严修,在1902年开办严氏女塾,开创了天津自办女子教育的先河。1904年,感知时代大潮的女权倡导者吕碧城,公开在报纸上发表《论提倡女学之宗旨》文章,"普助国家之公益,激发个人之权利",①把办女学作为提倡男女平等、争取女子权利的一种重要方式,引起了很大的社会反响。当年冬天,傅增湘就在政府授意下成立北洋女子公学,聘请吕碧城担任总教习。"京津一带虽有私立女学二三,皆家塾制度。若拨帑备案就地区为公众谋者,实以此校为嚆矢焉。"尽管这是天津第一所官立公办女学校,有政府和社会名流的支持,但开学新生也只有30人。1906年,该校顺应由师范毕业生担任学校教员的社会呼声,增设师范科,成立北洋女子师范学堂,培养女性教师人才。最初学生也只有43人,后又从上海招来67人,才稍具规模。并且在学堂章程中明确规定,"本堂为造师资,尤重妇德……一切急激过新之学说时论概戒弗谭"。传统的"男尊女卑"等"妇德"依然重要,新思想、新学说还是受到排斥和禁止。到1911年,7年时间里先后有100余人入校学习,而只有10人成为女教员,"计七学期间,培植成材者仅有10人"。吕碧城在《北洋女子公学同学录·序》中分析原因时指出:"此其故实缘北方女学未昌,肄业者率多随宦闺秀,曾得南方风化之先者。而土著之族仍守旧习,观望不前,各于家塾自相教学焉。于是此校遂有日本华族女学之概。顾宦游者去住无恒,中途辍学实居多数,此所以获与卒业者殊寥寥也。"②明确指出天津人的"仍守旧习"的思想状态。又如,天津水师学堂毕业生温世霖,在戊戌变法以前就产生了创办

---

① 《大公报》1904年5月20日、21日。

② 刘纳编著《吕碧城评传·作品选》,中国文史出版社,1998年版,第141~142页。

女子学校的想法，但受男女授受不亲封建礼教的影响，"恐招物议"，也只得在宜兴埠家中开办女子私塾。1905 年，他在天津创办普育女学校，由七旬老母担任校长、夫人安桐君任教员，但仍然遭到讥讽，"大为士林所不齿，毁谤横生，侮辱备至"，校内学生也"仅亲友家子女五六人"。① 还曾两次遭到袁世凯的勒令停办。尽管温氏一家人尽力宣传，到 1906 年春天学生才增加到 50 余人。可见，此时的天津，女子读书观念仍然没有得到普遍认可，女子无才便是德、男尊女卑观念只是才刚刚发生一点点儿的震动。

1912 年，中华民国政府成立之后，民主和科学成为社会倡导的主流思想。"民主既是一种政治取向和思想主张，又是一种价值观念和生活原则，贯穿于政治、经济、文化、教育、学术等社会生活的各个方面，体现的是一种个人独立自主和社会平等自由的精神；科学不仅仅是人们通常所讲的科学技术或科学思想，而更是一种广义上的世界观和方法论，一种与迷信、盲从、愚昧相对立的崇尚实证的理性精神。"② 按照上述的理解，近代天津对民主和科学的探索历程仅仅只是表现在对人身自由的表象追求，而缺乏对更深层次的理念向往，普通民众的思想意识并没有产生实质性的转变。如盛极一时的新文化运动对孔子儒家思想进行了深刻的批判，但有人公开如此崇拜孔子："我的思潮变得最快，但从近五年来定了心，心目中最拜服的自古至今，由中而外，只有一个孔二爷。"③"若论道德，可就一圣不如一圣，所以说：圣人不死，大盗不止，我可以说大

---

① 《天津志略》第五编，教育，《天津通志·旧志点校卷》下，第 165 页。

② 郑大华、彭平一：《社会结构变迁与近代文化转型》，四川人民出版社，2008，第 634 页。

③ 二板：《谈谈孔二爷》，《北洋画报》1926 年 10 月 2 日。

乱不止呢!"①仍把孔子当作至高无上的圣人,思想道德观念大有复古之势。再看看此时女子上学的情况,尽管教授近代知识的新式学校如雨后春笋般出现在天津城内,但是,真正走进校园获取新知的女子依然很少。如1926年南开女中校舍落成时,参加典礼的学生有600余人,女宾则是寥寥无几:"堂为之满,后至之无東者均未得入。今日西人颇多,而中国女宾反甚少。以女中学举行典礼而有此景象,可见天津女界之不注意教育矣,是亦可悲者也。"②1931年,南开中学170余名毕业生中,仅有18名女生。③ 此外,1931年3月,张人瑞成立三八女子职业中学校,"以培养妇女专门知识,一方可以服务社会,一方谋女子经济独立,俾跻于真正男女平等解放之途"。④ 尽管学校是以教授女子谋生的职业技能为主,并声明不收学费,但还需要在报纸上登广告招人,"欲求实用学问,谋女子独立者快考三八女子职业学校,中学各科,随到随考,附设小学,免收学费"。⑤ 可见,政府、社会提倡女子解放、女子独立是一回事,而普通女子真正具有独立意识则是另外一回事。民主和科学的观念真正深入人心,仍需要很长的路要走。

外国租界的设置,封建皇权的式微和崩盘,使得近代天津城市地理空间在政治统治上支离破碎。加之,日本帝国主义长时间的强势军事控制,造成了天津城市真实意义上的自我统治的缺失。近乎亡国奴式的社会生活和西方各种社会文化思潮的影响,人们

---

① 笔公:《圣人漫谈》,《北洋画报》1926年10月2日。
② 记者:《南开女中校舍落成典礼志盛》,《北洋画报》1926年10月23日。
③ 《北洋画报》1931年7月2日。
④ 《天津志略》第五编,教育,《天津通志·旧志点校卷》下,第168页。
⑤ 《北洋画报》1931年9月10日。

陷入大量的新、奇、怪的社会现象和社会问题当中,中国传统的认知结构、文化习惯、行为模式等社会文化价值观念受到质疑和冲击,而新的社会价值体系又没有确立,这些导致近代天津民众社会意识的混乱和迷茫。传统的与现代的、保守的与开放的交织、融合在一起,共同构成了近代天津繁缛、复杂的社会思想意识。

试析大沽炮台在李鸿章
海防战略思想中的地位

　　1870—1895 年,在任职直隶总督二十余年间,李鸿章非常重视京津门户大沽海口的军事防务。1870 年,初到直隶,就确立了以大沽、北塘炮台为前沿阵地的海河沿岸的纵深防御体系。1875 年,虽然有建立海军的构想,但是受国内财力、人力的限制,他确定了依赖陆军,重点布防、集中驻守和机动后援的海防战略。1884 年以后,李鸿章逐渐形成了以沿海陆路炮台为依托、海上军舰相依辅的近海威慑海防战略思想,在北洋沿海建立了海口陆路炮台林立、海上军舰穿梭的水陆相辅的近代化防御体系。伴随着李鸿章海防战略由依靠陆路炮台、重点海口集中布防逐渐发展为以陆路炮台为依托、海上军舰相依辅的近海威慑,防御范围逐渐由陆地向海上推移,大沽炮台的军事地位也从战争的前沿阵地转变为守护京津的第二道防线。尽管如此,在李鸿章的海防战略思想中,大沽炮台与旅顺、威海甚至北洋海军等其他海防军务相比,始终都是重中之重。本文仅就大沽炮台在李鸿章不同时期的海防战略思想中的地位给予简单评析。

一

　　1870 年,李鸿章就任直隶总督,为了防止法国以天津教案为借口发动战争,着手加强津沽地区的军事力量。在他看来,大沽海口是京津门户,"大沽海口南北炮台最为扼要",需要积极防护;北运河沿岸的杨村、河西务、王庆坨等地是由天津进入北京的咽喉要路,也应该派兵驻守。① 于是,他命淮军著名将领周盛传来津勘察大沽、北塘沿海一带形势。经过一番实地考察之后,周盛传根据京津地区四野平旷的地貌,认为派重兵守护海口,"徒使彼族惊疑",容易引起国际争端,而且,重兵处于荒滩咸水之区,"稍有蹉跌,误事甚大"。主张在大沽海口布置坚垒巨炮,少驻兵,而在后路布重兵以为援。李鸿章认为周盛传的建议与他"意虑相符",计划将重兵置于大沽炮台后路。他觉得天津为九河下梢,以水为险,若要控扼海氛、屏障京畿,必须"凭河设险,兼用子牙、大清、北运诸河之险,以鲠塞由津赴通之喉牙",遂想在天津城附近、运河北岸重新圈筑一城,控制三岔河口地区,称"似较海口尤有依据","为津郡设备第一急务"。② 提出了在运河北岸重新建城,与天津旧城相呼应,共同控制天津三岔河口地区的防御策略。尤其是1871年李鸿章亲自巡察大沽之后,看到炮具残缺不全、建筑单薄的大沽炮台,认为"孤立海滩,徒饰外观,毫无实际,修理殊费财力,临事鲜有把握。目前只有逐渐经营,稍壮声势而已。腹地扼五大河之咽喉,坚筑一城,鄙意仍需筹办",③更加坚定了在大沽后路重新筑城的想法。

李鸿章初到直隶,就在心目中勾勒出以大沽炮台为阵地前沿、

---

① 裁并通商大臣酌议应办事宜折,吴汝纶编《李文忠公全书·奏稿》卷十七,第12页。光绪乙巳年(1905)金陵刻本。以下该书简称《奏稿》。
② 酬议天津设备事宜折,《奏稿》卷十七,第51~52页。
③ 吴汝纶编《李文忠公全书·朋僚函稿》卷十三,第4~5页。以下该书简称《朋僚函稿》。

天津城及计划修筑的新城为防御重心的海河沿线纵深防御体系。由于海口特殊的地理位置和当时国内外局势，尽管李鸿章认为大沽海口最为重要，但是，从战略上和大沽炮台的实际情况考虑，他还是将防御重心放在大沽海口后路，即三岔河口一带。在这样的防御体系中，大沽海口炮台是整个防务的前沿阵地，是天津三岔河口重点防御地区前的一道重要屏障。这样以海河为依托，节节布防、步步为营的纵深防御思想，比起僧格林沁只重防守海口炮台的单线平面防御思想有了很大进步。但是，防御重心的后移，意味着敌人可能很容易就突破海口防务，直到天津城下。李鸿章在实际落实这样的军事部署时，也意识到这一点，并给予了改进。

　　尽管李鸿章计划将重兵置于天津城附近，认为培修大沽海口炮台，"亦不过聊壮声威，未敢遽云御大敌也"，但是，他也认为大沽是"海疆要口，不得不设兵防备"。[1] 于是，派罗荣光率领六营淮军驻守海口，修整炮台；命周盛传率领两万大军驻守马厂一带，作为大沽海口的机动后援。又因为三岔河口运河北岸地区市廛栉比，购买民地、鸠工庀材所需巨额费用无处筹措，且远离海口，前后呼应不便，李鸿章改变了在运河北岸重新建城的计划，而在大沽海口后面三十里原雍正年间水师营城池旧址，重新筑城，作为大沽炮台的军事后援。同时，在三岔河口地区修筑炮台（俗称黑炮台），设置水师营，控制北上通州的河运。这样，李鸿章原本计划建立以天津三岔河口地区为重点的防御体系，最终形成了以大沽、新城、三岔河口炮台为重点的纵深防御体系。很明显，在这个防御体系中，大沽炮台为前沿阵地，但无疑已经成为整个防御体系的重心，这较原

---

　　① 《奏稿》卷十八，第20页。

本计划以三岔河口为防御重心的军事体系向沿海推进了一步,相对积极一些。

二

1875 年,针对日本侵扰台湾的海防危机,李鸿章引用德国人希理哈的军事论著——《海防新论》,提出了自己的海防措施。他认为中国沿海门户洞开,"似觉防无可防",创建海军阻敌于海上为海防上上之策。但是,西方各国"军械强于我,技艺精于我","船炮精练已久,非中国水师所能骤及",中国财力匮乏,兵船甚少,根本无力争胜于海上。所以,他主张"仍以陆军为立国根基",依靠精练陆军,拒敌登岸,使敌船没有煤、油、粮等物资的供应之地,逼迫其退却。但是,中国沿海口岸林立,一来兵力不足,二来需费浩繁,若要处处布防重兵断难做到。他认为《海防新论》所论述的"聚集精锐,只保护紧要数处"的海防自守方法,"极为精切",主张将中国沿海各口"分别缓急,择尤为紧要之处",进行重兵布防。他审视中国所有海口,认为"大沽、北塘、山海关一带为京畿门户,是为最要;江苏吴淞至江阴一带系长江门户,是为次要"。主张在这两个海口,无论军情是缓还是急,必须派重兵驻守。采用所谓的"守定不动之法",即"口内炮台壁垒格外坚厚,须能抵御敌船大炮之弹;而炮台所用炮位,须能击破铁甲船;又必有守口巨炮铁船设法阻挡,水路并藏伏水雷等器",水陆相互依辅,凭岸固守。① 李鸿章根据当时的国内外的军事实力和中国沿海口岸实际,提出了对重要海口进行

---

① 筹议海防折,《奏稿》卷二十四,第 13~24 页。

重点防御的海防战略思想,这是他学习近代西方先进军事理论,与中国实际相结合的产物,在当时清政府海、陆两军军事力量远远落后于西方,财力、人力又十分匮乏的情况下,是非常适宜的。在重点海口、集中布防、水陆相依这样的海防战略思想中,李鸿章明确地指出大沽"是为最要",显然把大沽炮台当作中国沿海防务的防御重心。

此后,李鸿章奉命督办奉天、直隶、山东三省海防事宜。他命大沽守军仿效近代欧洲炮台型式修建炮台,配备近代化枪炮,改造、完善海口炮台;购军舰,建船坞,设水雷,与海口炮台相依辅;通电报,加强炮台与后路的联系,在大沽、北塘海口率先建立起近代化的兵垒防营。同时,增设新城行政机构,派兵和官员进驻,为大沽炮台后路;在芦台、乐亭布置重兵,为北塘后路,进一步完善以大沽、北塘炮台为前沿的多层次防御体系。1880年,大沽、北塘炮台"粗有头绪,规模初具"。① 李鸿章又派人在蛏头沽、秦皇岛、山海关等地修筑炮台,防止敌人登陆从背后攻击大沽、北塘守军。这样,大沽、北塘的防御体系向东北扩展到山海关一带,形成了以大沽、北塘、山海关为阵地前沿,新城、芦台、永平为军事后援的环渤海西、北岸的防御体系,直隶境内的沿海防务进一步得以完善。从在大沽、北塘、山海关布防的时间先后,不难看出,在这样的防御体系当中,大沽炮台仍是战争的阵地前沿,仍为整个防御体系的重心,至为重要。

---

① 遵旨密筹防务折,《奏稿》卷三十六,第16~18页。

三

在部署海口军事防务实践和学习西方军事理论的过程中,李鸿章已经认识到组建海军与敌决胜于海上,才是最佳的海防战略。他认为自古军事没有不能战而能守的,况且中国滨海数千里,不可能处处设防,"非购置铁甲船,练成数军,决胜海上,不足臻以战为守之妙",只有配置多艘军舰游弋于大洋,哪里有警,则援应哪里,才能真正"遮护南北各口,而建威销萌,为国家立不拔之基"。① 但迫于财力、人力的匮乏,他只能依赖陆军,防护海口炮台,阻止敌人登岸,这也是无奈之举。1880 年以后,随着海口炮台防务的逐渐完善和巨型军舰的购买,李鸿章逐渐形成了争夺外海控制权的近海威慑海防思想,开始由消极的陆路防御向积极的海上防御转变,并于 1888 年组成北洋舰队,北洋沿海的陆路防务也扩充到辽东、山东海域。

此时,李鸿章已经把海防的主要对象转向日本,"日本狡焉思逞,更甚于西洋诸国,今之所以谋创水师不遗余力者,大半为制驭日本起见"。② 日本在 1883 年就已经拥有二十余艘近代化军舰,并制定了完善的海军制度,建立了上下统一的指挥系统。而清军在 1888 年北洋舰队成立以前,尽管购买了军舰,许多省份也都建立了水师,但在李鸿章看来,不仅"船少力孤",且闽沪各厂制造的旧式水船,只能巡守海口,不能转战大洋;从国外购买的"超勇""扬威"

---

① 中国史学会编《洋务运动》二,上海人民出版社,1961,第 421 页。以下该书简称《洋务运动》。

② 《洋务运动》二,第 498 页。

等船"舷薄身小,难御铁舰";尽管已经订购了铁甲快船"济远"号,但因"饷源极绌,铁舰恐难遽添";况且兵船"分隶数省,畛域各判,号令不一",没有统一的指挥系统,彼此互不接应。① 同时,他深知清政府不仅财力不足,更缺乏精通海军的军事人才,"但有贝之财,无贝之才,不独远逊西洋,抑实不如日本"。② 刚从欧洲留学归来的某些士官生"文秀有余,威武不足",③李鸿章对国内水师将领的能力并不放心。综合李鸿章对国内外船只性能以及财力、人力的认识,他对清朝水师在海上与敌决战中能否获胜并没有把握,更确切地说,应该是持否定态度。"他并不相信中国实力超过日本,深感跨海远征难操胜券,因而主张充实海军,力图自强。"④另外,李鸿章认为海军"以船为用,以炮台为体"。⑤ 如果只有兵船,而没有陆路炮台庇护,兵船上的子弹、火药、煤水等物资一旦用完,只有等着被俘虏;建立了船坞、厂栈,如果没有炮台守护,很容易就被敌人攻占,"故炮台极宜并举"。⑥ 因此,他在努力筹建海军的同时,丝毫没有放松对各地炮台的修筑。

　　1881 年,李鸿章确定旅顺口为重型军舰的停泊口岸。他把渤海地势比喻成葫芦,称旅顺"正葫芦之颈也"⑦,船只必须从旅顺口

---

① 《洋务运动》二,第 526~528 页。
② 《朋僚函稿》卷十二,第 3 页。
③ 《朋僚函稿》卷十九,第 41 页。
④ 苑书义:《李鸿章传》,人民出版社,1991,第 286 页。
⑤ 《洋务运动》二,第 565~571 页。
⑥ 《洋务运动》二,第 565~571 页。
⑦ 复李丹崖星使,《朋僚函稿》卷二十三,第 16 页。

外经过才能到达津沽海面，"实为渤海之门户，北洋之首冲"，①假若能够控制旅顺，则津沽无忧。于是，聘请德国人汉纳根负责在旅顺修建炮台。1884年，中法战争爆发之后。延煦、祁世长上书光绪帝，指出"烟台北对旅顺，海面至此一束，若能两岸同心，扼此要隘，则津沽得有锁匙"，建议在烟台修炮台。光绪帝也认为"该处为海防要地，必须经营布置，以扼要冲，以杜敌船北犯之路"，②命李鸿章在烟台修筑炮台。李鸿章也称"天津以旅顺、烟台为锁匙"，③但他认为旅顺、烟台两地相隔较远，在烟台修建炮台，两岸大炮并不能完全控制旅顺、烟台之间的海面，敌船还是能够从空隙中进入渤海，于是，趁机再次提出组建近代化海军，"使渤海有重门叠户之势，津沽隐然在堂奥之中。夷船万一北犯，必顾后瞻前，不遽长驱直入"。④ 之后，李鸿章在组成北洋舰队的同时，又先后在山东烟台、登州、威海等地，仿照德国炮台式样修筑炮台，增兵驻防。至甲午战争前夕，李鸿章以"先近后远"⑤和"水陆相为依辅"⑥的原则，最终形成了以大沽、旅顺、威海为重点的环渤海延及黄海沿岸的近代化防御体系。在这样的海防战略体系中，旅顺、大连、烟台、威海等地"南北相望，乃北洋第一重门户，海上有事，首当敌冲"，⑦成为

---

① 《李文忠公全书·海军函稿》卷一，第15页。以下该书简称《海军函稿》。

② 张侠、杨志本、罗澍伟、王苏波、张利民合编《清末海军史料》，海洋出版社，1982，第231~232页。以下该书简称《清末海军史料》。

③ 《奏稿》卷五十，第6页。

④ 覆陈海岸不能遏敌折，《奏稿》卷五十二，第29~30页。

⑤ 筹议胶澳，《海军函稿》卷一，第20页。

⑥ 《清末海军史料》，第284页。

⑦ 奏请添威海大连湾水雷折，《清末海军史料》，第277页。

战争的阵地前沿,大沽炮台则由原来的前沿阵地转处"堂奥之中",成为拱卫北京的第二道军事防线。

四

相对旅顺、威海而言,尤其是北洋海军的创建,从表面上看,大沽炮台的防御作用有所降低,在李鸿章海防战略中的地位有所下降。实际上并非如此。

李鸿章认为"沿海设防固有须精练之水师,而后能战;尤赖有精练之陆师,而后能守"。[1] 那么,他对清朝海军和陆军的战守信心又究竟如何呢?

首先看海军方面。前文已经叙述了在北洋舰队建成以前,李鸿章对清朝传统水师不能与敌争胜海上的认识。他在早期谈及舰船所起作用时,总是使用"以壮声威"之类的词句,如1880年称"镇北"等四支炮船"可为守口利器,而不足以鏖战大洋",只能"聊作声援";[2]1881年,"镇中""镇边"两船到达大沽,李鸿章奏请与"镇北"等四船组成一支小水师,轮流出巡,"以壮声势而资控扼";[3]"镇远"等船到津后,称时常出洋梭巡,"以壮声威",与陆路炮台相互依辅,"稍壮声威";[4]"致远""靖远""经远""来远"四艘铁甲快船来华之后,他在谈到海军时,仍是"可为海洋稍壮声势"。[5] 可见,

---

[1]　拜进海军衙门军机处会奏底附,《海军函稿》卷三,第22页。

[2]　遵旨密筹防务折,《奏稿》卷三十六,第16~18页。

[3]　《洋务运动》二,第518页。

[4]　《洋务运动》二,第423页。

[5]　《洋务运动》三,第58页。

李鸿章最初购买船舰的目的主要是辅助陆路炮台的防守,在水上虚张声势,并不是真想与敌争横于海上。这也是他近海威慑海防思想的具体体现。1888年,北洋舰队建成,海军制度也有所改善。但,清朝海军能否在海战中取胜,李鸿章心里仍然没有把握。1890年,他巡察旅顺船坞工程之后,称将来北洋舰队规模扩大以后,"足以雄视一切"。① 这时,北洋海军刚刚建立不久,如果说他对海军傲视海上充满希望的话,也在情理之中,更何况要想"雄视一切",还须等到舰队规模扩大之后呢? 但从那以后,北洋舰队就再也没有添购一艘巨型军舰,甚至连海防经费都被海军衙门拿来修建颐和园等庆典工程,李鸿章"添购利器,添练劲旅之志,寝馈不忘,终因款不应手,多成画饼",②面对极力请求他上书光绪帝"痛陈海军宜扩充,经费不可省,时事不可料,各国交谊不可恃"的周馥,李鸿章也只能感叹,"我力止于此,今奏上必交部议,仍不能行奈何?"只能"嗟叹而已",③对扩充北洋海军规模逐渐失去了信心。1894年,李鸿章进行了生平中最后一次北洋海防检阅。在烟台和大连,他参观了英、法、俄等国的新式军舰,认为"规制均极精坚,而英尤胜",对当时清朝过时的军舰甚为失望。考虑到清军自1890年之后,再也没有添购过一艘巨型铁甲船,且先后添购的十三只鱼雷艇,"以之守口,尚足自防",并不能决胜海外;而看到日本年年都添购新式巨型军舰,他也只能哀叹"后难为继"。④ 在丰岛海战之前,李鸿章认为"必须预筹战备",而谈到北洋海军时,却说:"北洋铁快各船,

---

① 验收旅顺各工折,《清末海军史料》,第268页。
② 请拨海防经费折,《奏稿》卷三十六,第21页。
③ 周小鹃编《周学熙传记汇编》,甘肃文化出版社,1997,第333页。
④ 《洋务运动》三,第193~194页。

堪备海战者只八艘,余船尽供运练","海上交锋恐非胜算",①"今日海军力量,以攻人则不足,以自守则有余",应"以保船制敌为重"。②"尽管北洋水师貌似强大,实际上已不堪一击了。李鸿章深知北洋水师的弱点,所以他在决心作战以前曾使尽了外交手段。"③"始则假俄人为钳制,继则恃英人为调停",④希望借助英、俄的力量,通过外交手段钳制日本。"保船制敌"战略和使用外交手段,表面上是为保存海军实力,避免战争,实际上是李鸿章对北洋海军缺乏信心的真实表现。丰岛海战后,日本兵船多次到大连、旅顺、烟台、威海等海口外游弋,探询情况。光绪帝也多次要求李鸿章命令北洋舰队"跟踪击剿",⑤"来往梭巡,严行扼守,不得远离,勿令一船阑入"。⑥李鸿章却说北洋海军缺乏极快之船,无法侦察敌情,又不能阻止敌船窥伺,"水师现在不能甚做大事",⑦认为"不必定与拼击,但令游弋渤海内外,作猛虎在山之势,倭尚畏我铁舰,不敢轻与争锋"。⑧在敌强我弱的黄海海战中,尽管双方基本打平,李鸿章却只看到了自己的损失,要求北洋舰队"只求于近处堵御,勿令深

---

① 光绪二十年五月二十七日李鸿章折,中国第一档案馆藏,转引自《李鸿章传》,第299页。

② 吴杰章等主编《中国近代海军史》,解放军出版社,1989,第209页。

③ [美]费正清编《剑桥中国晚清史》下,中国社会科学出版社,1985,第130页。

④ 《李鸿章传》,第301页。

⑤ 顾廷龙、叶亚廉主编《李鸿章全集·电稿》二,上海人民出版社,1986,第882页。以下该书简称《电稿》。

⑥ 《电稿》二,第915页。

⑦ 《电稿》二,第918页。

⑧ 中国近代史资料丛刊:《中日战争》第三册,第72页。

入坞边为要"。① 之后,他甚至采用依靠陆路炮台保护海上军舰的"避战保船"策略,命令丁汝昌"率船出傍台炮线内合击,不得出洋浪战",②致使北洋海军龟缩在威海卫海港内,最终导致全军覆灭,这就更充分地体现出李鸿章对北洋海军不能与敌争战海上的悲观态度。

可见,对于清朝海军,李鸿章从始至终都是缺乏海上迎敌必胜的信心。而谈起北洋沿海陆路防务,他却一直都是信心十足。早在 1883 年,尽管没有大支水师纵横海上,但是,李鸿章看到大沽、北塘、山海关、旅顺等沿海炮台巍立,称大沽守军已经"能凭险扼守",③北洋沿海即使有"敌国大队水陆来犯,不敢谓有把握,当可力与搘持。"④亲眼看过北洋沿海陆路防务的醇亲王也深信"尤赖炮台陆军以自固"。⑤ 1891 年,威海、大连两地修筑炮台以后,李鸿章称:"就渤海门户而论,已有深固不摇之势。"⑥日后,胶州、烟台修筑炮台后,"使敌船北来无可停泊之地,渤海千余里,固若长城矣"。⑦ 1894 年,李鸿章巡阅北洋防务,颇为自豪地称:"北至辽沈,南至青齐,二千余里间一气联络,形势完固,已无可蹈之隙。"⑧可见,在海防方法上,基于中国淡薄的传统海洋观和多年陆军征战的战场经验,李鸿章始终认为用水陆相辅的陆路炮台防护海口更有把握;清

---

① 《电稿》二,第 1049 页。
② 《电稿》三,第 219 页。
③ 《奏稿》卷五十,第 19 页。
④ 递呈海防图说,《奏稿》卷五十一,第 22 页。
⑤ 《清末海军史料》,第 252 页。
⑥ 《洋务运动》三,第 146 页。
⑦ 《清末海军史料》,第 277 页。
⑧ 《洋务运动》三,第 193~194 页。

朝海军并不能与敌决胜于海上,只是陆军防护的辅助设施,起到一定的威慑作用,稍壮声势而已。

既然李鸿章对陆路防守更有信心,那么,大沽与旅顺、威海等其他海口相比,他又更重视哪里呢?

旅顺、威海等地炮台的设置及北洋海军的建立,是李鸿章近海威慑海防思想的具体表现,它的根本目的是为控扼渤海咽喉,"屏蔽奉省,控制大沽","旅顺能固守不失,彼必不敢宿师船于大沽口外,与我久持"。① 是把战场推到海外而远离大沽所采取的重要举措,"冀以牵制其北攻津沽"。② 从某种意义上说,都是为保护大沽海口而设。在甲午战争中,旅顺、威海等地炮台和北洋海军未能阻止住日本的进攻,但确实起到了牵制、阻击日军进攻大沽的作用,"从当时的整个战略形势来考察,如果没有北洋海军,日本军舰势必早就直捣大沽"。③ 1900 年,八国联军舰队毫无顾忌地直捣大沽口外,也证实了这一点。除此之外,李鸿章在经营旅顺、威海等海口炮台的同时,丝毫没有放松对大沽炮台的防守,"津沽之防本未尝一日松劲",对一些外国人所说沿海防务空虚甚多、各路兵勇不尽得力的传闻,对大沽也是信心十足,"若就津沽论,彼尚未敢恫喝,臣亦未稍为所动"。④ 甲午战争期间,尽管大沽海口没有任何战事,李鸿章自己也认为大沽炮台"可期得力",⑤但他还是命令罗荣

---

① 论旅顺布置,《海军函稿》卷一,第 15 页。
② 递呈海防图说,《奏稿》卷五十一,第 23 页。
③ 关捷:《觉醒——甲午风云与近代中国》,中央民族大学出版社,1997,第 59 页。
④ 覆奏言路条陈折,《奏稿》卷三十八,第 18~20 页。
⑤ 《电稿》三,第 161 页。

光加强防护,并在南北两岸各添建一座行营土炮台,加强对海口内海河弯道的控制。李鸿章对大沽口防务可谓慎之又慎。

另外,从大沽炮台的兵力调拨情况,也透视出李鸿章对大沽口的高度重视。深信"任将为先,兵非将所素习,则呼应有时不灵"①的李鸿章,自从1870年派罗荣光驻守大沽炮台后,他就没有更换过炮台主帅。罗荣光、刘祺、史济源等人一直在大沽任职;官兵人数也从崇厚时期的180名到1870年的928名,②再到转年的1855名,③直至甲午战争前的5000余名,④一增再增。主将不变,主力不更,防军人数有增无减,可见,李鸿章对大沽炮台是日益重视。甲午战争爆发后,李鸿章确定了"严防渤海,以固京畿之藩篱;力保沈阳,以顾东省之根本"⑤的作战方针,将重兵集结在大沽、山海关、旅顺沿海一带。但当日本攻占平壤,逼近鸭绿江,东北战事吃紧时,他连忙派遣长期驻守旅顺的宋庆率领毅军和防护大连的刘盛休率领铭军开赴鸭绿江前线。而把姜桂题、程允和、卫汝成、徐邦道招募的新兵填扎旅顺,调赵怀业率领新招兵勇移驻大连。由于新募军队缺乏作战能力,炮台守军又与东北内地军队不是统一的指挥系统,彼此不能尽力接应,最终导致大连、旅顺先后失守。而当被他称作"洵为北洋紧要门户"⑥的旅顺军事防务吃紧时,面对来津请求前往增援的丁汝昌,李鸿章痛斥道"汝善在威海卫守汝数只船勿

---

① 遵旨密筹防务折,《奏稿》卷三十六,第16~18页。

② 津郡改照练军营制折,《奏稿》卷二十一,第40页;截留京饷折,《奏稿》卷十七,第57页。

③ 《奏稿》卷十八,第69页。

④ 《电稿》三,第230页。

⑤ 《奏稿》卷七十八,第62页。

⑥ 验收旅顺各工折,《清末海军史料》,第267页。

失,余非汝事也",①只是派卫汝成率领刚刚招募的新兵前往支援,
又从同样作为前沿阵地的山东营口调兵增援;之后,另外一个被他
称为"北洋海军根本重地"②的威海卫面临危机时,他又请求从河
南、湖北调兵增援。辽东、山东各处海口先后吃紧,李鸿章总是说
"津沽无可抽调",③不仅未从重兵云集的大沽炮台调一兵一卒增援
以上诸口,而且,尽管大沽炮台没有任何战事,他还是不断地调兵
增援,大沽、北塘包括后路新城、新河共有军队将近15000人,④将
重兵置于战争之外。这些表现当然存有李鸿章保护淮系军队的地方
保护思想的嫌疑,也进一步表明,在李鸿章的心目中,大沽的军事防
务要远重于旅顺、大连和威海诸口,仍是整个北洋海防的重中之重。

　　总之,李鸿章基于对国内、外政治时局和军事情况的了解,始
终缺乏对外争战必胜的自信,对北洋舰队争战海上,更无信心。他
的海防战略,表面上是从三岔河口到大沽,再到旅顺、威海及黄海
近海,逐渐向海外扩展,实际上,深受中国传统文化淡薄的海洋观
念和陆路成功经验的影响,他始终把京师门户大沽海口作为军事
防御的重中之重,更倾心于陆路炮台的防守,以固守炮台为根,企
图通过陆路防守,求得国际调解,保持和局。受国内政局和传统文
化观念等多种因素的影响,李鸿章海洋防务的真正重心和防御方
法并没有能够随着国际形势的变化而紧跟近代化进程,致使他的
海防战略也无形地由最初的积极防御逐渐演变成为消极防守,这
也是导致甲午战争大溃败的一个重要原因。

---

① 《中日战争》第一册,第69页。
② 奏请添威海大连湾水雷折,《清末海军史料》,第278页。
③ 《电稿》三,第116页。
④ 《电稿》三,第230页。

"公""善""慎"

——周馥主要社会心理剖析

周馥,字玉山,谥号悫慎,安徽建德人。他协助李鸿章处理中外关系,筹建军事防务,兴办近代新式工业和教育事业,治理河流水患,救济社会,政绩颇多。[①] 但是,直到李鸿章死后,已近暮年的周馥才被任命为总督。这在当时官本位的等级社会中,是很少见的。这虽与李鸿章对他的客观依赖而没有举荐有一定关系,更与周馥自身的社会心理和行为方式密不可分。本文仅就周馥的言行,试剖析其主要社会心理。

笔者通过考察周馥一生主要的语言行为,将其主要社会心理归纳为三个字:"公""善""慎",现就这三个特点逐一分析。

一、公

"公",与私相对,又是国家、集体的代称,同时蕴含着普通民众共同、共有的东西。近代以前虽有"天下为公"的表述,实际上更多地表现为对皇族的忠诚。明代唯物主义哲学家王夫之说,"一姓之

---

① 相关研究成果较多,详见周慰曾:《周馥生平述要》,周小鹃编《周学熙传记彙编》,甘肃文化出版社,1997 年 8 月;周榘良:《甲午战争前后的周馥》,《安徽史学》1997 年 3 期;赵春阳:《晚清地主阶级实干家周馥》,山东师范大学 2003 年硕士论文;汪志国:《周馥与晚清社会》,合肥工业大学出版社,2004 年 6 月。

兴亡,私也;而生民之生死,公也"。① 尽管周馥没有说过类似的话,但他的许多言行却无不体现着王夫之所言"公"的内涵。这突出表现在勤政爱民方面。

周馥在教育子女时曾说,"日遇有益于国于民之事,莫不勇往图之,未一日偷安……甚有非职任内所管摄者,但求于公有益,劳怨赔累皆所不辞"。② 这正是他勤于政务的自我表白。周馥一生最突出的贡献是治理海河水系诸河及黄河水患,"功德及民,尤以河工为特巨"。③ 同治十二年(1873)腊月,在被派往武清治理水灾之前,周馥对时任天津道的丁寿昌说:"凡御灾之事,当努力为之;况上司既重恻隐之心,我辈若不赞助成之,是大负生平矣。"④虽说是为履行职责,但话语中透露出他的治河根本是预防河患,救济灾民,解决民生问题。周馥言行一致,亲自到民间调查,查勘河势,之后,建议开凿减河,疏导、分流水势,遂有周盛传开凿金钟河,"四十余年之水患,一旦豁除"。⑤

从此,周馥就与河道结下不解之缘。中日甲午战后,心灰意冷的周馥以病辞官,回归故里,论桑麻而不谈国事,一心享受天伦之乐。清廷曾多次降旨询问病情,要求他回朝就官,他屡不就行。这虽说与李鸿章不再握有实权有密切关系,但主要还是他对官场的失望。光绪二十四年(1898),李鸿章奉命查勘黄河水患,先后两次

① 《读通鉴论》卷十七,转引自冯天瑜、何晓明、周积明合著:《中华文化史》,上海人民出版社,1990,第827页。

② 周馥:《周悫慎公全集·负暄闲语》卷上,印版年月不详,第40页。以下该书简称《负暄闲语》。

③ 周学熙:《周悫慎公行状》,印版年月不详,第5页。

④ 周馥:《周悫慎公全集·文集》二,第10页。以下该书简称《文集》。

⑤ 周馥:《文集》二,第10页。

函请周馥出山。周馥原本就不同意将黄河改道淮徐的治理方法，①于是，仍以病"力辞不往"。但是，当有人劝他说："东河之不复淮徐也，非公所勘议耶。今河患已亟，幸圣明有意大治，苟有益于国于民，扶病而往，为一借箸焉，可也。"②朝廷的征召和故帅的邀请都没有能够改变周馥不愿复出为官的心理，但是考虑到治理黄河"有益于国于民"，他最终还是放弃了自己所倾心的田园生活，北上山东。周馥历时三个月，走遍黄河上下游二千余里，考察地形、水势，并参照以往的治理办法，最终拟成治河十二法，呈报给清政府。他本以为这次一定可以解决黄河决口成灾的问题。但是，最终清廷还是以款绌而罢议。治黄未能实现，黄河水患带给两岸百姓的生活疾苦却让周馥铭记于心，"小民困苦流连，几无生路"，"沿河各州县民田地沦入正河身十余年，情殊可悯"。③ 光绪二十八年（1902），66岁的周馥升任山东巡抚，"念东省大患，莫若黄河"，"养民之政，莫大乎治河"，④又逢山东霪雨不止，黄河两岸决口不断，他决心要彻底治愈黄灾。周馥从山东各地银库搜集钱款，购运石料，"驱遣弁兵潨署泥泞之中，疾病相属，盖心力交瘁，寝食俱忘矣"。⑤ 时人劝他说，黄河水灾久治不愈已是常事，何必自找苦吃呢？周馥答道：

---

① 关于周馥的治河思想与方法已有多位学者进行了深入的研究，详见吴宏爱：《略论周馥的治河思想与实践》，《历史教学》，1994 年 10 期；汪志国：《周馥与晚清社会》第二章，合肥工业大学出版社，2004 年 6 月。

② 周馥：《文集》二，第 13 页。

③ 周馥：《山东河工请分年拨款筹办折》，《代李文忠公拟筹议黄运两河折》，转引自汪志国：《周馥与晚清社会》，第 94 页。

④ 周学熙：《周悫慎公行状》，第 9 页。

⑤ 周馥：《文集》二，第 14 页。

"决不塞,则正河淤,必逶迤而决上游,将无已时,两岸之民无宁岁矣。"①为了黎民百姓的安宁生活而竭尽全力,充分体现了他惜民爱民的民本思想。

在这里值得指出的是,晚清河政腐败,大多官员都以治河为名,营私舞弊,中饱私囊,周馥称之为"河工一蠹",②"非以人治河,乃以人扰河,实则以河养人"。③ 身处其境,"时艰财绌,人情难调",④既无上司和得力下属的支持,又无充足的钱粮,周馥仍拖着年迈多病的身躯,白天勘查河势,率领民众修整河道;晚间查阅典籍,寻求治河良方,日夜操劳在黄河岸边。从他的言行我们可以体味出,周馥竭力治理各地河道,并非为应付差事,也不为己升官发财,只求沿河百姓能够安宁生活,这足谓为"生民之生死"。

除治河御灾之外,周馥在处理其他政务上,也体现出"公"的社会心理。在外交方面,他不畏外强淫威及上司的妥协,始终坚持以民族大义为宗:"与其将就一时,遗患于后,宁投劾而归,不忍昧心轻许也。"⑤为了国家和民族的利益而不计较个人的前程。甲午战争前夕,周馥考虑到中日两国军事实力的差距,主张增强国家军事实力,力主和平解决争端,不要轻易与日开战。他多次建议李鸿章要继续扩充海军力量,均未得到支持。战事爆发后,李鸿章命周馥负责运输军用物资。当时有人劝他不要接任,周馥考虑到国家安

---

① 周馥:《文集》二,第 14 页。
② 汪志国:《周馥与晚清社会》,第 99 页。
③ 于式枚:《周悫慎公全集·治水述要》序。以下该书简称《治水述要》。
④ 周馥:《治水述要·自序》。
⑤ 周馥:《负暄闲语》卷上,第 41 页。

危及与李鸿章的私人感情，"明知必败，而义不可辞也"。① 竭力为之，"军械粮饷转运萃于一身，艰困百折，掣肘万分，然自始至终，余未尝缺乏军需一事"。② 义和团运动期间，八国联军攻占天津、保定，直隶境内的一些教民也趁机捣乱，民不聊生。周馥从国内外时局和百姓安危考虑，依然主张和平解决争端，并毅然接受谈判使命，与联军交涉，最终收回天津、保定。他的谈判行为，在当时极端仇视国外势力的氛围中，不仅没能得到民众的理解，反遭上下唾弃。对此，周馥坦言："但求有益于国于民，何尝计及一己之利害。"③尽管不被世人理解，他仍然一如既往地坚持以普通百姓的安危为出发点，尽可能地减少战争给百姓带来的痛苦。辛丑条约签订后，战乱后的百姓生活异常艰苦。清政府的每项政策，都会给百姓生活带来极大的影响。光绪二十八年，慈禧计划率众拜谒东陵。按照惯例谒陵所需车驼、徭役等费用都取之于民。周馥遂面呈慈禧太后："请饬户部拨库金，商各署减车驼诸役，恤之，皆报可。"④这就减轻了沿途百姓的生活负担。周馥为了国家和民众的利益，即使自己的主张不能施行，自己的行为得不到世人的理解，也没有任何怨言，始终坚持为民谋利的想法，这也称得上是"公"吧！

除上述这些关乎国计民生的大事，周馥还非常关爱社会，关注社会上的公益事业，这也体现了"公"的内涵。天津当渤海之冲，街巷湫隘，每逢大雨，多成水灾，道路泥泞不堪，难民流离失所。光绪

① 周馥：《周悫慎公全集·自述年谱》卷上，第30页。以下该书简称《自述年谱》。
② 周馥：《自述年谱》卷上，第33页。
③ 周馥：《负暄闲语》卷上，第42页。
④ 周学熙：《周悫慎公行状》，第8页。

八年（1882），周馥吸取租界内先进的市政建设经验，自己捐银一万两，集资修建从天津城东到租界之间的道路，并于次年三月建议成立天津工程局，"专办修路、浚沟、掩骼诸事"。① "创马路，拓街衢，浚沟渠，设巡徼，气象肃然，天津商埠之盛自此始"。② 天津工程局的设置，使得以往由民间集资共同维护的公共市政建设和卫生事业，有了规范的政府机构专门负责，促进了天津市政建设由传统向近代的转型。他还出资将安徽秋浦兰溪河疏浚一新，筑坝、修路，使水流通畅，免遭水患，往来称便。周馥热衷于社会救济，"薪俸所入，多以施与"。③ 每逢遇到大的灾年，都在家中设置粥厂，救济灾民。如民国九年（1920），直、鲁、豫三省大旱，灾民麕集天津。年迈的周馥让儿子周学熙在家中开粥厂，救济灾民，历时四个月，收养难民四千八百余人，耗资三万余元。④ 在周馥的感召和教育下，他的后人也都热心于救灾抗灾等社会公益事业，尤其是周学熙，"己所办实业，亦以民生为志，不在谋利，遵父训也"。⑤

　　更为可贵的是，周馥在晚年已经开始关心社会生活环境问题，有了环保意识。光绪二十四年（1898），周馥在为李鸿章撰写的治河十法中，采纳了比利时工程师卢法尔提出的治黄观点，主张保护黄河堤坝的草木植被，防止水土流失，"堤工内外坡脚之外，至少须各留地十丈，栽种柳树，既可保护堤身，且添防险之料"。⑥ 光绪三

---

① 周馥：《自述年谱》卷上，第 21 页。
② 作者、出版年代不详，《周悫慎公祀典录》下，卷五，第 11 页。
③ 周小鹃编《周学熙传记汇编》，甘肃文化出版社，1997，第 17 页。以下该书简称《周学熙传记汇编》。
④ 周馥：《自述年谱》卷下，第 35 页。
⑤ 周小鹃编《周学熙传记汇编》第 17 页。
⑥ 《李鸿章全集》4，海南出版社，1997，第 2291 页。

十年（1904），时任山东巡抚的周馥，在巡视地方途经泰安时，看到光秃秃的山脉和草木萧条的道路，遂赋诗给随行县令毛蜀云和太守段春严，"萧条草树不成林，濯濯牛山自古今。若使县官留守户，风吹松子亦成荫"。① 鼓励他们多种草木，保护山林。民国二年（1913），周馥回建德老家扫墓，看到山上由农林公会种植的桐柏各树郁郁葱葱，又让周学熙捐银三千两，继续推广种植，"欲开邑人种山风气"。② 乡人纷纷效仿，兴起种山之风。周馥鼓励种树栽草，保护山林，本意主要是治理黄河或经济利益，为乡人谋求致富之路，却自觉不自觉地起到了保护自然生态环境的作用。周馥这种开发山林，保护水土，造福子孙的思想，不仅在当时的意识形态中是相当前卫的，即便是现在，也是值得提倡和效仿的。

周馥还不断以捐金助学的方式，开启民智。他认为："人心险薄，皆由奔竞图利而起。故乡党人较厚，市井次之，宦场又次之；而人之见识、开朗，则宦场人为多，市井次之，乡党又次之。故行善以能兴学教人为上，周济孤寡次之。"③因此，要想使家乡富强，必须增加乡党的见识，提高百姓的文化素质。光绪十二年（1886）正月，时任天津海关道的周馥捐资三千六百两，倡议成立集贤书院："专课外省举贡生监，以制举文为本课，并以经文策论及天算时务佐之。"④解决了外省子弟在津上学问题。当年四月，他又捐银三千两，建成博文书院，招收各地学生，专门学习西方文化。这既体现

---

① 周馥：《周悫慎公全集·诗集》三，第20页。
② 周馥：《自述年谱》卷下，第26页。
③ 周馥：《负暄闲语》卷下，第2页。
④ 民国王守恂：《天津政俗沿革记》，天津市地方志编修委员会办公室编著《天津通志·旧志点校卷》下，南开大学出版社，1999，第47页。

了周馥要了解世界的远见卓识,更体现了他为国为民而忧的"公"心。此外,周馥还经常捐资给天津和安徽老家的多所学堂,"皆凑作公益典本,既以典利助学堂费,复使贫寒得使典质救急"。① 虽说周馥为家乡捐金助学,仍是传统的救济方法,也只是为提高家乡百姓的知识层面,并存有炫耀自己的心理嫌疑,在一定程度上带有私的色彩,表现出一定的地方狭隘性。但是,限于一人的财力、物力,"今欲再捐力已竭矣",周馥能够尽己之力,想着为家乡,为自己为官之地的百姓,做些改善生活的事情,并告诫子孙:"尔辈他日即不能扩充善举,断不可使已成之业废弛中辍,致负孤寡之望。"②仅就这种思想而言也不能不视其为"公"。

在用人方面,周馥更是以"公"为主,廉洁奉公。治理永定河时,朝中有人以"办公不实,溃决不报,用私人,通贿赂"四款,弹劾周馥,后经查核并无此事。周馥不仅未受处罚,反而得到了朝廷的奖励。后来,周馥坦言:"盖不知余从未独办一工,未用一私人,且不知贿赂为何事。"③在山东巡抚任内,他发现准备提拔培养的人中有营私舞弊、办事荒谬的,一来,在内心情义上不忍弹劾,二来,考虑自己一旦上奏弹劾,朝中别有用心之人势必会以用人不当为由弹劾自己,对己不利。公、私之间的矛盾致使周馥犹豫不决。"思之至再,不能顾私害公",④最后,他还是冒着自己被弹劾的危险,处罚了枉法者。这不仅体现了周馥虑事谨慎的性格,也突出了他用人唯贤、公而忘私的"公"心。

---

① 周馥:《自述年谱》卷上,第 21 页。
② 周馥:《负暄闲语》卷下,第 2 页。
③ 周馥:《自述年谱》卷上,第 29 页。
④ 周馥:《自述年谱》卷下,第 10 页。

上述治河、救灾、捐学、为官等事,都体现了周馥以国家和社会利益为上、关注民生的"公"的心理,周馥称之为"善政",[1]这又道出了他心地善良的本性。周馥社会心理的另外一个特点便是"善"。

二、善

周馥一生关心社会,视民如伤,居官"所办皆惠民之政",[2]为百姓提供了许多方便和实惠。除上述"善政"外,其善良的本性还主要体现在以下两个方面:

第一,施政以"善"。周馥在晚年时曾说:"执法宜正,而仍持以宽恕;治军宜严,尤必结以恩义。"[3]这既体现了他为官的公心,也表露出他善良的本性。周馥在担任直隶按察使期间,重新审理了积压多年的各类案件,"或由重减轻,或有罪减无罪","间有原谳从轻,谳实加重者,惟积惯强盗与杀人逆伦等案有之,他案则从宽居多,不翻案加重"。[4] 只对那些惯犯或穷凶极恶之徒施以重刑,多数都是从宽处罚,既保证了犯罪者受到惩罚,维护了法律的尊严,又施以恩义,让罪犯从心灵上得到教育,这一方面说明周馥办事方法的灵活性,也生动展示了其善良的人性。

第二,待人以"善"。周馥教育子女要厚道对人,不能为了自己的私利而奸诈欺瞒:"总以不失厚道为本,待家庭骨肉宜厚,以欢愉

①　周馥:《文集》二,第 18 页。
②　周小鹃编《周学熙传记汇编》,第 11 页。
③　周馥:《负暄闲语》卷上,第 41 页。
④　周馥:《自述年谱》卷上,第 26 页。

感化为主;待戚友乡党亦宜厚,俾无失所为要。"①不要为了避免自己被欺骗而淡薄他人,即便是对待极端横暴奸险之人,也不能另眼相待,反而更要厚道相待:"我以厚道存心,而又有以防之,受侮自少。"②这也是他自己的待人之道。晚清官场中,因政见不同或利益争夺,各派势力彼此勾心斗角、互相攻击的现象屡见不鲜。周馥面对这些,即使是对自己无中生有的诬陷,也不予计较。他认为只要自己是真心为民为国而虑,心胸坦荡,"无论人如何谀我,毁我,只可默自审察,不可生一毫喜忌。惟直道而行,检点经于事,著著防之……我亦不与辩,惟逊让而已"。③ 称别人对他的诽谤或诬陷,"此乃彼错,非我错也"。④ 只要自己以维护国家和百姓的利益为行为准则,无论别人如何对待自己,也无怨言,只求内心无愧而已。这既体现了周馥的"公"心,也展示了他善良的人性。光绪十五年(1889),因直隶境内的八旗土地多被汉人耕种,既不交租,也不纳粮,户部奏请由吴桥县令劳乃宣拟订办法,派人查覆。李鸿章派周馥与松峻峰设置清赋局,共同办理。后来,有与劳乃宣不和之人,鼓动八旗官吏要求裁撤该局。李鸿章及户部官员对此皆为不满。周馥不仅没有抱怨,反而安慰李鸿章说:"此事中阻,不过使小民偷种黑地耳,于国体无伤,若认真办去,未必如原议能增三十万钱粮。"李鸿章担心地说:"彼辈或迁怒于尔。"周馥回答说:"我之进退何系轻重,彼但能抑我不升迁耳,不能无端加罪。孟子曰:'不遇诸

---

① 周馥:《负暄闲语》卷下,第 1 页。
② 周馥:《负暄闲语》卷下,第 2 页。
③ 周馥:《负暄闲语》卷下,第 3 页。
④ 周馥:《负暄闲语》卷上,第 40 页。

侯,天也'！何憾。"①对于他人对自己的中伤,甚至诽谤,即使会影响自己的前程,也不与之争辩,不予计较,更不是以牙还牙,而是抱着一种平和的心态,泰然处之,周馥善良的个性不言而喻。

三、慎

周馥另外一个突出特点就是"慎"。他曾经引用《论语》中"君子敏于事,而慎于言"的话,告诫子女要做事勤快,说话谨慎。而他自己不仅说话谨慎,做事更为慎重,这在处理关乎国家、民族利益的国家政事中,表现得尤为突出。

第一,做事以预防为主,防患于未然。周馥用《中庸》"凡事预则立",教育子女做事要谨慎,考虑事情要周密无遗,"虑不在千里之外,则患在几席之下"。② 他任天津海关道时,以"先事预防,临事速断"为处理中外交涉的原则,③要求各州县官员只要境内一发生中外商务纠纷,就要立即派专人将文报送到他那里,以便及时处理。周馥尤其重视百姓与教会之间的纠葛,一旦听说哪里发生民教之争,马上派专人到当地持平办结,从不推卸责任,听之任之。正是因为这种处世态度,在他两次担任津海关道的七、八年间,直隶境内没有发生影响较大的教案,所遗案件"只钱债数事"。④ 周馥速战速决的目的,就是为了让外国势力没有借口进行挑衅或勒索,不给别人可乘之机。在与各国进行谈判时,他也"从未尝轻许一稍

---

① 周馥:《自述年谱》卷上,第26页。
② 周馥:《负暄闲语》卷上,第39页。
③ 周馥:《负暄闲语》卷上,第41页。
④ 周馥:《负暄闲语》卷上,第41页。

损国体、稍拂民心之事,亦从未予外人以借口之端"。① 在坚持原则的前提下,尽可能避免发生严重的中外冲突,防患于未然。

第二,做人处事细心、周密。周馥处理任何政务,都要事先经过仔细考察、深思熟虑,然后才决定采取何种措施。在治理永定河与黄河期间,周馥都是先期对周边地势、河道进行详细地勘察,深入百姓当中,广泛征求意见和方法,"日视工作,夜阅编籍",②引经据典,总结前人的经验,对各种情况做到心中有数,随后再采取积极的应对措施。又如,随着义和团势力的增强,清政府对其也由剿改抚,企图利用义和团抗击八国联军。时任四川布政使的周馥,从政治稳定考虑,冷静地考察当时的社会时局,认为不应盲目地助长义和团的气势;外国势力虎视眈眈,从战略上考虑,也不能轻易与之开战;四川地处偏远,列强不可能马上攻打四川。于是,他以朝廷旨意真假不明为由,建议四川总督暂时不要招抚民团,而应该迅速缉拿乱民,安抚百姓,同时筹集粮饷,整饬军队,做好与列强作战的准备。周馥对义和团的态度和处理方法,虽然有其历史局限性,但,这并不影响体现周馥敏锐的思维和虑事严谨的个性。

第三,虑事长远。周馥曾用《论语》中"人无远虑,必有近忧"的句子,告诫他的孩子,"凡处事识量要远",③要求子女做任何事情要从长远考虑,而不能只顾眼前利益。这也是他个人的处世原则。周馥早年跟随张树生率兵攻打常州太平军时,看到许多无辜百姓和太平军俘虏被残忍地杀掉。他在心系同情之余,认为这种做法,

①　周馥:《负暄闲语》卷上,第42页。
②　周馥:《治水述要·自序》。
③　周馥:《负暄闲语》卷上,第43页。

虽取得了城池,却失去了民心。建议采用杀一儆百的方式:"不可不杀,不可尽杀,总以平贼而不失民心为主,"①主张只杀几名主要成员,其余人等均释放回家,更不能随意烧杀无辜百姓。这不仅体现了周馥善良的品质,也表明他从长久的政治统治出发,以获取民心为重,具有很高的政治远见。另外,周馥为治理河患所拟订的各项措施,也都是着眼于未来,标本兼治,②虑事可谓深远。

处理国家政事如此,周馥对待子女的成长亦是从长计议,从不急功近利。如光绪十八年(1892),长子周学海殿试获三甲,以内阁中书用。周馥考虑到京中复杂的官场环境和自身的家境情况,建议周学海不要留在京中做官,要他回扬州从小做起,"官小易增历练,命若显达,不在此时暂屈"。③ 他还要求子女要以"诚"治家,不虚假,不欺诈,要从扎扎实实的基础工作做起,踏实勤奋,不能不劳而获,贪图享乐,称"今人只爱赏花而不知培根,忘其本也"。④ 告诫子女不要只顾眼前利益,而应该着眼长远,打好根基。

与周馥交往多年的李鸿章,应该深知其为人品性,在与友人评论周馥时说:"周某用心极细,虑事最精,且廉正,有魄力,非时人所及也。"⑤周馥死后,宣统皇帝封谥号"悫慎",这是非常恰当且名副其实的。

---

① 周馥:《负暄闲语》卷上,第43页。
② 详见汪志国:《周馥与晚清社会》第二章。
③ 周馥:《自述年谱》卷上,第28页。
④ 周馥:《负暄闲语》卷下,第11页。
⑤ 周馥:《负暄闲语》卷上,第41页。

四

　　周馥之"公""善""慎"的社会心理,是长期受中国传统儒学熏陶的结果。从幼年起,周馥在其父的教导下,就开始学习儒家经典,"四五岁时已能通晓四书中易解文义,六七岁时已遍读乡塾中训蒙诸书"。① 八岁入私塾,他先后师从倪晋、洪见田、王介和等人,学习传统儒学书籍,"师弟契合,所学益进",②"不数年,学乃大进。"③早期的传统文化教育和身处的社会环境氛围使得中国传统思想深深扎根于周馥幼小的心灵深处,并对其一生影响深远。十七岁后,虽然常年征战南北,或忙于各种政务,但是,周馥一直没有放弃对中国传统文化的学习,"自少至老未尝一日废书",即使是在两军对垒的营帐之中,"几上皆宋儒书"。④ 光绪八年(1882),率领朝鲜员匠来津学习的朝鲜领选使金允植如此描述时任津海关道周馥的书房,"左右贮书数千本,皆经籍典故及时务关切之书也"。⑤晚年,周馥写成《易理汇参》《理学粹语》等书,并经常引用儒家古籍警语教育后代,足见其深厚的儒学功底及对程朱理学的尊崇。周学熙也称,"悫慎公生平笃信程朱,《负暄闲语》中谆谆以义理垂训"。⑥ 正是由于自幼开始接受中国传统教育,传统文化所宣扬的

---

① 周馥:《自述年谱》卷上,第1页。
② 《周悫慎公祀典录》下,卷五,第7页。
③ 周学熙:《周悫慎公行状》,第1页。
④ 于式枚:《治水述要》序。
⑤ [韩]金允植:《阴晴史》下卷,第161页,载刘顺利:《王朝间的对话——朝鲜领选使天津来往日记导读》,宁夏人民出版社,2006,第307页。
⑥ 周小鹃编《周学熙传记汇编》,第61页。

真善美等价值取向,如国家和民族利益高于一切、大公无私、勤政务实、视民如伤、谦虚谨慎、虑事长远等优良传统,深入其心,周馥实际上是一名传统儒学思想者的典型代表。注重人文关怀的中国传统思想构成了周馥社会心理的主要思想基础。

另外,近代中国内外交困的社会现实进一步促成了周馥"公"和"慎"的社会心理。由于外强的入侵和晚清社会的动荡不安,中国百姓生活在水深火热之中,阴晦的社会现实强化了周馥思想中原本所具有的强烈的社会责任感。这种社会责任感迫使他时刻以国家和民族利益为重,心系黎民百姓,热心社会公益事业。但是,周馥身上所赋有的这种强烈的社会责任感,又与晚清政局的混乱及官场内的勾心斗角,格格不入,"心中所筹画者,属员知者十之三四,幕友知者十之五六,继我任知我谋者十之一二。"[1]甚至像李鸿章这样的官员,对他所提出的建议,也只是:"允行者十之六七,至于国家大事,如议条约,议戎政,议地方大利害,议边疆战守,则以内外意见纷拿,文忠莫能尽从。"[2]加之,清廷内部反对派的恶意攻击和诽谤,以及外国势力的蛮横欺凌,这又进一步迫使周馥不得不处处小心谨慎。正是周馥内心中所潜在的"于国于民"的"公"的社会责任感和自我保护意识,导致了他的社会心理中"慎"的成分的外在表现尤为突出。内外因素的结合,共同造就了周馥"公""善"和"慎"的社会心理。

值得指出的是,近代中国的社会现实,不仅仅强化了周馥内心所具有的传统的"公""善"和"慎"的社会心理,同时,随着封建皇

① 周馥:《负暄闲语》卷上,第42页。
② 周馥:《负暄闲语》卷上,第41页。

权统治力的逐渐衰落和民族危机的日益加深,以及近代西方文明的传入,又促使他为这些传统儒学思想增添了新的内容。在封建专制社会中,人们所理解的"公",是皇权家族的代表,为"公"实际上是为皇家服务,要绝对服从皇族的指派。而周馥身上所体现出的"公"的内涵,与传统的理解有明显的差别。周馥早年在直隶协助李鸿章兴办洋务,积极筹办天津机器局等新型军事工业;创办天津武备学堂,培养近代军事人才;主张运用西方近代武器装备军队,加强海防建设;积极筹办电报局,架电线,修铁路,办海关,开矿山,传播近代西方科技和文化知识。这些都与中国传统文化思想格格不入,绝大多数皇族成员都嗤之以鼻,下层百姓更是疑虑重重,难以接受。甲午海战前夕,以慈禧为首的皇族耗巨资修建颐和园,为此甚至挪用海军经费。周馥从国家利益考虑,建议李鸿章上书朝廷,"痛陈海军宜扩充,经费不可省,时事不可料,各国交易不可恃",①请求拨款购买军舰,继续增强海军实力。曾经大举洋务和海军事业的李鸿章此时也开始退缩,只是嗟叹而已。甲午战后,周馥辞官回乡,朝廷曾几次诏书要求回朝做官,他都以病辞而不就,不愿再出来为官。再后来,周馥先后在山东和江苏等地为官,虽然时间很短,但他积极推行新政,废科举,兴办近代学校教育,重用拥有近代科技知识的人才,使两地的社会面貌为之一新。周馥所经办的这些实业和为官的态度,不仅仅体现了他追求近代世界文化的远见和胆识,以及紧跟时代的俱进精神,也充分说明他勤政的动机,并非只是单单为了完成自己任职的分内之事,也不是为了讨好皇族和上司,为了"一姓之兴亡",而是为了国家和民族的利益,为

---

① 周馥:《自述年谱》卷上,第27页。

了"生民之生死"。

今天,我们用挑剔的眼光来考察周馥的社会心理,正如前文所言,他所体现出的"公"的理念仍存在着一定的历史局限性和狭隘性,但是,在当时内外交困、动荡不安的社会环境中,他心系国家和黎民百姓、勤政爱民的社会心理还是具有积极意义的。周馥身上所赋有的"公""善"和"慎"的优良品质,对于当前市场经济形势下,如何继承和发扬我国传统文化中的积极因素,进而培养整体社会公民意识,是有借鉴意义的。

抵制华北自治运动面面观
——兼论华北民众心态

1933 年 3 月—1937 年 4 月,日本关东军和天津驻屯军联合策划了华北自治运动,①即所谓的"先以在华北之实力人物为中心,渐次确立以民众为中心的政治机构",②企图在华北地区建立起与日本有亲密关系的自治政权,最终迫使其完全脱离南京政府,进而达到控制华北、分裂中国的政治目的。对于这一运动,日本参谋本部印刷的《华北自治之变迁》中如此写道:"从来,对官府的弹压训如羔羊的中国民众,之所以发起如此激烈的运动,其根本原因在于对多年苛政的强烈反抗意识以及依存日、满,打开生路的强烈愿望。"③那么,作为"当事人"的华北民众(包括实力派人物)对此又究竟如何看待呢?本文旨在叙述当时不同人物对华北自治的态度,试以阐述中国社会各阶层对此事的看法,分析华北民众的社会心态。

---

① 关于日方策动华北自治的上、下限时间问题,见拙作:《揭秘冀察政务委员会——天津博物馆藏刘绍禹致程克信函解析》,《文物春秋》2012 年第 1 期。

② 昭和十年十一月二十六日,陆军次长致关东军,中国驻屯军参谋长,南京、北平、上海武官的电报,邵云瑞译:《有关华北自治运动的陆军电报》,《党史研究资料》1982 年第 11 期。

③ [日]土肥原贤二刊行会编《土肥原秘录》,天津市政协编译组译,中华书局,1980,第 49 页。

一、以蒋介石、宋哲元、程克等为主的军政界 不置可否态度

华北政界及民众对华北自治运动的态度,深受以蒋介石为首的国民政府对日政策的影响。蒋介石早期对日方针实行拖延政策。九一八事变后,他在日记中写道,"天灾频仍,匪祸纠缠,国家元气衰敝已极,虽欲强起御侮,其如力不足何!"①1932 年 6 月 16 日写道:"倭寇咄咄逼人,战祸终不能免,然必有相当之准备时期,始得应付裕如。"②这些表明,蒋介石也对日本的侵华行为感到愤怒,但是,他觉得中国国内政权尚未统一,还不具备直接与日本抗衡的实力。认为:"今日救国之道,莫要于统一,而实现统一,端在乎和平。……促成全国真正之和平统一,实无以充实国力,树立安内攘外之根基。"③希望在对外和平相处的环境中实现国内统一,增强国力。因此,蒋喊出了"攘外必先安内,统一方能御侮"的口号,④将主要精力放在镇压共产党、统一国内政权上,而对日本侵华活动采取妥协政策,不断退让。日本却步步进逼,阴险地鼓动成立华北自治

---

① 蒋介石日记 1931 年 9 月 19 日,转引自黄仁宇:《从大历史的角度读蒋介石日记》,九州出版社,2008,第 92 页。

② 《总统蒋公大事长编初稿》卷三,第 130 页。转引自杨天石:《卢沟桥事变前蒋介石对日谋略——以蒋氏日记为中心所做的考察》,《近代史研究》2001 年第 2 期。

③ 《总统蒋公大事长编初稿》卷三,第 130 页。转引自杨天石:《卢沟桥事变前蒋介石对日谋略——以蒋氏日记为中心所做的考察》,《近代史研究》2001 年第 2 期。

④ 参见《在南昌对各将领的训话》,中共中央党校党史教研室选编《中共党史参考资料》六,第 349 页。

政权,分裂中国领土。这实际上也是对蒋介石统一政策的巨大冲击。蒋的心里也很反感,认为:"不有一北平死战,决不能满倭寇之欲,亦不能得国人谅解也。"①但是,基于国内统一和延缓战争爆发的拖延政策,身为当政党的领袖,蒋主张"以时间为基础,与敌相持,在久而不在一时",②"越能持久,越是有利"。③ 对于华北问题,他"不能不进行折衷处理",④指示何应钦等人"委曲求全",开动脑筋,与日谈判周旋,"尚盼趁此时机,激励士气,重整军容,以备最后之牺牲为要"。⑤ 先后与日签订《塘沽协定》等一系列屈辱条款,拖延时间。待到日方向宋哲元提出《华北高度自治方案》,限定自治期限后,蒋仍称"和平未到完全绝望时期,决不放弃和平;牺牲未到最后关头,亦不轻言牺牲"。"以抱定最后牺牲之决心,而为和平最大之努力"。⑥ 仍希望以外交方式解决华北自治问题,维护所谓的"和平"。11 月 20 日,蒋介石在南京接见日本吉田大使时仍称:"对中国来说,反对国家主权完整和阻挠行政统一的自治制度,无论如何不能容许。"⑦甚至表示愿以接受"广田三原则"为条件,要求日

---

① 1933 年 5 月 25 日,蒋中正致黄郛电,中央档案馆、中国第二历史档案馆、吉林省社会科学院合编《华北事变》,中华书局,2000,第 168 页。

② 蒋介石日记,《总统蒋公大事长编初稿》卷 2,第 340 页。

③ 《国家兴亡责在军人》,《总统蒋公大事长编初稿》卷 2,第 294 页。

④ 周一良主编大学历史丛书:《新编中国通史》(第四册),福建人民出版社,2001,第 270 页。

⑤ 1933 年 5 月 24 日,蒋中正致何应钦黄绍竑黄郛电,中央档案馆、中国第二历史档案馆、吉林省社会科学院合编《华北事变》,中华书局,2000,第 164 页。

⑥ 《大公报》1935 年 11 月 20 日。

⑦ 日本外务省东亚局第一课《最近支那关系诸问题摘要》(第六十八议会用),昭和 10 年 12 月。中央档案馆、中国第二历史档案馆、吉林省社会科学院合编《华北事变》,中华书局,2000,第 480 页。

方抑制华北自治。遭拒后,蒋束手无策:"倭寇横暴状态,已无和平之望,故毅然断行,一面抗议其倭军在华北之暴行与土肥原之胁迫,一面准备如华北'自治'发表,则明示为倭寇以军力逼成,而规诚华北之主官。筹维再四,另无他道也。"①感觉华北"已经很少挽救的希望了",②准备接受华北自治的现实。1936年6月,蒋介石在与英国财政顾问李滋罗斯谈话时强调:"对日抗战是不能避免的。由于中国的力量尚不足击退日本的进攻,我将尽量使之拖延。"③仍然明确表示对日侵华活动采取拖延政策。国民政府的其他要员也多以蒋介石为瞻,如铁道部部长张嘉璈尽管也认为自治将损害中国的信誉,并使南京政府垮台,必须不惜代价避免发生。但也主张以外交方式与日谈判,甚至还有公开承认"满洲国"的想法。④ 时为中央银行理事会常务理事的宋子文更是"意气消沉,对于华北作放弃之想"。⑤ 以蒋介石为首的国民政府对日不置可否、模糊不清的拖延政策,直接影响了华北领袖及普通民众的对日态度。

这一时期,当政华北者主要有河北省府主席商震、山东省府主

---

① 1935年11月28日蒋氏日记,转引自黄仁宇:《从大历史的角度读蒋介石日记》,九州出版社,2008,第105页。

② 中国国民党中央党史委员会编《中华民国重要史料初编》续编一,1981,第739页。转引自李义彬:《华北事变后国民党政府对日政策的变化》,《民国档案》1989年第1期。

③ Frederic Leith - Ross, *Money Talk — Fifty Years of International Finance* (*London*),p221。转引自杨天石:《卢沟桥事变前蒋介石对日谋略——以蒋氏日记为中心所做的考察》,《近代史研究》2001年2期。

④ 1935年12月20日,贾德干致外交部电,吴景平译:《李滋罗斯远东之行和1935—1936年的中英日关系——英文外交档案选译》上,《民国档案》1989年3期。

⑤ 《卞白眉日记摘抄(1930—1938)》,《天津文史资料选辑》第36辑。

席韩复榘、山西省府主席阎锡山，京津两地先有军事委员会北平分会代理委员长何应钦、行政院北平政务整理委员会委员长黄郛、北京市长袁良，后有平津卫戍司令宋哲元、天津市长程克、萧振瀛、北京市长秦德纯等。面对日本的威逼、利诱，这些华北军政要人的态度起到了关键作用。日方认为"今日之华北，能够做到这种程度的人才并不存在，如欲强求，除强制山西的阎锡山外而无他"。① 阎锡山却公开拒绝了日方要求，"阎持消极态度，并无诚意与我方提携亲善"。② 杨建中先生认为是阎"基于多种因素考虑，其目的在于维护他在山西的统治"。③ 笔者认为此说并不全面，阎锡山此举也有其抵抗外侮的心理。1935 年 9 月 28 日，阎锡山向蒋介石电陈三十年防守国策，"现在国家外侮凭陵，匪乱未定，深长计虑，请决定三十年防守国策，以图自强救国之计。"蒋介石经过亲赴山西交谈后，断定阎锡山"绝不为日方威逼利诱所能屈，其对华北全局自甚切，但彼决无领导华北之意"。④ 英国驻华大使贾德干也认为"山西和绥远的省长们是忠诚的，如果需要，他们将以武力抵抗日本人"。⑤ 可以说阎锡山是依赖他在山西的稳固统治，公开反对日本

① 1934 年 3 月 29 日，驻北平中山书记官致广田外务大臣电，中央档案馆、中国第二历史档案馆、吉林省社会科学院合编《华北事变》，中华书局，2000，第282 页。

② 1935 年 7 月 1 日，商震致何应钦密电，中央档案馆、中国第二历史档案馆、吉林省社会科学院合编《华北事变》，中华书局，2000，第 385 页。

③ 杨建中：《阎锡山与日本"华北自治"》，《山西档案》2003 年 4 期。

④ 1935 年 10 月 15 日蒋介石致熊斌电，秦孝仪主编《中华民国重要史料初编——对日抗战时期〈绪编〉》一，台北中央文物供应社，1981，第 703 页。

⑤ 1935 年 11 月 19 日贾德干致霍尔电，吴景平译：《李滋罗斯远东之行和1935—1936 年的中英日关系——英文外交档案选译》上，《民国档案》1989 年 3期。

推行华北自治。至于段祺瑞、吴佩孚、孙传芳、于学忠等北洋遗老、在野名流都对日方的要求断然拒绝,多愤然离开平津南下。而张作相、韩复榘等人连日方都认为他们"并无此种力量"。①

黄郛、何应钦、秦德纯、袁良等人在处理华北问题时,基本上是遵照国民政府的命令行事。1933 年至 1935 年上半年,何应钦、黄郛等人本着国民政府中央授意的"一面交涉,一面抵抗"的处事方针,②在汪精卫"除签字于承认伪国、割让四省之条约外,其他条件皆可答应"③的指示和"即使国人不谅,只求无忝于职,无愧于心,一切皆非所计"④的心理抚慰下,先后与日方达成《塘沽协定》《何梅协定》《秦土协定》等书面或口头协议,放弃了河北、平津地区的军事、行政权力,使华北成为真空地带。"北局之壤,至六月而极。党部撤退,军队调开,平津间几乎一空。"⑤他们是国民政府对日政策的实际执行者,内心里充满了苦痛,黄郛称:"泪内流,胆如裂。"⑥随着平、津、冀主权的丧失,何应钦、黄郛、袁良不堪国内外的重压,先

---

① 1934 年 3 月 29 日,驻北平中山书记官致广田外务大臣电,中央档案馆、中国第二历史档案馆、吉林省社会科学院合编《华北事变》,中华书局,2000,第283 页。

② 1933 年 5 月 18 日中山驻北平书记官致内田外务大臣电,中央档案馆、中国第二历史档案馆、吉林省社会科学院合编《华北事变》,中华书局,2000,第 154页。

③ 1933 年 5 月 22 日,汪兆铭致黄郛电,中央档案馆、中国第二历史档案馆、吉林省社会科学院合编《华北事变》,中华书局,2000,第 159 页。

④ 1933 年 5 月 21 日,汪兆铭致何应钦黄绍竑电,中央档案馆、中国第二历史档案馆、吉林省社会科学院合编《华北事变》,中华书局,2000,第 158 页。

⑤ 《勿自促国家之分裂》,《大公报》1935 年 12 月 3 日。

⑥ 1933 年 5 月 23 日,黄郛致蒋中正电,中央档案馆、中国第二历史档案馆、吉林省社会科学院合编《华北事变》,中华书局,2000,第 160 页。

后以汇报情况和养病为由回宁,逃离了华北,都不愿再回来。随后,率领二十九军接管平、津两地的宋哲元遂成为日方争取的主要目标。华北自治明朗化后,宋哲元和天津市长程克的态度对事态的发展起到了决定性作用。

宋哲元之所以能够率队留驻华北,本身就是矛盾各方相互妥协的结果。宋曾经参加过反蒋中原大战,早就对蒋介石的内、外政策心存不满,又因"抗日有罪"被蒋免职,对其更为忌恨。他不愿听从蒋介石南下成都剿共的调遣,而提出留驻华北,一是为了自身安全,防止被蒋介石控制甚至消灭:"事处此状态中,怎能轻易前往,自缚手足,任由处置。"①此外"则想乘机在华北打开一个局面,甚至实现'南蒋北宋'"。② 具有很强的自存、自保和民族抗争心理。

蒋介石方面,迫于日方压力不得不将华北的军、政大权全部让出,但也不甘心将华北的统治权送给日本。恰逢宋哲元主动请求进驻平津,蒋遂顺水推舟:"拟将维持华北的责任交由宋明轩军长负责,务须忍辱负重,委曲求全,以便中央迅速完成国防,将来宋军长在北方维持的时间越长,即对国家的贡献越大。"③还颁给宋哲元、秦德纯等人青天白日勋章,以示鼓励。

日方在策动吴佩孚、段祺瑞、阎锡山、韩复榘等人成立华北自治政权没有进展的情况下,认为宋哲元不是国民党嫡系,又刚刚被

---

① 张学良暨东北军史研究会编:萧振瀛遗著:《华北危局纪实》,中国国际广播出版社,1989,第44页。

② 刘家鸾:《日寇侵略华北与冀察政权的形成》,《文史资料选辑》第14辑,中华书局,1981。

③ 《秦德纯回忆录》,台湾传记文学社印行,第3页。转引自王旸:《宋哲元与华北自治运动》,《张家口师专学报》,1995年第4期。

蒋撤职,与蒋介石的矛盾加深,最有可能率先脱离南京政府,企图扶植宋哲元率先成立自治政权。尽管日方内部也有不同看法,但最终还是同意了宋哲元率队进驻华北。"是以该军之留驻此间,实际上乃是该军自身办交涉之结果"。①

面对日本的侵略和威逼,基于强烈的抗日爱国和反蒋、防蒋的复杂心理,宋哲元一改先前强硬态度,而采用蒋、日双方都不得罪的方法。一方面,他向日方表示愿意自治,并让萧振瀛积极与日方交涉,表现出亲日的态度。北洋遗老齐协民就曾为此提出疑问,宋哲元则称:"当前形势危急,日寇已侵入华北,为国家计,为地方计,我们应当挺身而出。不过,只要大权能归我们所有,地方上的小利即或日方稍有染指,为顾全大局,亦未尝不可。"②这是宋哲元身陷爱国热情与拖延心理的矛盾当中,忍辱负重,不得已而为之的心态自解。

宋哲元对国民政府也实行两面政策。一方面及时将与日交涉情况密报南京,"请求指示,据以应付"。③ 日方对此都有所发觉:"土肥原少将等在华北的行动,已由华北诸军阀泄露于南京政府方面和外国方面。"④另一方面,不断以被迫宣布自治为名向南京施

① 《勿自促国家分裂》,《大公报》1935 年 12 月 3 日。

② 齐协民:《宋哲元与冀察政权》,中国人民政治协商会议天津市委员会文史资料研究委员会编《天津文史资料选辑》第二辑,天津人民出版社,1979。

③ 李田林:《记战前华北风云人物萧振瀛》,中国人民政治协商会议天津市委员会文史资料研究委员会编《天津文史资料选辑》第 45 辑,天津人民出版社,1988。

④ 1935 年 11 月 22 日,陆军次长(古庄干部)致关东军参谋长(西尾寿造)、中国驻屯军参谋长(酒井隆)的电报,邵云瑞译:《有关华北自治运动的陆军电报》,《党史研究资料》1982 年第 11 期。

压,要求国民政府明确对日态度。当土肥原限期宣布自治,仍得不
到明确答复后,宋哲元只得通电南京,要求"开放政权,结束训政,
开始宪政"。① 天津日本驻屯军司令官多田认为这是"迈向建立华
北自治政府的起点"。② 暂时缓解了与日方的矛盾。南京方面意识
到宋哲元的思想变化:"驻扎北平的宋哲元与山东省省长韩复榘正
受到波动,他们要求经费和控制他们的省份。宋哲元对蒋介石在
日本人的要求下撤去他在察哈尔的前职感到不满,他向南京要求
提供保护。"③殷汝耕成立冀东政权后,11 月 30 日,宋哲元再次通电
南京,"尤(忧)患迭乘,情势威迫,纵横情势,势非因势利导,别有以
慰民望、安民心之有效方法,纵外患不计,亦内尤(忧)堪虞"。④ 流
露出只有同意自治,才能解决华北危急之意,继续对南京政府施
压。当天,蒋介石即决定派何应钦到北平处理华北问题。引起日
方不满,"对何应钦等之北上,有迹象表明宋哲元与萧振瀛曾数度
向南京方面请示","要极力排斥之。日本官宪自然要回避同此等
要人会见,现华北军政权也要采取上述同样的态度,使彼等要人放
弃在华北逗留的意志"。⑤ 宋哲元本来就对何应钦以往在华北的对
日举措心怀不满,又有日方要挟,遂声明三点:"(一)不屈服他人,

---

① 《大公报》1935 年 11 月 12 日。

② 中国社会科学院近代史研究所、中华民国史研究室合编《中华民国史资
料丛稿·大事记》第二十一辑,中华书局,1981,第 169 页。

③ 1935 年 11 月 19 日,贾德干致霍尔电,吴景平译:《李滋罗斯远东之行和
1935—1936 年的中英日关系——英文外交档案选译》上,《民国档案》1989 年第 3
期。

④ 《大公报》1935 年 12 月 1 日。

⑤ 1935 年 12 月 3 日,陆军次长致关东军参谋长,中国驻屯军参谋长,济南、
上海、南京武官电,《党史研究资料》1982 年第 11 期。

(二)绝对听命中央,(三)对外无丝毫秘密协定。"声称:"绝对听命中央,本中央意旨做法。相信亡中国者中国人,救中国者亦中国人。"①既表明自己对日方的态度,同时说明他忍辱退让完全是遵照国民政府的外交政策实行的,而不是自己心甘情愿,警告何应钦等人不要再像先前那样与日方妥协,再签订丧权辱国的协定,置国家危亡而不顾。12月5日,宋哲元提出处理华北问题的三种方式:"(一)如放一枪一弹则可成名。(二)带兵退出不失封疆大吏。(三)为敷衍他人,为国家领土护财源,安民心,使国家有一机会以安全局乃最痛苦之事。"②这是宋哲元的真情吐露。采取前两种方式,既简便又不失体面,但对他而言都不能实行。假如拿起枪抵抗,则一举成为民族英雄,流传史册。这也是宋哲元真心想做的事情。但是,国民政府含糊不清的对日政策和以往的个人经历,让他难以实现。假如不顾国家主权,任凭日本恣意胡为,自己率队退出华北,个人依然能够继续当官,这是他不愿干、不能干的事情。第三种方式既不能痛快地举枪抗敌,又要为保护国家主权和民众利益而应付日方淫威,为没有明确方向的对日方针而拖延时间,既违背他个人意愿,又得不到民众的理解和支持,这才是最艰难痛苦的。而他本人恰恰是以这样的方式活着,一语道出了宋哲元内心的烦恼与苦闷。何应钦通过几天的实地考察和交流后,"亦深感当地气氛的严重,从而对宋的主张也不得不承认是有道理的"。③ 遂

① 《大公报》1935年12月5日。
② 《国闻周报》第12卷第48期,转引自王旸:《宋哲元与华北自治运动》,《张家口师专学报》,1995年第4期。
③ [日]土肥原贤二刊行会编《土肥原秘录》,天津市政协编译组译,中华书局,1980,第132页。

向蒋介石报告称,"观察所及,认为驻平长官一职,绝对不能就任",建议"冀察之事仍宜界宋负责办理"。①

从以上这些情况来看,齐协民称宋哲元"采取推诿拖延的手段应付日寇,暂时维持华北局面,等待南京政府进一步拿出挽救危局的措施来,对于日寇侵犯中国主权的种种要求,既不敢接受,又不敢拒绝,只有一面交涉,一面拖延"。②日本外务省发言人说,"华方自治首领之态度不明",③专田盛寿在战后证词中也称:"宋哲元用心颇深,他对日、蒋的话各听一半,还是采取不偏不倚、两方面都不得罪,借以自保的态度。"④这是符合历史真实的,是宋哲元遵照蒋介石要求忍耐、拖延的指令而采取的做法。冀察政务委员会也是这一政策的产物,"至于根本问题,是依存于蒋介石,还是依存于日本,或者是亲满,还是反满等等,却丝毫未做说明,也许还是和以前华北政务整理委员会一样的机关,不过改了招牌罢了。所不同者,只是根据不同情况对日本和蒋介石都在买好,并且都留有相当的余地。"⑤它既是宋哲元应付日方的策略,也是对付蒋介石的手段,是宋身处中外势力夹缝当中,摆脱心理矛盾、逃避民族责任并自保的无奈之举。

---

① 《中华民国重要史料初编》续编一,台湾国民党中央党史委员会,1981,第729页。转引自李义彬:《华北事变后国民党政府对日政策的变化》,《民国档案》1989年第1期。

② 齐协民:《宋哲元与冀察政权》,中国人民政治协商会议天津市委员会文史资料研究委员会编《天津文史资料选辑》第二辑,天津人民出版社,1979。

③ 《大公报》1935年11月21日。

④ [日]土肥原贤二刊行会编《土肥原秘录》,天津市政协编译组译,中华书局,1980,第44页。

⑤ [日]土肥原贤二刊行会编《土肥原秘录》,天津市政协编译组译,中华书局,1980,第45页。

除了以宋哲元为首的二十九军之外,身处与日交涉最前沿的天津市长程克,在华北自治运动中也起到了非常重要的作用。

程克曾经留学日本,属于知日派,又身在日本势力最为强大的天津,承受的压力最大;况且他是在日方对国民政府"选择不致妨害中日关系之人物"的要求下,①再次登上政治舞台的,很大程度上得到了日方的支持和认可。日本的政治淫威及其个人经历使得程克的政治态度更倾向于日方。但是,程克的民族和国家意识并未完全泯灭,加之国民政府的政策导向,矛盾心理迫使他也基本上采取与宋哲元相同的政治策略,中日双方都不得罪。1935 年 6 月,刚刚就任天津市长的程克,就积极推行自治政策,如将天津按自治范围划分区域,着手市民登记,开展地方自治活动。还经常来往于平津之间,与宋哲元等人交流信息。并让到南京开会的北平官员刘绍禹,携带其亲笔书信,游说于右任、邵力子、杨永泰、褚民谊等政府要员,代其阐述他对日方鼓动华北自治的对策,并请这些官员转呈蒋介石。② 之后,刘绍禹又遵照程克的意图,以个人名义正式提交方案,主张按照日方提出的"华北自动的根绝排日因由"和"华北自动的充实防共准备"两条原则,在"以不妨碍中央统一之大体局面为限"的前提下,成立华北"三省三市"形式上的自治组织。中央"秘密许以国际变化(中日问题)后地位人格之保证,在华北缓和局势期间绝无调动","关于长官地位问题,尤绝对负责保证"。③ 正

① 中国社会科学院近代史研究所、中华民国史研究室编《中华民国史资料丛稿·大事记》第二十一辑,中华书局,1981,第 87 页。

② 详见拙作:《揭秘冀察政务委员会——天津博物馆藏刘绍禹致程克信函解析》,《文物春秋》2012 年第 1 期。

③ 天津博物馆藏历史文献《有关华北局势给程克函》,文物号为 DWW457。

是由于程克和刘绍禹的提议和暗中运作,国民政府才决定成立表面上自治、实际上接受中央引导的半自治性质的地方性政权——冀察政务委员会。时人如此评论,"现在北方政局,依然保持国家行政系统。冀察政委任自中枢,两省两市仍归统一",①"惟就地方形势论,当系政委会自任交涉,而受成于政府"。② 冀察政务委员会的成立,缓和了中日矛盾,暂时缓解了华北危急。难怪日方发言人称其"主要者为将黄郛治下之政整委会加以改组,此乃退步,而非进展"。③

二、殷汝耕及平、津绅商界公开支持态度

华北民众除了那些被日方用金钱收买或被威胁,跟随日方在各地请愿要求自治者外,旗帜鲜明地公开支持华北自治运动的只有殷汝耕。他组织发表了"冀东独立宣言",成立了"冀东防共自治委员会",公开表示脱离南京国民政府。态度之坚决,就连日本人都很惊讶:"宣言使用的强硬语言,大大超过了我们的想象。"④那么,殷汝耕为什么要这样做呢? 抛开日方的积极鼓动和威吓因素外,他自身也有很强的主动性。

第一,殷汝耕曾经留学日本,后娶日籍女子为妻,对中日双方情况都很了解。中日两国实力对比使他成为旗帜鲜明的亲日派。这一点早有 1928 年殷汝耕泄露床次竹二郎与蒋介石密商济南惨案

---

① 《希望学生复课》,《大公报》1935 年 12 月 14 日。

② 《安定冀察之急务》,《大公报》1935 年 12 月 16 日。

③ 《大公报》1935 年 12 月 5 日。

④ [日]土肥原贤二刊行会编《土肥原秘录》,天津市政协编译组译,中华书局,1980,第 44 页。

交涉内容的泄密事件为证。① 也正是因为这次泄密事件,他也失去了蒋介石的信任。专田盛寿在战后证词中明确地说,殷汝耕"早就接受了关东军的领导和各种援助"。② 可见,"殷贼之为日本当间谍,实系自愿,绝非被人勉强"③的结论是有一定道理的。

第二,殷汝耕与汪精卫、黄郛等人在对日政治路线上是一致的。殷汝耕来华北任职,就是华北政务整理委员会委员长黄郛举荐的,"与我感情很好,由他介绍的"。④ 殷汝耕能够在1937年冀东保安队起义中保住性命的事实也证明了这一点。冀东保安队在通州起义中逮捕殷汝耕之后,本想将其立即枪决。冀东教育训练所副所长刘春台劝阻说:"殷逆系何应钦代委员长和黄郛委员长的亲信,派他到冀东担任蓟密专员,一定衔有中央密旨,我们似不宜擅杀,最好押送北平交宋哲元委员长,转解中央法办,较为妥当。因此未及时枪决。"⑤黄郛基本上是按照汪精卫的指示行事(前文已有陈述),殷汝耕在法庭上为自己辩护时也称,成立冀东政权是"以为曲线救国之计",⑥后来加入汪伪政权的事实也证明他与汪精卫的一致性。而汪、蒋两人之间的政治争斗由来已久。汪精卫在南京四届六中全会上被刺后,逐渐失去昔日的政治地位,蒋介石成为真

---

① 南京市档案馆编《审讯汪伪汉奸笔录》下,凤凰出版社,2004,第1163页。

② [日]土肥原贤二刊行会编《土肥原秘录》,天津市政协编译组译,中华书局,1980,第41页。

③ 南京市档案馆编《审讯汪伪汉奸笔录》下,凤凰出版社,2004,第1162页。

④ 南京市档案馆编《审讯汪伪汉奸笔录》下,凤凰出版社,2004,第1219页。

⑤ 张庆余:《冀东保安队通州反正始末记》,中国人民政治协商会议天津市委员会文史资料研究委员会编《天津文史资料选辑》第二十一辑,天津人民出版社,1982。

⑥ 南京市档案馆编《审讯汪伪汉奸笔录》下,凤凰出版社,2004,第1174页。

正的统治者。由于殷、汪政治路线的一致性,汪的失势也加剧了殷对蒋的反感。所以,殷成立冀东政权,也带有一定的反蒋政治目的。这是一个值得再深入探讨的问题。

第三,为了个人经济利益。殷汝耕在冀东与日方的走私贸易,为他提供了赚钱机会。1935年11月4日,国民政府开始实行币制改革。这直接影响了冀东地区与日本的贸易往来,进而影响到他个人的经济利益。成立自治政权,破坏国民政府的币制改革,继续走私贸易,保护自己的经济利益。

第四,殷汝耕成立自治政权得到了萧振瀛和宋哲元的默许。1946年,殷汝耕在法庭上如此陈述:"那时情形特殊,所以只好有这种措置。同时亦不是由我一个人发起主持的,当时我是与宋哲元商量办理,亦是宋哲元授意的。"①"当时日本逼得很紧,政府只是拖延政策,到日本人逼得无法时,宋先生才叫我成立冀东自治政府,大概在十一月二十三日吧。"②在自己被审的情况下,殷难免有辩护脱罪的嫌疑。而秦德纯的法院证词却与殷汝耕之说截然相反:"殷逆所谓商妥宋将军率蓟密、滦榆两区军民自成单位参加五省自治一节,全为饰词避罪之语。"③否定了殷汝耕的说法。双方出于不同的目的,各执一词。究竟谁的话更接近于事实呢?

如前文所述,宋哲元被形势所迫,无论是为欺骗、应付日本,还是为自存、自保,都有成立自治政权的思想动机。他派萧振瀛与日方交涉,并发出了请求成立自治政权的通电。殷汝耕作为其下属人员成立政权,并不能排除事先得到萧、宋两人默许给南京施压的

---

① 南京市档案馆编《审讯汪伪汉奸笔录》下,凤凰出版社,2004,第1187页。

② 南京市档案馆编《审讯汪伪汉奸笔录》下,凤凰出版社,2004,第1196页。

③ 南京市档案馆编《审讯汪伪汉奸笔录》下,凤凰出版社,2004,第1207页。

可能。日方资料有如下记载:"11 月 23 日国民党第五次全国代表大会刚一结束,早已同各实力者策划华北自治的战区督察员殷汝耕,在与宋哲元协商后,25 日傍晚在通州宣布了停战地区自治,设冀东防共自治委员会于通州……"明确指出殷是"在与宋哲元协商后"才宣布自治的。① 齐协民在回顾萧振瀛在天津的活动情况时也称:"当时的冀东专员殷汝耕胆敢在冀东二十二个县成立自治政府,自认长官,此事也是肖(萧)振瀛安排的。肖不点头,殷是不敢干的。那天肖在我家打牌,殷汝耕打电话来找肖。肖在电话中对殷说,'你可以换旗了!有问题我负责!'果然没过两天,殷汝耕就通电就职了。"②萧振瀛代表宋哲元与日方交涉一切,电话之事虽然不能确定萧振瀛和宋哲元是否直接参与策划成立冀东政权,但至少可以说明他们在事前已经知道此事。要彻底弄清这一问题,尚需发掘更直接的资料。

上述主、客观因素使得殷汝耕支持自治的态度非常坚决,甚至连日本方面也十分诧异:"殷汝耕由于有冀东贸易的关系,同时和关东军的关系源远流长,他揭起反蒋叛旗本有可能。但是他那彻底的反蒋态度,却大大出乎我们的意料。"③

除殷汝耕之外,以刘孟扬为首的天津自治代表和天津商会都

① 1935 年 12 月 5 日,日本陆军大臣在枢密院回答质问"华北形势问题",中央档案馆、中国第二历史档案馆、吉林省社会科学院合编《华北事变》,中华书局,2000,第 488 页。

② 齐协民:《官僚军阀祸国殃民见闻录》,中国人民政治协商会议天津市委员会文史资料研究委员会编《天津文史资料选辑》第 11 辑,天津人民出版社,1980。

③ [日]土肥原贤二刊行会编《土肥原秘录》,天津市政协编译组译,中华书局,1980,第 43 页。

曾发表通电,要求自治。1935年11月19日,天津商会响应宋哲元11日要求召开国民大会的电报精神,致电国民党五全大会:"伏冀立予通过实行,以慰众望。"①12月1日,天津市长程克向南京发出"窃观大势所趋,恐非俯顺舆情以挽狂澜于既倒"的通电,天津市自治界全体总代表刘孟扬、九自治区分区代表刘道平、赵惠潜、刘锡光、李少棠、周桐君、刘鸿猷、王士林、刘嘉琭、刘鸿绩等联名,分别致电南京行政院和宋哲元、商震、韩复榘、萧振瀛、张自忠、秦德纯和程克等人,称:"为今之计,似宜于不失主权之可能范围内,援照庚子东南自保之先例,速定保境安民之策,既免别生他变,亦可安定人心。处变贵乎行政自治即以自救,事出迫不得已,当能见谅国人。"②天津总商会也同时通电:"目前适宜由负责当局速定保境安民之策,内修自治,外睦临封。用安民心,而弭祸变。"③主张成立自治政权。三份通电既然是同日发表,也就有事先约定的可能。天津自治代表和商会的行为明显具有附和市长程克之意。

　　此前在1935年6月,天津商会会长纪华按照天津市政府要求,召集津市绅商商讨时局,以中国银行天津分行经理卞白眉和天津交通银行经理钟秉锋为首的金融界人士当即表示"将来无论有何组织,对于政治外交方面我等不便参加",多数绅商普遍主张以"地方当局地位努力负责,并盼维持地方安全"。④"日人要求无已,我

---

① 《大公报》1935年11月20日。

② 《大公报》1935年12月2日。

③ 《大公报》1935年11月20日。

④ 中国人民政治协商会议天津市委员会文史资料研究委员会、中国银行股份有限公司天津市分行合编《卞白眉日记》第二卷,天津古籍出版社,2008,第289页。

国或有实逼处此,至无可退让之境地,即不得不牺牲一切"。① 可见,虽然天津商界对日本的侵华行为心怀愤怒,但是,认为这些政治问题应该由政府和地方当局负责解决,他们只求社会稳定,个人安心,对于日方的逼迫,能忍耐就忍耐,不到万不得已之时,并不想起来反抗。除了日方压力和附会当局的因素之外,天津商会之所以通电响应还另有原因。10 月 23 日,日方将天津商会委员年光垚抓捕拘留,虽经会长纪华和天津市长程克等人多次交涉,日方仍不肯放人。11 月 4 日,南京政府实行币制改革,推行法币,禁止现银流通,并要求将华北地区的现银运往南京。这导致铜元与银元兑换价格暴涨。有些商人趁机哄抬物价,导致"市民生计益苦,而购买力锐减,商家亦将同归于尽"。② 南京的币制政策直接影响了以平、津两地为首的华北商界的个人利益,导致他们对南京国民政府推行的币制政策强烈不满。加之日方又不断制造恐慌事件,致使"平津间人心极度不安",③ "津市人心惶惶,迁居者甚多"。④ 天津市公安局甚至张贴出告示来安抚民心。身处恐慌之中的天津绅商通电响应自治,既有迫于中、外势力压力,应付日方之意,又有为了自身经济利益对南京政治、经济政策表达不满、同时附会地方官员对南京施压之嫌,还有营救被捕商会委员年光垚的目的。

北平地区也有请求自治的呼声。何应钦到达北平后,12 月 5 日,朱哲子、潘树声、高星辅、田愚如等绅商代表,到中南海请愿,联名提出八点要求:"一,实行民众自卫。二,自治自决。三,从民所

---

① 《卞白眉日记》第二卷,天津古籍出版社,2008,第 301 页。
② 《大公报》1935 年 11 月 8 日。
③ 《大公报》1935 年 11 月 19 日。
④ 《大公报》1935 年 11 月 29 日。

好。四,勿空言支撑。五,断行自治。六,宋(哲元)商(震)万(福麟)三氏负华北重责。中央如以其不胜任,可另简贤能,或请何在平坐镇。七,请何速就驻平长官职。八,请何早向日方交涉,取消塘沽协定。"①从这八项要求来看,绅商主张自治,主要是针对国民政府的拖延政策,要求何应钦等人尽快采取措施,解决华北问题。次日,以刘昭、张炳宸为首的人民自救会也到中南海门前请愿:"为请中央对华北早定大计,无论中央或地方负责,则民众总望安居乐业。"②冀察政务委员会公开出炉后,北平市民立刻轻松下来,"昨晚一般闻之,觉三星期来之紧急情绪,顿为永释"。"平市一般人心陡见缓和,前途已无若何问题"。③ 可见,北平绅商支持自治自决,主要是从自身利益出发,只求社会稳定,过平和安定的生活。他们普遍对国民政府的拖延政策表示不满,但也并不是特别关心由谁或哪个党派来掌控华北政局,之所以提出自治,实际上是对何应钦等人施加压力,敦促政府当局迅速采取措施,维护社会稳定,保护百姓安全。

三、以教育、文化界知识分子为代表的 华北民众强烈反对态度

面对中、日两国军政界进行的华北自治运动,更多的华北民众则是以不同的方式表示反对。

殷汝耕成立冀东防共自治委员会可算是华北自治运动的公开

---

① 《大公报》1935年12月6日。
② 《大公报》1935年12月7日。
③ 《大公报》1935年12月9日。

行为。参加冀东政权的人员,只有诸如王厦材之流的少数人是真心拥护自治,大多数人并不是真心支持,内心多怀反抗之意。1937年冀东保安队起义充分证实了这一点。冀东保安第一总队队长张庆余、张砚田尽管参加了冀东政权,却在暗中派亲信副官孟润生秘密向河北省主席商震请求对策,并与宋哲元等人商定,准备随时起义反对。冀东防共自治委员会外交处长霍实更是率先公开表示反对。11 月 25 日,也就是冀东防共自治委员会成立的当天,霍实到北平向日方武官高桥汇报冀东情况,就明确表示自己只是"主张脱离党治,而非离开中国"。① 27 日,又公开发表脱离殷汝耕组织的声明,全文如下:

> 窃霍实幼蒙庭训,长受教育。虽无过人之长,然颇具国家观念。慨自九一八国难以来,迄一二八沪战起,因自营企业被燃,于战后即历任上海撤兵区域接管委员会及上海市政府特派员,暨河北省蓟密区行政督察专员公署古北口办事处主任等职。日与日方交涉折冲,目击国事日非,精神苦痛异常。盖不但感觉报国有心,事实无从。且个人所自受之刺激,殊有非言语所能譬喻者。近自蓟密、滦榆两区宣言脱离中央,华北时局益趋紊乱,个人且有卷入漩涡之势。实人微言轻,阻止无力,迫不获(得)已,唯有洁身引去。即日南旋,以自白于我国人。所有该两区一切行为,概与实个人无关。凡我同胞,祈共凉之。特此郑重声明。霍实谨启。十一月二十七日。②

---

① 中国社会科学院近代史研究所、中华民国史研究室合编《中华民国史资料丛稿·大事记》第二十一辑,中华书局,1981,第 180 页。

② 《大公报》1935 年 11 月 30 日。

这段宣言,既是霍实个人感情的公开表白,也基本反映了当时多数华北民众的普遍心态:一,面对外敌入侵,家园被占,财产被毁,每个人心中都充满了愤怒和痛苦。二,伴随着日方的不断欺凌,中国民众保国保种的民族抗争意识也日益增强。三,国民政府模糊不清的对日政策,致使民众报国有心无门,只得忍气吞声地与破坏自己家园的侵略者往来相处,"精神苦痛异常"。四,以霍实为代表的个体民众根本无力改变政治时局,又不能随心而动起来反抗,只得选择离开,逃避个人责任,求得心理自慰。无奈、愤懑之情跃然纸上。

在冀东政权任职人员的家属、同乡及同事对此也十分敏感。以殷汝耕之兄殷汝骊为主席的全浙公会宣布开除殷汝耕会籍,并写信劝其悔悟。[1] 冀东保安第一总队长张庆余的妻子于德三劝张"迅速设法反正,以免为亲友乡党所不齿",其子张玉珩甚至登报声明与之脱离父子关系。[2] 江苏省图书馆人员因苏州图书馆馆长王厦材到冀东任职,要求"通缉王厦材,处以极刑,查封家产"[3]表示愤慨。这些人的亲属或同事都身处国统区,既远离日方淫威,又有国民政府的监督,刘湘就曾"建议以峻法维持民族生命,凡子弟谋乱,并当惩及父兄"。[4] 所以,他们泯灭亲情的表态,尽管并不能排除其自身具有抵抗外侮的民族抗争心理,但也存在向社会表明态度以

---

① 《大公报》1935 年 12 月 5 日。
② 张庆余:《冀东保安队通县反正始末记》,中国人民政治协商会议天津市委员会文史资料研究委员会编《天津文史资料》第二十一辑,天津人民出版社,1982。
③ 《大公报》1935 年 11 月 29 日。
④ 《大公报》1935 年 12 月 4 日。

自保的求安应付心理。

作为事件"当事人"的华北民众,对于华北自治给予了极大的关注。尤其是殷汝耕成立冀东政权自治运动明朗化之后,各地民众反应强烈,纷纷通电反对。据当时通州邮电局的业务员说:"殷接到全国各地反对、劝告、唾骂各类的信件、电报,每日不下数百起。"①昌平、香河、玉田等十一个县的县长,或直接派人到通州表态,或通电声明,均表示绝不附逆。② 各社会团体也纷纷通电反对。11 月 29 日,河北各县旅平同乡会及代表联合会联名发表宣言:"殷贼既不念国家,不恤我二十余县之民众,且尤不顾其若祖若孙为万世唾骂,诚自绝于人类,虽茹其肉,寝其皮,亦不足以偿我数百万人民之恨。"③要求政府重罚殷汝耕,以泄愤怒。12 月 2 日,河北省各界联合会致电在南京的张继、李煜瀛、冯玉祥、王法勤等人,请其代表河北民众向国民政府说明真相,同时致电阎锡山、宋哲元、韩复榘、商震等地方当局,"华北危急,冀东叛变,河北民众,屡受威吓,人心极度不安","恳速定大计,共赴国难"。④ 敦促华北当局迅速采取措施,稳定民心。大城县民众还用武力驱逐到该地鼓吹自治人员,并且登报声明,"冀东各县民众并无自动发起自治运动者"。⑤ 12 月 6 日,冀南各县民众代表联合会也发表宣言,反对自治。⑥

身处日方势力中心的天津民众,则以消极参与津市自治活动

---

① 《王六也回忆录》,通县档案馆档案第 24 卷。南开大学历史系、唐山市档案馆合编《冀东伪政权·序言》,档案出版社,1992,第 15 页。

② 《大公报》1935 年 12 月 1 日。

③ 《中央日报》1935 年 12 月 10 日。

④ 《大公报》1935 年 12 月 4 日。

⑤ 《大公报》1935 年 12 月 2 日。

⑥ 《大公报》1935 年 12 月 7 日。

的方式抵制自治,"惟各自治区近来因地方环境关系,对规定各项尚多未举办。"①为准备地方自治而进行的公民登记活动,开展半年之久,只有 1658 人参加登记。② 12 月 4 日,针对刘孟扬等人支持自治的通电,天津九区代表团也明确声明,"汉奸勾结流氓地痞,假借市民公意,发出通电要求自治,绝非市民真意",③公开揭露借民意搞自治的阴谋本质。

以学生为代表的知识青年是一个富有激情、朝气的社会群体。他们年龄偏小,又具有强烈的逆反心理;单纯,不世故,缺乏社会经验,容易冲动;且接受了新知识、新思想,有一定的知识储备,"其中大多数无政治党派,内政外交之主张概近于平庸"。④ 面对日方狡诈的侵华手段和国民政府的对日态度,"此数万知识青年,既痛心国事,愤懑现状,复于学校及己身之前途发生苍茫空虚之感"。⑤ 青年人的自身特点决定了他们对华北自治的立场最为鲜明,反对态度、行为最为激进。主要表现有:

第一,组建锄奸团,散发恐吓信,威胁、恐吓地方当权派,迫其放弃亲日、自治活动。1935 年 7 月,日本正式鼓动华北自治初期,刚刚上任的天津市长程克即收到了署名"血热的青年"的警告信,强烈反对开展自治运动。原文如下:

> 市长大人钧鉴,今见报端,大人荣任天津市。初则甚惊,

---

① 《大公报》1935 年 11 月 4 日。
② 《大公报》1935 年 12 月 3 日。
③ 中国社会科学院近代史研究所、中华民国史研究室合编《中华民国史资料丛稿·大事记》第二十一辑,中华书局,1981,第 188 页。
④ 《大公报》1935 年 12 月 17 日。
⑤ 《平津教育界之前途》,《大公报》1935 年 12 月 21 日。

然深思之,不外数月来大人奔驰于中日长官之中,所收效果也。几千年来,国人均以做官为荣,但当此国难日亟,华北沦亡之际,作此贪赃卖国官吏,实在可耻。不但可耻,而千古之骂名亦则永垂不朽了。吾辈青年爱国良心所使,今组青年锄奸团,杀贪赃枉法的亲日官吏,以效忠党国。今日方对河北所提条件,国人均知系大人主谋,而决非日本也。国人恨汝已极。事实所在,决非无聊之言也。各报社无一不反对汝者。望汝千万要时刻留神,多加注意是要。

血热的青年敬告①

以"青年锄奸团"为代表的这种以暗杀、恐吓的传统方式反对自治的态度,体现了青年民众强烈的反侵略、维护国家统一的民族抗争心理。

第二,发表宣言,公开反对,揭露自治本质。随着华北自治运动的明朗化和冀东政权的成立,华北青年成为反对自治运动的突出力量。12月5日,天津中等以上学校全体学生发表时局宣言:"近日华北情势危急,少数不良分子,竟受人利用,策动所谓自治运动,丧失主权,破坏统一,言之至堪痛心。吾辈青年,努力学业,本不应过问政事,惟国势危急至此,决不忍坐视无耻宵小组织任何政治机构,假自治之名,行叛国之实。凡我国内领袖,能保持国土统一者,吾辈决尽全力誓死拥护。"②公开揭露日本策动华北自治的实质,对中、外势力勾结分裂国家的行为表示愤慨。声明只拥护真心维护国家领土统一的领袖,并不在意其属于哪个政治派别,既表达

---

① 天津博物馆藏历史文献《警告亲日卖国天津市长程克的信》,文物号DWW472。

② 《大公报》1935年12月6日。

对南京政府的强烈不满,也敦促中央和地方政府采取积极措施,维护国家主权利益。

第三,走上街头,公开罢课游行,表态反对。1935 年 12 月 3 日,700 多名清华大学学生在学校大礼堂召开反华北自治大会,并在会后以清华大学全体学生名义致电南京政府,表示"绝对否认假借民意之自治运动","坚决反对任何脱离中央或类似之华北自治组织"。① 正是由于青年学生身上具有的强烈民族抗争激情,加之中国共产党的政治引导,最终促成了反自治、反日侵华的"一二·九"和"一二·一六"学生示威请愿运动。

平津各校的教职员工算是两地的知识精英,身属社会上层,既有社会阅历,又有社会地位,这些决定他们以相对和缓、理性的方式,反对华北自治。

第一,积极与地方政界要人沟通,了解情况,表明民意,劝其放弃自治之念。1935 年 7 月,天津开展地方自治的初期,直隶法政学堂金效巢即署名致函天津市长程克,劝其停止自治活动。信中首先陈述了天津萧条的经济生活现状,"工商调敝,市民破产达于极点,哀鸿遍地,触目伤心"。指责刚刚上任的程克违背民意开展地方自治的行为,"切于民生新政未曾宣布,而为市民耳鼓所厌闻者自治计划披露报端,且伪称市民对之属望甚殷,此皆昔日称自治之人苦害市民金钱,得利益者少数人所捏造,而真正民意对于自治办法不但毫无兴趣,且切齿久矣"。金效巢历数了以往官员违背孙中山的三民主义,借自治收纳钱财,给百姓带来深重灾难的现象,指出实行自治只是"总由于办过自治之人垂涎自治,以为生财机会,

---

① 《大公报》1935 年 12 月 4 日。

嗾使同类多方鼓动,以达其目的。其实不是打算办自治,假手自治招牌,抱唯一无二的苦害商民金钱主义"。请求程克"总以拯救商民疾苦为念,勿甘冒市民之大不韪,而遗臭于津人也"。①以金效巢为代表的知识分子,以信函劝解的方式,企图利用先前搞地方自治给百姓带来的不良影响,及中国社会状况、人员素质都尚未达到开展选举、自治的程度为由,劝说程克放弃推行地方自治,态度尚且委婉。随着华北自治运动的明朗化,教育界人士也逐渐走出校门,主动与地方当局沟通,劝阻其实行华北自治。如冀东自治委员会成立次日,北平各大学校长、教授蒋梦麟、梅贻琦、李蒸、傅斯年、顾毓秀等10余人,连忙赶到宋哲元家中,敦促宋要维护国家主权。之后,他们又多次与宋哲元、何应钦等人交涉,劝其放弃自治之想,维护国家统一。"双方感情意见,极为融洽"。②

第二,公开揭露自治本质,呼吁各界联合起来反对自治,共同维护国家主权统一。华北自治公开化后,教育界率先表示反对。11月19日,宋哲元、秦德纯、萧振瀛在北平市政府宴请教育界人士50余人,公开华北时局现状和交涉情况,征求意见。教育界一致请求宋哲元"本一贯之坚忍卓绝精神,竭力撑此危局,勿使国家领土主权致受分裂损害",③表示将竭力听从,给予支持。当天津日文报纸就此事出现北平教育界致电中央赞成华北自治的虚假报道后,北大文学院院长胡适又公开发表谈话辟谣:"该报所载所谓电致中

---

① 天津博物馆藏历史文献《市民金效巢请废天津自治函程克》,文物号DWW478。
② 《大公报》1935年12月1日。
③ 《大公报》1935年11月20日。

央云云,纯系谣言。"①随后,北京大学校长蒋梦麟、清华大学校长梅贻琦、北平大学校长徐诵明、燕京大学校长陈志韦等20多人联名宣言:"因为近来外界有伪造名义破坏国家统一的举动,我们北平教育同人郑重的宣言,我们坚决的(地)反对一切脱离中央和组织特殊政治机构的阴谋的举动,我们要求政府用全国力量,维持国家的领土及行政的完整。"②揭露日方打着民众旗号分裂中国的政治阴谋,呼吁当局和民众认清形势,以统一国家的立场,反对任何脱离中央的特殊政治机构。"这个宣言初签名者数十人,到了第二天,几有千人。这是民意的负责表示。"③体现了华北民众反对分裂、维护国家统一的心声。12月2日,徐诵明、李蒸、蒋梦麟、梅贻琦、陈志韦、胡适、傅斯年、袁通礼、隋孟和、刘运筹、刘廷芳、杨立奎、吴文藻、查良钊、张熙弱、周炳琳、蒋廷黻等人又代表北平教育界,发表通电,"平津报纸载有文电,公然宣称华北有要求自治或自决之舆情,殊足混乱观听,吾辈亲见亲闻,除街头有少数受人雇用之奸人发传单捏造民意外,各界民众毫无脱离中央另图自治之意"。要求"中央及平津河北当局消除乱源,用全力维持国家领土及行政之完整"。④ 郑重声明华北民众并无脱离中央而独立的意愿,公开揭露日方的政治伎俩,表达了他们对华北时局的担忧和拥护国家统一的民族意识。次日,国立平津院校教职员联合会再次宣言:"近人有假借民意,策动所谓自治运动,实行卖国阴谋,天津、北平国立学校全体教职员二千六百余人,坚决反对。同时并深信华北全体民

---

① 《大公报》1935 年 11 月 22 日。
② 《大公报》1935 年 11 月 25 日。
③ 《大公报》1935 年 12 月 1 日。
④ 《大公报》1935 年 12 月 3 日。

众均一致反对此种运动。中华民国为吾人祖先数千年披荆斩棘艰难创造之遗产，中华民族为我四万万共同血统、共同历史、共同语言文化之同胞所组成，绝对不容分裂。大义所在，责无旁贷。吾人当以全力向中央及地方当局请求立即制止此种运动，以保领土，而维主权。并盼全国同胞一致奋起，共救危亡。"并致电南京政府，要求制止华北自治。① 直接揭露华北自治运动的本质。

第三，敦促国民政府和华北地方当局对自治问题迅速作出反应，勿再拖延。冀东政权成立之后，天津中等以上学校全体教职员致电何应钦、宋哲元、商震等人："敢恳公等本主权统一、领土完整两原则，同心协力，挽国家于垂亡。同人等誓为后盾。"②呼吁地方当局要人同心协力，共同保障国家主权统一、领土完整，表示为此积极拥护、支持。12月6日，冀教育界联合会电中央即各省政府："国危至此，讵堪再事泄沓，所望中央颁布完整行政领土大计，以解倒悬人心，并请各省市长官，尽力团结守土之责，严拿奸细叛国之徒。凡我民众，更当各秉天良，督促政府迅以全力捍卫国土，保障主权，幸勿被人利用，妄发破坏统一谬论，自绝国人。"③要求政府和官员本着国家和民族利益为重，迅速采取积极措施，制止华北自治活动，不要再拖延下去。

第四，利用报纸等传播媒体，开展舆论宣传，反对自治，呼吁维护国家统一。得知成立冀东自治政权后，北大教授傅斯年在《大公报》上发表题为《中华民族是整个的》署名文章，指出："我们老百姓的第一愿望是统一，第一要求是统一。最大的恐惧是不统一，最大

---

① 《大公报》1935年12月4日。
② 《大公报》1935年12月5日。
③ 《大公报》1935年12月7日。

的怨恨是对于破坏统一者。"表达对殷汝耕的痛恨,赞扬段祺瑞和阎锡山为国家统一而摒弃前嫌毅然南下的行为,对宋哲元以往的抗敌爱国热情给予高度肯定。指出:"我们不相信事情就此恶化下去,因为地方当局等的人格历史本为信赖不疑的。所以,处此淘淘之局,我们穷学究尚在此地安心默祝国家多福。"①鞭策宋哲元等官员本着国家民族统一的原则,维护主权,字里行间也流露出对华北时局的无奈之情。

第五,劝诫学生放弃罢课、游行等过激行为,鼓励其以学业为重,为报效国家积攒力量。针对学生罢课、游行的反自治活动,叶企孙、冯友兰、吴景超、陈总、顾毓秀等人联名发表启事,指出:"国事至此,国人无不痛心。但今日如想解除国难,须培养力量,并非发泄情感所能奏效。""罢课是消极的行为,对于解除国难,毫无补益,仅与人以藉口干涉的机会。""我们现在愿以诚恳的态度请诸位同学在此期内,加倍努力于学业。"②北京大学教授胡适也发表文章,对学生的请愿游行行为给予理解和赞成,称这"是多年沉寂的北方青年界的一件最可喜的事。我们中年人尚且忍不住了,何况这些血气方刚的男女青年!"但是,他认为学生不应该罢课,称这是"很不幸的","是最无益的举动","不但不能引起同情,还可以招致社会的轻视和厌恶"。告诫青年学生应该认清自己的"目标""力量""方法""时代",努力增加个人知识,培养能力,为今后建设国家做准备。③ 均以教师的身份安抚学生情绪,劝告学生不要轻易罢课,维护社会稳定。

---

① 《大公报》1935 年 12 月 1 日。
② 《大公报》1935 年 12 月 13 日。
③ 《为学生运动进一言》,《大公报》1935 年 12 月 15 日。

从以上情况来看，教育界人士对华北自治运动的本质有着清晰的认识，一致认为其是对中国国家统一和领土完整的破坏，中国上下应该旗帜鲜明地坚决反对。他们对日本的侵华行为充满了愤怒，对平、津学生反自治运动的爱国行为给予理解和支持。但是，作为政府控制下的学校教育阶层和高级知识分子，从行业职责出发，他们还是遵照国民政府的要求，保护学生安全，稳定学校秩序，避免事态扩大。更何况，他们认为学生罢课、游行，尤其是罢课，不仅不能够解除华北危机，还会影响学生学习，并且给日方提供威胁、恐吓的把柄。所以，教育界人士主张在国家统一的前提下，全民族联合起来，一起抗争，共同挽救国家危亡。他们受日方淫威和国民政府对日态度的影响，民族情感、社会责任、师生情谊混织在一起，心中充满了愤懑与无奈。深受重文轻武、崇尚和平的中国传统文化的熏陶，作为文弱书生的代表，他们更多是以沟通的方式，规劝华北当局以民族大义为重，主动放弃自治行为，听命于南京国民政府；并不断发表文章，揭露日方阴谋，呼吁国家统一，以维护国家主权统一和领土完整。同时，安抚、鼓励学生，稳定学生情绪，避免罢课、游行等行为，保护学生安全，维护社会安定，以实现保国、爱生的社会职责。

以天津《大公报》为代表的报界知识分子，对华北自治运动也给予了极大的关注。除了行业职责使然，尽量披露华北自治的消息外，他们还不时地刊发评论，阐述观点，影响政府当局和社会民众。

第一，普遍对国民政府的拖延政策表示不满，敦促各方尽快采取措施，积极应对。1935 年 11 月 3 日，《大公报》星期论文刊发《积极的政策》一文，批评国民政府对日政策"只是依赖、敷衍，得过且过,遇难退缩。这种政策的唯一结果,一定是亡国"。指出正是这种妥协政策导致出现华北问题,呼吁国民政府尽快做出和、战决定,称无论"和与战都是活路。和则为越王勾践或一八七一年的法兰西,是一条活路。战则为一九一四年的比利时或目前的阿比西尼亚,也是一条活路。只是不和不战、得过且过是一条死路"。[①] 敦促国民政府尽快确定处理方针,认真对待。从文章的主旨来看,作者对于日本的侵华行为,并不是主张必须马上用武力进行抗争,只是对国民政府"得过且过"的对日政策表达不满,呼吁政府以积极的态度处理华北问题。华北拟建防共自治委员会的消息披露报端之后,《大公报》发表《华北时局》的社论,对华北当局和国民政府提出了三点希望:"一,中央速有办法;二,北平当局镇静善处;三,宋、韩、商诸氏详加筹商,而勿操切从事。"[②]运用社会舆论武器进一步敦促国民政府尽快确定解决华北问题的方法,告诫宋哲元、商震、韩复榘等人要镇定处理,不要盲从,贻误国事。

第二,从文化观念方面强调华北对中国的重要意义,认为华北问题将会直接影响中日关系乃至东亚政治格局,要求中日当局慎重处理。报界这些社会知识分子深刻意识到华北对中国及在中国人心中的重要地位,"此乃中国之中原,为中国先民树植文化之基本地带,而现在事实上,政治、经济、文化、交通各方面,与全国其他区域绝对不可分是也"。[③] 指出在中国人的文化观念方面,东北的地位根本不能与华北相提并论,中国人绝对不会像出让东北领土那样来对待华北的领土,华北问题意义深远:"华北时局扩大的说,

① 《大公报》1935 年 11 月 3 日。
② 《大公报》1935 年 11 月 19 日。
③ 《中日关系之前途》,《大公报》1935 年 11 月 22 日。

中日外交全局都要在近日内寻觅解决,至少也可以知道解决之能不能。……这三五天内的情形,或者要成为解决今后若干年内东亚趋势的关键。"①呼吁各界人士慎重、负责地对待华北自治问题,对华北事态的进一步发展表示担心、忧虑。

第三,公开反对华北自治,主张在国家统一的前提下,处理华北问题和中日关系。华北当局迫于压力通电要求自治后,《大公报》发表《勿自促国家之分裂》的社论,劝诫宋哲元坚守两个前提:"其一,无论如何,要之不容自促国家之分裂。……必须保障国家之统一,为公为私,为国家,为地方,皆须守此最后轨道。……其二,当局者须以自身之名义,公开负责,万勿托辞于民意是也。"责问宋哲元和日方假借民意开展自治活动,"试问中国良民谁要求其国家分裂者!"建议宋"宜一方对外恳切说明往系中国统一之必要,劝其勿须走极端;一方对政府申述环境危迫之实情,自决一适应现局之办法。其能解决也,幸也。倘不能,是则国家整个的问题,宋司令可以告无罪于国人矣"。② 何应钦到北平后,《大公报》立即发表评论,呼吁"中央地方负责各当局彻底的自己讨论一下一致的主张与实行",③表达期望,敦促当局团结一心,谨慎应对。随后《所望于何宋诸当局》的社评,充分肯定宋哲元"相信亡中国者中国人,救中国者亦中国人"的警语,呼吁何应钦和华北当局在保证国家主权完整的前提下,统一意志,共同处理好华北问题。④ 成立冀察政务委员会消息公开之后,《大公报》认为这只是暂时缓解了华北危机,

---

① 《时局》,《大公报》1935 年 12 月 1 日。
② 《勿自促国家之分裂》,《大公报》1935 年 12 月 3 日。
③ 《大公报》1935 年 12 月 4 日。
④ 《大公报》1935 年 12 月 5 日。

并没有彻底解决问题,"前途虽无从乐观,目前将暂时一定"。告诫政府应该从长计议,"勿数月之后,又仓皇应付,狼狈不堪也"。勉励宋哲元以国家统一为原则,本着长城抗战精神,"对外肆应,守信尽礼,凡属两利,尽可实行,苟损国权,必须严守"。慎重处理中日关系,加强华北地方的内政建设,增强自身实力,才是解决问题的根本。声明:"吾人业报者,只认国家,不认党派,惟主张全国之有国民意识者,俱立于一条线上,为救亡而努力。"呼吁参政冀察政务委员会人员,无论何种党派,"俱竭尽智力,为国家保华北,为华北谋进步!"①12 月 16 日,《大公报》刊发《安定冀察之急务》一文,重申冀察政委会只能是缓兵之计,"北方时局表面告一段落,惟实际上问题殊未解决"。指出造成这种局面的根源,"最终责任,要之在中央政府"。认为要想解除华北危急,首先要处理好殷汝耕冀东政权问题,"要重视北方局势如何以为衡。在协议任何部门问题之时,皆时时应以华北安危为念也"。告诫当局慎选冀察政务委员会参政人员,加强华北内政建设。② 把舆论矛头直指南京国民政府。冀察政委会成立当天,《大公报》即发表短评,呼吁冀察政务委员会成员都要以国家民族为重,真正承担起国家的责任,"委员们不辞就干,不可以徘徊! 干了,就要对国家、对地方真正卖力气,负责任,不可以闪烁! 这是对委员诸氏最小限度的希望"。③ 19 日,《大公报》就日本大使有吉就邦交问题到南京谈判一事,发表题为《中日国交调整之关键》的社评,重申华北问题是中日关系调整的重要组成部分,敦促国民政府"应以华北之能否趋安定与免危险为进行

①　《大公报》1935 年 12 月 9 日。
②　《大公报》1935 年 12 月 16 日。
③　《冀察政委会》,《大公报》1935 年 12 月 18 日。

其他交涉之前提",认为中日关系能否正常发展,"其最大关键仍在华北问题",呼吁国民政府把华北自治问题作为中日邦交谈判的前提,公开政府对华北问题的严正立场,与日和平交涉。①

第四,不顾政府禁令,发布学生反华北自治运动消息,呼吁当局保护学生,劝诫学生自重自爱,安心学业,以备将来为国出力。平、津等地学生罢课、游行示威后,《大公报》不顾政府禁令,于次日即刊发了学生游行的消息,并发表《时局与学生》的短评,称学生请愿是"青年的烦闷焦尤(忧)"表现,要求政府和教育当局善加爱护与指导,告诫"时局太机微了,大家要努力应付。学生诸君格外自重的好"。② 担心日方借机生事,对华北局势和学生安全表示担忧。在《对学生请愿之感言》社论中指出,学生游行示威,"其心可谅,其情可悯",希望政府当局"只宜出以开陈利导,盖四万万人中之有民族意识的智识分子只有此数,义应爱护也"。认为校方平时应该适当地允许学生讨论政治,告诫教职员要理性地看待自治事件的本质,不要感情用事,避免空发过激言论,刺激、影响学生情绪。希望学生把握未来责任全在己之肩上的道理,既不要死读书,也不要轻率地采取行动,"已不容个人有随便放弃责任,或随便牺牲自己之自由也"。③ 告诫学生在承担社会责任的同时,还要讲求方式方法,注意自身安全。12 月 12 日,《学潮应速收束》的短评作者认为学生罢课、游行,"实非其时,非其地",希望学生自重自爱,呼吁校方尽责善导,地方当局努力爱护。④ 12 月 14 日《希望学生复课》的社评

① 《大公报》1935 年 12 月 19 日。
② 《大公报》1935 年 12 月 10 日。
③ 《大公报》1935 年 12 月 11 日。
④ 《大公报》1935 年 12 月 12 日。

重申,学生游行反对华北自治,"其心可谅""其精神尤足动人"。但是,作者认为宋哲元既然已经表示听命于中央,冀察政务委员会的成立也没有破坏国家统一,学生罢课反对,"殊有文不对题之惑",并不支持学生采取罢课行为。呼吁政府放弃新闻封锁,公开时局真相,允许学生自由、公开地探讨国事,"慰其对国事之求知欲而使之安心"。同时也希望青年学生放眼世界,了解国际大势,增强"有我在不许中国亡"的自信,"养成救国能力,用苦功,求实学,始克当救国斗士之选"。认为罢课游行之举是对学生自己和国家将来不负责的行为,劝告青年"勿再自误,轻作不必要之牺牲,以自戕国脉,转令仇我者称快也"。① 12 月 25 日,《大公报》的短评称,青年学生"纯洁无疵,负着将来领导社会的重任。……今天的学生运动,正如光芒灿烂的一柄新剑,大家要宝受其锐锋,不可尽着使用,或致轻受挫折"。呼吁社会当局稳定学生情绪,保护学生人身安全,为国家积蓄后备力量。文章强调"'养精蓄锐',是我们愿青年诸君牢记的一句老生常谈"。② 呼吁青年学生珍爱生命,努力学习,培养能力,积攒力量,以备将来肩负起国家的命运。

可见,以报界为首的社会文化知识分子的态度与教育界人士的观点基本相似,只是表达方式略有区别。二者都对学生的爱国行为表示理解和同情,又都反对学生用罢课、游行的方式来反对自治。均主张青年学生应该努力学习,为挽救中华民族和国家危亡而积攒力量。

---

① 《大公报》1935 年 12 月 14 日。
② 《养精蓄锐》,《大公报》1935 年 12 月 25 日。

四、结束语

从对待华北自治运动的态度来看,华北民众普遍存在着对日恐惧不安的危机心理和维护国家主权统一和领土完整的民族抗争心理。

以宋哲元、商震、韩复榘为首的华北地方领袖,虽然由于政治派系的原因,对蒋介石的中央集权制存在不同程度的不满,在一定程度上具有成立自治政权的思想动机。但是,他们对于日方策划华北自治分裂中国主权的政治野心有更为清晰的认识,害怕自己留下分裂国家的罪名,因此谁也不愿意率先站出来举起自治的大旗。"地方领袖们可能并不喜欢南京政府,但他们更不喜欢、更怕日本人。除了某些商人和失意政客外,从整体看,中国人肯定反对任何分裂。这里并不存在对政府的普遍不满。……但当地领袖人物中不会有人愿在这一运动中出头露面。到目前为止,天津支持自治运动的中国人,只是某些失意政客和一个臭名昭著的歹徒。"① "他们对公然叛变却持消极、慎重的态度。"②这些人并非真心想要实现华北自治,而是迫于日方重压,又要遵从蒋介石的拖延政策,无奈之下,只得忍辱负重,以各种方式应付日方淫威,表现出恐惧、愤懑、矛盾、自保的复杂心理。以程克、萧振瀛为首的少数知日派,他们顺应日、蒋双方的政治要求,以积极运作华北自治为策略,企

---

① 1935 年 11 月 25 日,贾德干致霍尔电,吴景平译:《李滋罗斯远东之行和1935—1936 年的中英日关系——英文外交档案选译》上,《民国档案》1989 年第 3 期。

② 〔日〕土肥原贤二刊行会编《土肥原秘录》,天津市政协编译组译,中华书局,1980,第 37 页。

图成立表面化的地方自治政权,以缓解日本侵华危机,达到拖延中日战事的目标,存有一定的政治投机心理。以殷汝耕为首的极少数亲日派,上至汪精卫,下到王厦材等人,积极公开支持华北自治,并成立地方自治政权,既有拥汪反蒋的政治成分,又有企图通过依附日本而达到个人目的的政治野心,具有明显的政治投机心理。

华北中下层的普通民众身处危机当中,对于日本的侵略行为充满了恐惧和愤怒,"对表里不一的土肥原的活动,不仅深为恐惧,且有一种无法消除的怨恨情绪"。① 充满激情的青年学生,受华北时局的影响,"既痛心国事,愤懑现状,复于学校及己身之前途发生苍茫空虚之感",②他们在中国共产党的组织、引导下,以罢课、游行示威等特有方式,公开反对自治,宣泄对日本的愤怒和对政府当局的不满,维护国家主权,得到了社会舆论的普遍支持。以学校教职员和报界为首的社会文化界的知识分子,对日方策划华北自治分裂中国的阴险手段有比较清醒的认识,对日本的侵略行径充满愤怒。但是,受华北当局和国民政府对此模糊态度的影响,他们忧心忡忡,苦闷异常,"人心太不安定,尤其知识分子的苦闷为甚",③心里为国家和民族的前途充满忧虑。他们综合国内外的政治局势,主张在统一国家政权的领导下,呼吁社会各阶层一起努力,共同挽救民族危机。这也是当时社会各知识阶层的主流态度。中国共产党正是准确地抓住了中国民众这一主流思想趋势,明确提出建立抗日民族统一战线的策略,争取到了民心,才逐渐摆脱自身所处的

---

① ［日］土肥原贤二刊行会编《土肥原秘录》,天津市政协编译组译,中华书局,1980,第88页。

② 《平津教育界之前途》,《大公报》1935年12月21日。

③ 《宋司令的布告》,《大公报》1935年11月18日。

军事、政治危机，而取得了最终的胜利。一些学校师生和部分商人，纷纷离开华北向内地或南方迁移，寻求安全保障，表现出恐惧和逃避的无奈自安心理。极少数商人和民众为了自身利益，在日方威逼利诱之下，参与日方策划的要求华北自治的示威请愿活动，或为维持生计而依附日人，体现出软弱、屈威的无奈趋利心理。

形形色色的社会人群对华北自治运动的不同态度，折射出包括国家领袖在内的中国民众形同散沙的思想意识才是华北危急乃至中国受辱的深刻原因。正如当时的社会评论："中国无论何界，都是满身疮痍，至少也是消极误国。在社会表面上，想找出自问无罪的人，很是不容易。"①

---

① 《养精蓄锐》，《大公报》1935 年 12 月 25 日。

再版后记

本书是在 2013 年出版专著基础上略做修改而成。近代天津社会文化变迁是个大课题，涉及人的物质生产方式、社会生活方式和社会伦理观念的近代化转变，内容广泛，丰富繁杂。自己虽倾心于此，但苦于自身学识和能力的局限，只得从"历史个案"入手，以求一孔之见，来进一步观察这一变化过程中的人们的所见、所感和所想，探索近代天津民众根植于中国传统、融汇西方文明的社会伦理观念的近代化演变轨迹，全面展示近代天津丰富多彩的社会生活。书稿内容还相当肤浅，也难免存有不准确之处，以为引玉之砖。

时光荏苒，物是人非。在文稿再版之际，再次向天津博物馆林开明先生表示感谢。正是先生多年来的帮助和鼓励，才有我今天学术上的一点点儿心得。还要感谢天津社会科学院王伟凯、郭栋、周俊旗三位先生，正是他们的帮助，才有此文稿的初版。更要感谢现任天津社会科学院出版社社长、总编辑高潮女士，几年前已经为此书首次发行付出了诸多辛苦，现又促成再版。吴琼编辑更是在图书编辑工作中付出了诸多辛劳，在此一并致谢。

刘佐亮

2021 年 10 月